La Hache et la Croix

Cavanna

La Hache et la Croix

ROMAN

LE GRAND LIVRE DU MOIS

22, rue Huyghens, 75014 Paris
ISBN 2-7028-3626-7

Qu'elle frappe au nom de la Croix,
la Hache reste la Hache.

La Gaule à l'avènement de Clovis (481)

Première partie

CLOVIS

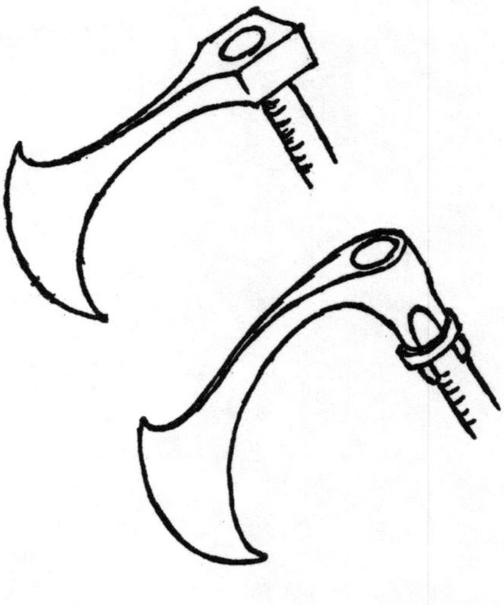

Types de francisques, reconstituées d'après des vestiges en bon état trouvés dans diverses sépultures mérovingiennes. Aucune de ces francisques ne présente le fameux double fer qu'a popularisé la légende et dont s'est emparée la symbolique pétainiste.

I

– Hoch ! Hoch ! Hoch !

La triple ovation tonne à décrocher les nuages. Les oiseaux, épouvantés, fuient les frondaisons alentour. Au centre de l'immense clairière, deux paires de bras musculeux surchargés de quincailleries précieuses ont cueilli sur l'herbe rase le bouclier rond, l'ont hissé bien ensemble à hauteur de ventre puis, de là, après un preste retournement des poignets, l'ont poussé à hauteur d'épaules, poussant du même coup le jeune gars qui se tient debout dessus, vacillant mais fièrement campé. C'est qu'en ce jour il s'agit de ne pas se casser la figure, ce serait d'extrêmement mauvais augure.

Nous sommes en l'an 481 de l'Incarnation du Seigneur Christ Jésus, Sauveur des hommes. Le roi Childéric, qui régna glorieusement sur les Francs [1] saliens, vient de quitter ce monde, rongé par une maladie devant laquelle les thaumaturges tudesques, les médecins gallo-romains et même un savant docteur grec envoyé tout exprès de Constantinople par l'empereur Zénon n'ont pu qu'avouer leur impuissance. On a parlé de poison. A voix basse, bien sûr. On a louché sur le fils unique, ce gamin encore sans barbe mais non sans impatience qui vient tout juste d'atteindre sa quinzième

1. Voir carte en début de volume. (Toutes les notes sont de l'auteur.)

année, âge où un garçon est déclaré homme fait, âge où un fils de roi est reconnu apte à régner.

Et donc le roi Childéric, fils de Mérovée, qui, jusqu'au bout allié fidèle de Rome, défia la mort en maints combats contre les féroces Saxons, les Wisigoths altiers, les sauvages Armoricains, les Alamans et les Thuringiens, n'ira cependant pas au Walhalla retrouver les Walkyries splendides, n'étant pas tombé comme tombent les héros aimés des dieux, le crâne ouvert, la hache au poing. Son corps émacié, enveloppé à la romaine dans la pourpre des hauts dignitaires impériaux, fut déposé dans un caveau creusé dans le sol près de Tournai, sa ville, avec ses armes et ses parures. Les chevaux aimés qu'il nourrissait de sa main furent égorgés et mis en terre tout autour du tumulus royal.

Depuis longtemps s'est perdue la coutume d'égorger les femmes du défunt ainsi que sa domesticité afin qu'elles l'accompagnent dans l'ultime voyage. Les épouses de Childéric le pleurèrent bruyamment, et aussi ses concubines. Basine, la première en rang, mère du seul des enfants admis à la succession, n'eut pas un gémissement.

La lance bien droite, la hache pendant au poing, Clovis, fils de Childéric, désormais seul roi des Francs saliens et maître de tout le pays qui va des berges du fleuve Rhin à celles de la rivière Somme et du littoral de la mer des Saxons à l'orée de la forêt Charbonnière, est promené à hauteur d'yeux le long de la double haie des hommes libres, dans un sens, puis dans l'autre. Son visage adolescent crispé sur une expression qu'il veut farouche, il fixe l'espace droit devant lui, se gardant par-dessus tout de céder à la tentation de regarder ses pieds, agrippés des orteils à la concavité houleuse du bouclier. Ragnacaire, roi local de Cambrai, et Chararic, roi de Tongres, ses oncles mais aussi, désormais, ses sujets, n'auraient cédé à nul autre le privilège de jucher le nouveau roi sur le bouclier rituel. Ragnacaire est un colosse, Chararic presque un nain. Ragnacaire ploie les genoux, Chararic porte sa charge à bras tendus. Ainsi le bouclier et son prestigieux fardeau oscillent-ils autour d'une position d'équilibre approximative, sans cesse menacée, aussitôt rattrapée [1].

La hampe des lances frappe bien en rythme les sonores boucliers de bois léger recouvert de cuir, les « Hoch ! » virilement hurlés arrachent les gosiers, préparant des soifs ardentes pour la lippée qui suivra la cérémonie.

Ayant parcouru dans les deux sens l'allée triomphale, le cortège fait halte à l'extrémité d'où il était parti. Là, groupés en un demi-cercle bariolé, l'attendent les chefs des clans ainsi que les dignitaires étrangers venus, parfois de fort loin, saluer l'avènement du fils de Childéric.

Au centre du demi-cercle mais un peu en avant, ainsi qu'il se doit, et seul assis, trône, drapé dans la pourpre, sur la chaise curule des magistrats romains, l'illustrissime et clarissime [2] Syagrius (Caïus Afranius), patrice et maître des milices, reflet fantomatique d'une suprématie romaine qui, en fait, n'est plus qu'une fiction depuis qu'Odoacre et ses Hérules, maîtres de l'Italie, ont déposé le dernier empereur, l'enfant Romulus Augustule, et ont déclaré l'Empire romain d'Occident à tout jamais dissous.

Il y a cinq années que se passèrent ces choses. Syagrius, fils et héritier de cet Ægidius qui administrait au nom de l'empereur les pays entre Somme et Loire, dernier lambeau d'Empire encore romain, s'est alors proclamé roi indépendant sur son territoire, à l'instar des puissants rois barbares dont les possessions l'environnent. Jouant sur l'équivoque, il n'a pas pour autant délaissé les insignes et prérogatives impé-

1. C'est la cérémonie du « pavois ». Coutume purement germanique, ignorée des Gaulois. Astérix en a menti !

2. « Illustrissimus et clarissimus » : ce sont les qualificatifs officiels auxquels donne droit le rang de Syagrius dans la nomenclature impériale.

riaux, affectant de se conduire en fonctionnaire romain quand la chose sert son prestige ou ses intérêts. Comme, par exemple, dans ses relations avec les Francs de Childéric, qui sont maintenant ceux de Clovis.

En ce moment, majestueusement assis sur sa chaise curule, il se conduit, non en confrère en royauté, mais bien en supérieur de Clovis.

Et, strictement parlant, selon la hiérarchie impériale, c'est ce qu'il est. Les pays sis entre Somme et Rhin, qui pour les Romains constituaient la région administrative de « Belgique seconde », furent conquis par les Francs auxquels l'occupation en fut concédée par l'empereur d'alors qui leur accorda le statut de « fédérés » intégrés à l'Empire et soumis à ses lois. Piteuse fiction, piètre maquillage d'une servile soumission au fait accompli.

Or la Belgique seconde fait partie des territoires théoriquement placés sous la haute juridiction de Syagrius pour le compte de Rome. En fait, Syagrius n'y pourrait poser le pied qu'à la tête d'une armée de reconquête, ce qui est tout à fait hors de ses moyens. Clovis y est roi, et maître tout-puissant. Et puis, Rome est morte... Bof, il n'en coûte rien de se plier aux salamalecs symboliques, tant qu'on y trouve son compte. Le moment venu, on verra...

Un peu à l'écart de la brillante assemblée, deux guerriers aux armes sobrement ornées, sans doute de trop haut parage pour se fondre dans le rang, toutefois pas assez importants ou peut-être trop dédaigneux des honneurs pour se joindre aux personnalités, considèrent, impassibles, le déroulement de la cérémonie. L'un des deux, longue silhouette aux membres interminables, se penche vers son voisin, un homme, comme lui-même, dans toute l'alerte vigueur d'une proche trentaine, mais plus bref de taille et plus large d'épaules. Il lui glisse à l'oreille :

– Je te l'avais dit ! Il va rendre hommage à ce guignol. Comme s'il avait vraiment besoin de s'aplatir devant une guenille romaine !

Son compagnon hausse les épaules. L'esquisse d'une grimace soulève d'un côté sa moustache, plissant vers la large et haute pommette une joue dont la peau n'a pas la pâleur laiteuse des peaux germaniques, mais luit d'une chaude nuance abricot. Ses paupières bridées laissent filtrer un éclair vert. L'Asie a sculpté ce visage. Sans presque remuer les lèvres, le Hun blond réplique :

– Et alors ? Qu'il s'aplatisse ! Ce ne sera que pour mieux bondir. Qu'il sourie ! Ce ne sera que pour mieux mordre.

– Je ne demande qu'à te croire. Tu le connais mieux que moi. N'empêche, c'est dur à avaler. Tu as vu comme ces lavettes de Romains nous toisent ? J'ai l'impression de sentir mauvais !

– Du calme, Otto ! Tu te montes la tête. Les Romains de par ici nous craignent et nous ménagent. Ils savent que, si les Francs ne les avaient mainte et mainte fois secourus, les Wisigoths auraient depuis belle lurette passé la Loire, les Burgondes la Seine, et que tous ces voraces n'auraient fait qu'une bouchée du pauvre royaume de ce pauvre Syagrius, qui se prend pour quelqu'un et qui n'est personne. Cesse donc de voir du mépris là où il n'y a que l'appréhension de mal nous comprendre, de nous déplaire, voire de nous offenser sans l'avoir voulu.

– Peut-être. Mais notre Childéric savait parler au Romain, lui ! Il ne lui lâchait rien sans exiger en échange l'équivalent, et même au-delà. Certes, les Francs se sont bien battus pour aider Syagrius à sauver ses frontières, quand Wisigoths, Saxons et Armoricains déferlaient sur la Loire, mais à leur tour les légions de Syagrius se sont fait loyalement massacrer pour nous quand les Burgondes et les Alamans nous prenaient en tenaille. Nous sommes, toi et moi, payés pour le savoir : nous y étions.

– Résultat : les légions de Syagrius sont à cette heure réduites à quelques contingents exténués, alors que les Francs abondent en réserves fraîches et piaffent de se battre.

– C'est ce que je disais. Childéric savait penser avec sa tête.

– Tu veux dire que Wiomad [1] savait penser avec sa tête.

– Et Wiomad n'est plus.

– Wiomad n'est plus, hélas. Mais Clovis n'a pas besoin d'un Wiomad. Ni d'aucun autre pour penser à sa place. Il sait ce qu'il veut, et il sait comment l'avoir.

– Ce gamin ? Il fait l'arrogant avec nous, mais vois-le devant le Romain : tout coulant, tout en courbettes ! Il se fera dévorer tout cru.

Cependant, Syagrius, debout, présente solennellement à Clovis, enfin descendu de son périlleux perchoir, les insignes de co-gouverneur de la Belgique seconde, au nom d'un Empire qui n'existe plus.

Trouvant sans doute la cérémonie quelque peu languissante, Clovis, bousculant le rituel, arrache le collier des mains du patrice et, sans tant de façons, se le passe autour du col. Son regard est un défi. Pas un instant il ne s'est incliné.

Le guerrier aux hautes pommettes pousse du coude son compagnon. Il ironise :

– Tout en courbettes, hé ?

Si Syagrius est offensé, il n'en laisse rien voir. Ne sachant trop que faire de ses mains vides, il les élève devant lui comme si elles étaient toujours porteuses du collier et il prononce la phrase sacramentelle :

– Au nom de l'Empereur, du Sénat et du Peuple romain...

Clovis l'interrompt :

1. On peut retrouver les personnages, et les événements antérieurs, dans *Le Hun blond* (chez le même éditeur).

– Balivernes ! Il n'y a plus d'Empereur. Il n'y a plus d'Empire.

Des rires fusent sur les rangs. Syagrius ne se laisse pas démonter :

– L'Empire est immortel. S'il a perdu – provisoirement – ses territoires d'Occident, il est toujours vivace dans les provinces d'Orient. Orient, Occident, l'Empire est un. L'Empereur n'est plus à Rome, ni à Ravenne. Il est à Constantinople. Mais c'est toujours l'Empereur, et c'est toujours l'Empire.

Le jeune roi a subi sans patience la leçon de géographie politique. Il rétorque, la main sur la poignée de l'épée :

– Pourquoi, alors, t'es-tu fait roi ? Ce n'est pas un grade de fonctionnaire impérial, ça ! Te voilà roi comme je suis roi. Tu ne représentes plus que toi-même. Tu ne peux compter que sur tes seules forces.

Syagrius a senti la menace. Il s'essaie à sourire.

– Et sur celles de mes alliés. Car nous sommes toujours alliés, toi et moi, n'est-ce pas ?

– Sois fort, tu auras des alliés forts.

Syagrius doit se contenter de ce mâle précepte. Il se rassied.

S'avance alors un seigneur barbare vêtu avec un luxe éblouissant. Le nombre et l'éclat de ses colliers, bracelets, plaques et pendentifs divers éclipsent de loin ceux des seigneurs francs, pourtant peu discrets sur ce point. Une escorte presque aussi chamarrée lui fait suite. C'est un grand personnage d'entre les Wisigoths, venu, au nom du très haut et très puissant roi Euric, fils d'Alaric, qui règne sur tous les pays au sud de la Loire, sur les Espagnes et sur la Provence, présenter au nouveau roi des Francs ses vœux d'heureux avènement.

La survenue de la brillante délégation ranime le dialogue entre les deux compagnons. Otto commente ·

– Il ne manque pas d'air, l'Euric ! Envoyer un message de paix, comme si sa seule ambition n'était pas de nous exterminer aussitôt que l'occasion se présentera !

– Ce sont de ces choses qui se font, des choses de politesse.

– Politesse ? Tu appelles ça comme ça, toi, Loup ? Hypocrisie, oui ! Et tu as vu cette grosse croix d'or et de cailloux brillants qui lui pend sur la poitrine ? Ces Wisigoths... On le saura, qu'ils se sont vendus au dieu-cadavre ! Ils s'en mettent partout !

– Tu auras remarqué que cette croix n'est pas tout à fait la même que celle qui pend au cou des prêtres et des petites gens de par ici.

– Ah, tiens, oui, c'est vrai. Et qu'est-ce que ça veut dire ? Tu le sais, toi, Loup ?

– Eh bien, c'est une croix arienne, vois-tu. Les Wisigoths sont chrétiens, mais ariens, de même que les Ostrogoths, et aussi les Burgondes. Ils ne veulent pas qu'on les confonde avec la vile racaille gallo-romaine, qui prie elle aussi le dieu-cadavre, mais pas tout à fait de la même façon.

– Ça, je sais. Les croquants sont catholiques, c'est comme ça qu'ils s'appellent, et leurs évêques obéissent tous à l'évêque en chef, qui est celui de Rome.

– Tandis que les évêques ariens n'obéissent qu'à leur roi, qui les nomme.

– Je sais aussi qu'ils se haïssent entre ariens et catholiques bien pis qu'ils ne nous haïssent, nous autres païens.

– Et ils nous haïraient par-dessus tout, toi et moi, s'ils savaient que nous ne croyons en aucun dieu.

– Ça, c'est le crime des crimes. Dis voir...

– Oui ?

– Clovis, il croit aux dieux ?

– Clovis croit en Clovis.

Tour à tour sortent du rang un envoyé d'Odoacre, roi des Hérules, celui-là même qui, ayant d'un coup de hache supprimé l'Empire, écrase l'Italie et le pape sous son talon de fer, puis un envoyé de Gondebaud, roi des Burgondes qui tiennent sous leur coupe le vaste pays qui s'étend depuis le fleuve Rhône jusqu'au-delà des Alpes. Aucun roi n'est là en personne. Quiconque s'éloignerait du siège de son pouvoir, ne serait-ce que le temps d'un aller et retour, risquerait fort de trouver quelque assassin installé à sa place. Nul envoyé ne se présente au nom du roi des Alamans, pourtant voisins. Clovis note cela.

Enfin s'avance un personnage dont la vêture austère dénote un ecclésiastique de haut rang, de la variété de ceux qui se réclament de l'évêque de Rome, appelé par eux « pape », et qui se tiennent pour seuls suivant la vraie foi du Seigneur Christ Jésus. Ce clerc hautain ne ploie pas le genou devant le roi. Clovis fronce le sourcil. L'homme annonce :

– Seigneur roi, je suis le très humble messager du seigneur évêque de Reims, Remi, lequel m'a confié pour toi une lettre, que voici.

Il tend à Clovis un étui cylindrique de cuir épais joliment ouvragé. Le roi avance la main, non sans quelque embarras. D'abord parce qu'il ne sait pas lire, ensuite parce que, saurait-il, il ne connaît pas le latin. Il s'en tire habilement. Prolongeant son geste en une ample et noble invite, il dit :

– Lis-moi cela, messager.

Le clerc s'y attendait. Il s'empresse d'ôter le couvercle qui clôt l'étui, en tire non sans solennité un papyrus roulé, le baise dévotement, esquisse un signe de croix, déploie enfin le rouleau avec une lenteur pleine de respect. Clovis s'impatiente.

– Pas tant de simagrées ! Lis !

Le clerc, s'étant éclairci la voix de deux ou trois raclements discrets, se met en devoir de déchiffrer l'auguste missive, psalmodiant du nez ainsi qu'il est d'usage et se balançant d'arrière en avant afin de bien scander le rythme :

– « Au seigneur illustre par ses mérites, le roi des Francs Clovis, de la part de Remi, évêque... »

Le diacre dévide son latin. Clovis écoute, comme fort attentif, alors qu'il n'y comprend goutte. Et qu'importe ? Remi, vieil ami de la famille, ne peut que lui adresser les banals compliments d'usage, lui souhaiter un règne prospère et saupoudrer le tout de pieuses recommandations touchant les secours aux pauvres et la chasteté des mœurs... La routine.

Otto remarque :

– Je n'ai toujours pas bien compris ce qui distingue les croyances de ces... Comment dis-tu, déjà ?

– Catholiques.

– Oui. Les croyances de ces... heu... catholiques de celles des autres, là, les ariens.

– Je te l'ai pourtant expliqué bien des fois.

– Tu sais, moi, ces choses-là, ça me rentre par une oreille, ça ressort par l'autre. Ou peut-être par le trou du cul, va savoir... En tout cas, les uns comme les autres adorent le dieu-cadavre, ou bien je me trompe ?

– Chacun à sa manière, disons.

– Disons. Alors, pourquoi ces... catholiques sont-ils vêtus en oiseaux de mauvais augure ? Rien que du noir, du gris, du blanc. Les couleurs du malheur. Et ces gueules sinistres ! Et ces yeux baissés ! Par contre, vois les ariens. Tout en pourpres, en dorures et en broderies, des tiares d'empereur, des bijoux jusqu'aux oreilles, et des talismans, et des amulettes qui pendouillent et tintinnabulent... Il paraît qu'ils ne vénèrent pas les saints, ni les reliques, ce qui prouverait qu'ils sont plutôt moins truqueurs que les autres. On m'a dit aussi qu'ils sont un peu sorciers, qu'ils vous font sortir des œufs durs des trous de nez et des colombes des oreilles... Tu vois, si, le couteau sur la gorge, je devais me vouer au dieu-cadavre, je choisirais la manière joviale.

– Tiens, justement, voilà un arien, un beau.

La panse arrogante, s'avance un évêque arien dans sa gloire. Il n'a pas cru déchoir en venant en personne saluer le nouveau roi. Sans doute caresse-t-il secrètement l'espoir de l'amener tôt ou tard au Christ par sa propre voie, ce roi imberbe, seul des grands souverains barbares encore voué au culte idolâtre de Wotan, de Thor, de Freyia, de ces simulacres sanglants, pièges du démon pour perdre les hommes. Lui aussi y va de sa harangue, mais il le fait en belle et bonne langue tudesque. Les ariens ne cultivent pas le préjugé qui voue tout ce qui touche aux choses saintes à la seule langue sainte : le latin. Cet évêque arien est lui-même un Goth de l'Est, amené au Christ par le grand Wölfel, que les Romains nomment Ulfila.

Cette fois, du moins, Clovis comprend le discours. S'il y prend intérêt, il n'en laisse rien voir.

Loup commente à l'oreille d'Otto :

– Le rusé ! Il leur tient la dragée haute, à l'un comme à l'autre. Chacun espère, chacun s'empresse, c'est tout bénéfice pour lui.

– Que veux-tu dire ? Qu'il pourrait... ?

– Se faire chrétien ? Pardi ! Il faudra bien qu'il y passe, un jour ou l'autre.

– Qu'est-ce que tu racontes ? Le fils de Childéric et de Basine se prosterner devant le dieu-cadavre ? Il a été élevé dans la foi des Ancêtres, il a toujours pieusement suivi la Voie, il a été initié au suprême degré des Mystères, il est lui-même sacrificateur et pontife... Il a fait à son père les funérailles les plus splendides qu'on ait vues depuis bien longtemps, respectant strictement les rites sacrificiels devant toute l'armée... Allons donc ! Le dieu-cadavre, c'est bon pour la racaille gallo-romaine, et aussi pour ces brutes prétentieuses de Wisigoths et de Burgondes qui se prennent pour les héritiers des empereurs !

– Holà ! Tout doux, mon ami ! Te voilà crachant feu et flammes ! « La foi des Ancêtres », « la Voie... » Que de zèle ! Quelqu'un ne te connaissant pas comme je te connais pourrait voir en toi un dévot enragé prêt à mourir pour ses dieux !

– Oui, mais toi qui me connais, tu sais bien que je suis, comme toi-même, purgé de ces fariboles. Si des dieux, ceux-là ou n'importe quels autres, nous ont faits ce que nous sommes, c'est leur affaire, qu'ils s'en débrouillent, nous n'avons pas à nous en soucier. C'est, en tout cas, ce que tu m'as enseigné. J'ai bien retenu ta leçon ?

– Comme j'ai moi-même retenu celle que m'enseigna le seigneur Wiomad, qui ne priait nul dieu et n'en a pas moins fort utilement vécu.

En dernier parle un clerc tonsuré, à la vêture modeste, venu de Lutèce à petites journées sur une mule à sonnettes et à pompons. C'est le messager personnel de Geneviève, la sainte prophétesse aimée de Dieu dont le renom court jusqu'aux confins de l'Asie. Dûment chapitré, ce clerc bien avisé ploie le genou devant le roi et débite une brève adresse dans la langue des Francs, car Geneviève a su veiller à ne pas humilier Clovis en lui infligeant du latin.

Celui-là, Clovis l'écoute avec attention. N'est-il pas l'émanation de la puissante femme qui régit quasi en souveraine le peuple de la ci-devant Lutèce, récemment rebaptisée Paris, du nom de l'antique peuplade gauloise des Parisii ? Cette cité qu'environne de toutes parts le fleuve de Seine est incluse dans le « royaume » romain de Syagrius. Elle commande les routes de l'eau, et donc tout le commerce entre les pays qui bordent les mers des Brittons et des Saxons et les riches plaines de la Brie, les coteaux de Bourgogne et de Champagne... Par ses affluents, les paisibles rivières d'Oise et d'Aisne, elle irrigue le pays des Francs, l'unit au territoire romain. Clovis sait tout cela. Il sait également que les bateaux si propices au transport des graines et des vins peuvent aussi porter des armées.

Chacun ayant parlé à son tour, le roi lève le bras. Un cheval lui est amené. Il saute en selle. Le prestige d'un roi barbare tient à deux choses : sa chevelure, son cheval. Clovis parle. Son débit est bref, son discours aussi :

– Les dieux ont rappelé à eux mon père, Childéric, fils de Mérovée, fils de Clodion aux longs cheveux. La renommée que lui ont value ses faits d'armes me dispense de les rappeler. Que Wotan l'accueille en son Walhalla, bien qu'il n'ait pas péri la hache au poing.

« Le sang vaillant de Childéric court dans mes veines, et donc le sang du grand Mérovée, son père. Il est notoire que Mérovée fut engendré d'un puissant dragon jailli du fleuve Rhin pour engrosser sa mère. Ce monstre était une incarnation de Thor, le dieu de l'orage et de la guerre. Ceci est prouvé. Ma race est donc la race de Thor.

« Cependant, je ne serai pas un roi guerrier. Je n'aspire nullement à conquérir, mais bien à régner en paix sur mes Francs et sur les Gallo-Romains soumis aux Francs. Comme le fit mon père Childéric, je maintiendrai fidèlement l'alliance avec Rome, c'est-à-dire avec Syagrius, mon voisin et ami, et, au besoin, je le soutiendrai contre ses ennemis. Quiconque menace mon allié me menace.

« Que chacun adore les dieux qu'il s'est choisis, que nul ne soit molesté pour sa foi, quelle qu'elle puisse être.

« J'ai dit.

Un triple « Hoch ! » ponctue l'énergique péroraison. Clovis lève la main. Le silence se fait.

– Et maintenant, mes vaillants, que la fête commence ! Mangez, buvez, forniquez ! Les dieux soient avec vous !

Tandis que les gens d'Église, orthodoxes ou hérétiques (mais chacun n'est-il pas l'hérétique de l'autre ?), se retirent ostensiblement, le Champ de Mars prend l'aspect d'une immense beuverie. Les victuailles sont déversées par tombereaux, les tonneaux de cervoise et de vin sont mis en perce... Un hurlement de joie sauvage submerge tout : on amène le troupeau parfumé des belles esclaves vouées au repos du guerrier.

Les dames épouses, jusque-là groupées à l'écart, quittent dignement les lieux.

Le Hun blond et son longiligne ami s'entreregardent.

– Bof..., dit Loup.

– Oui, hein ? dit Otto.

Ils haussent bien ensemble les épaules et, du même pas, s'en vont là où ils ont à faire.

Acclamer un nouveau roi n'est pas affaire de femmes. Tandis que, sur le Champ de Mars, les guerriers prolongent la célébration par une fête crapuleuse, dans une pièce retirée du palais de Tournai, la reine Basine, reine mère désormais, attend, entourée de ses femmes, le retour triomphal de son fils Clovis.

Elle n'a pas manqué, en temps utile, de procéder au grand nettoyage qui consista à faire discrètement étrangler avec leur progéniture les épouses de second rang et concubines diverses qui n'avaient, têtes légères, pas su prévoir la marche des événements et courir se mettre hors de portée – mais aussi l'agonie de Childéric avait été si soudaine !

Basine se tient assise sur une de ces arides chaises romaines de fer aux pattes d'insecte. Un épais coussin brodé de fils d'or en atténue le contact brutal. Elle est bien belle encore, l'altière Basine ! Plus belle même, peut-être, qu'au jour déjà lointain où la blessa d'amour la vue de Childéric fugitif. Ses hanches ont pris une tendre ampleur, son corsage s'est épanoui sans rien perdre de son arrogance. Elle a relevé ses nattes en un chignon d'or roux que traverse une épingle à la tête d'ivoire finement ciselée. Un diadème précieux, fruit de la profanation de la tombe de quelque vestale de l'ancien culte, rehausse son front sans ride. A son cou si blanc pend un entassement de colliers et de chaînes. Des bracelets innombrables s'entrechoquent à ses bras. Tout cela étincelle des éclats mêlés de pierres vertes, rouges ou transparentes comme l'eau, brutes ou bien taillées comme seuls savent les tailler les artisans du lointain Orient.

Sur son giron repose la joue d'une de ses femmes, la très chère à son cœur, Sassa, l'enfant noire, l'épouse de Loup, le Hun blond, Sassa qui s'est donnée à elle comme Loup s'était donné à Childéric après la périlleuse chevauchée qui ramena à son peuple le roi exilé.

Basine, songeuse, passe distraitement la main sur la chevelure crépue de Sassa, sur ce hérissement râpeux dont elle ne se lasse pas d'éprouver l'insolite contact. Sassa, mollement alanguie à ses pieds, ronronne sous la caresse. Alentour, les autres femmes, épandues sur des peaux de bêtes, papotent.

Sans lever la tête, Sassa fait remarquer :

– Dame très aimée, tes colifichets me labourent les oreilles. Au fait, pourquoi t'es-tu chargée de cette quincaillerie ? Je parierais que tu portes tous tes bijoux sur toi ?

Basine sourit :

– Mon fils le roi m'en a priée. « Tous, m'a-t-il dit, sans exception. » Je suppose qu'il désire que sa mère lui fasse honneur. Vois-tu, ces rois étrangers, ces évêques, ces dignitaires, il faut leur en mettre plein la vue. Qu'ils sachent bien que le roi des Francs saliens n'est pas un quelconque petit chef de bande, mais leur égal, un partenaire riche et puissant avec qui il faudra compter.

– Ces bijoux, ce n'est pas lui, mais ton époux, notre roi Childéric, qui t'en fit don. Il en rapportait de pleins coffres après chacune de ses expéditions.

– Le butin proclame la victoire.

– Certes, le roi Childéric fut victorieux. Et généreux. Il donnait volontiers.

Basine ne peut voir le visage de Sassa. Certain sourire plein de malice est donc perdu pour elle. Cependant, la petite perfidie pointant sous les dernières paroles de la jolie Noire produit l'effet désiré. Basine fronce le sourcil.

– Très généreux, oui. Pas toujours à bon escient. Mais j'y ai mis bon ordre.

– Je me disais aussi que, moi qui croyais connaître tous tes trésors pour t'avoir si souvent aidée à choisir ceux qui convenaient, il me semblait bien que certains de ceux qui, à cette heure, te courbent vers le sol m'étaient inconnus...

Sassa, avec la nonchalance d'une chatte, se tourne sur l'autre flanc. C'est maintenant sa nuque qui pèse sur les fermes cuisses de la reine. Ses yeux, de bas en haut, plongent dans les yeux de Basine. Après un soupir, elle reprend :

– ... et que certains autres, il me semblait me rappeler les avoir déjà vus, mais autour d'autres cous, sur d'autres poitrines, à d'autres poignets que les tiens.

– Moi seule ai donné à Childéric un fils qui maintenant règne sur les Francs. Moi seule suis l'Épouse.

La peau de buffle qui sert de porte s'écarte. Le roi Clovis fait son entrée, seul. Un brouhaha de voix contenues et de hampes de lances frappant le sol indique que l'escorte attend dehors.

Clovis va droit à sa mère. Basine se lève, radieuse. Elle attend qu'il parle. Devant son fils, elle n'est qu'une femme. Devant son roi, qu'une sujette. Une femme ne parle pas la première. Encore moins une sujette.

Tout autour, les femmes se sont agenouillées, yeux au sol. Elles n'auraient pas fait cela pour Childéric, qui eût été le premier à en rire. Elles ont senti d'instinct que, pour l'héritier, il faut le faire.

Clovis tend les bras. Basine va pour s'y jeter. Les yeux de son fils l'en dissuadent. Ils disent, ces yeux, que ces bras ne se sont pas tendus pour une étreinte. Au bout de ces bras, il y a des mains, qui plongent dans l'amas d'or et de pierreries et le soupèsent. Clovis parle :

– Ma mère, tu es désormais une femme veuve. Tu vivras chaste et recluse, comme il se doit. Tu n'as donc plus besoin de ces choses. Moi, j'en ai l'emploi.

Il empoigne l'amas scintillant, le tire vers le haut, mais certains colliers et tours de cou, trop ajustés, franchissent malaisément le menton, s'accrochent au chignon, qui s'écroule et emmêle ses cheveux parmi la clincaille. Le geste est raté. Clovis perd la face. Des rires mal étouffés fusent d'entre les femmes agenouillées.

– Viens m'aider. Toi, là.

« Toi, là », c'est Sassa. C'est elle qu'on voit tout de suite, forcément.

Sans un mot, Sassa se lève, prend Basine par la main, la conduit à sa chaise, la fait asseoir et, bien doucement, ôte d'elle un à un les précieux objets. Lorsqu'elle a terminé, Clovis ordonne :

– Les bracelets aussi, les bagues, et tout le reste.

Elle s'exécute, n'osant lever les yeux vers ceux de la reine déchue. Basine n'a pas un mot. De grosses gouttes tièdes tombent sur les mains pleines de douceur de Sassa.

Clovis soulève la peau de buffle, fait un signe impérieux. Un guerrier en armes se présente, un sac de cuir à la main. Clovis saisit le sac, le tient grand ouvert devant Sassa. Elle y lance en vrac les bijoux. Clovis tend le sac plein au soldat. Il va pour quitter la salle, jette un coup d'œil tout autour de lui, se ravise :

– Tu n'auras plus besoin de toutes ces femmes. Ni de toute cette place.

C'en est trop. Basine se cabre :

– Sans doute y logeras-tu ta concubine, ton Ingunde chérie, cette crapulerie d'esclave qui a su prendre ton pucelage dans les latrines, cette pouffiasse au cul sale dont ton père ne voulait plus et qu'il a été trop content de te refiler...

– J'y logerai qui je jugerai bon d'y loger.

– Irai-je donc dormir dans les bois et mendier mon pain le long des routes ?

– Tu habiteras l'aile gauche du palais.

– Celle des cuisines et des écuries ?

– Il s'y trouve aussi deux pièces fort propres. Je te salue, ma mère.

Ayant dit ce qu'il avait à dire, le roi Clovis tourne les talons.

C'est une maison à l'écart de la ville, une masure de torchis couverte en chaume que rien ne distingue des masures habitées par les paysans gallo-romains des environs, sinon que la construction en est plus soignée, le jardinet mieux entretenu. Là vit Waldrude, la mère du Hun blond, au côté de Gunther, le naute parisien devenu guerrier pour l'amour d'elle.

Gunther, la cinquantaine venue, a quitté le service de Childéric, jugeant suffisant le nombre de cicatrices récoltées en combattant pour ce roi bien-aimé contre la racaille saxonne, wisigothe ou armoricaine qui, sans trêve, l'obligeait à courir de la frontière du Rhin à celles de la Loire ou de la Saône, en fidèle allié de ces Romains, Ægidius puis son fils Syagrius, incapables de défendre par leurs seuls moyens le lambeau d'Empire qu'ils s'étaient arrogé. La paix semblant enfin assurée, et bien que l'âge n'eût en rien entamé sa force colossale, Gunther s'était dit que l'agilité d'un quinquagénaire n'avait cependant plus la promptitude qu'elle présentait en ses vertes années, et qu'elle pourrait bien être cause que la prochaine blessure fût, si j'ose ainsi dire, la bonne.

Il avait donc, sagement, prié le roi Childéric de le relever de ses obligations militaires, faveur qui lui fut bien volontiers accordée, accompagnée d'une virile accolade et d'un pécule, modeste il est vrai, mais Gunther n'est guère gourmand, Waldrude pas davantage.

Childéric lui avait de surcroît proposé de faire déguerpir telle famille gauloise dont la demeure lui conviendrait. « Tout ce qui est gaulois ou romain appartient au Franc. Sers-toi. » Gunther avait préféré s'installer dans cette masure éloignée dont ne restaient alors debout que des trognons de murs noircis. Ses occupants avaient disparu dans les premières grandes ruées barbares et nul n'en avait plus rien su depuis le début du siècle.

Tandis que Gunther et Loup guerroyaient, Waldrude logeait au palais, toujours plus proche de la reine Ragnhilde, mère de Childéric, disparue depuis. Elle porte superbement ses quarante-sept ans, rayonne comme un soleil d'été, adore son immense Gunther et mène tambour battant sa maisonnée, trois filles que Gunther lui a plantées dans le ventre entre deux batailles et dont, par conséquent, les âges s'échelonnent selon la chronologie des guerres de Childéric. Gunther regrette parfois qu'elle n'ait pas eu l'esprit de lui pondre un fils, mais, après tout, Loup n'est-il pas, de cœur et d'adoption, son fils ? Et quel fils !

Les soins du jardin, l'abattage du bois pour l'hiver, la confection du chou aigre et de la bière de ménage ne suffisant pas à combler le besoin d'activité de Gunther, il avait été tenté de reprendre son ancien état de voiturier de la route qui marche, entendez de nautonier d'eau douce. Il avait déjà guigné le bateau et recruté l'équipage : un esclave saxon, sa part de butin, ramené d'une de ces guerres, dévoué comme un chien, hargneux comme un molosse. Mais Waldrude lui ayant déclaré tout net que, s'il recommençait à la laisser seulette au logis, elle chercherait consolation auprès de tel galant que faisaient pâmer ses formes drues et ses yeux pleins de rires – or, des galants, certes, autour d'elle il n'en manquait pas ! –, Gunther se résigna à choisir une activité plus casanière. Il était habile de ses mains. Il se fit forgeron en fer et batteur de lames. Il ferre les chevaux des gens d'armes, les mules des prélats tant catholiques qu'ariens et les ânes des paysans. C'est-à-dire qu'il rabat autour de leurs sabots les semelles de tôle épaisse qui empêchent la corne de s'user [1]. Tout le long du jour il fait sonner l'enclume en bourdonnant un air sans queue ni tête, parfaitement exaspérant. L'esclave saxon, déchu de l'honorable état de marin d'eau douce, s'est vu confier la délicate manœuvre du soufflet.

Une petite esclave femelle aide Waldrude aux soins du ménage. C'est une jeunesse, une de ces Slavonnes sauvages, une fille de cette race soudain surgie d'on ne sait où dont les tribus hirsutes errent, nues et affamées, par les plaines sans fin qui s'étendent jusqu'à toucher le ciel, là-bas, à l'orient, audelà de la grande forêt germanique, et avancent irrésistiblement vers le midi, ramenant la vie dans les déserts d'ossements que laissa derrière elle la horde d'Attila. Ces gens ne connaissent, comme dieu, qu'une lame fichée en terre. Ostrogoths, Alains et Grecs de Constantinople puisent dans cet inépuisable réservoir d'esclaves et en inondent le marché. Gunther l'a eue à très bon prix.

Cette Slavonne, donc, se refuse obstinément à comprendre tout autre langage que son patois chantant et crache sur le tudesque francique aussi bien que sur le latin abâtardi des croquants gaulois. Waldrude et elle communiquent par gestes. Du reste fort accorte, mignonnement tournée et d'aimable caractère, se prêtant sans façon aux tendres privautés qu'il peut arriver à son maître de se permettre sur sa docile personne, et même ne boudant pas le plaisir qu'elle y peut glaner, cette sauvageonne s'est fort bien acclimatée.

1. Les fers à clouer tels que nous les connaissons étaient alors ignorés des peuples germaniques.

Waldrude n'est pas sans avoir une idée du surcroît d'ouvrage nocturne dont Gunther la charge, mais elle s'est interdit une fois pour toutes d'en prendre ombrage, ou même d'en savoir le fin mot. Après tout, une esclave, c'est fait pour cela, et celle-ci lui épargne les épouses en second et concubines en titre que toute femme d'un guerrier franc de quelque renommée doit se résigner à subir, voire à nourrir, sous son propre toit.

Au centre exact de l'unique salle, dans un foyer formé de grosses pierres parmi lesquelles se peuvent discerner divers chapiteaux à feuilles d'acanthe et autres pièces finement sculptées provenant de quelque temple de l'ancienne foi jeté à bas par la ferveur chrétienne, flambent à hautes flammes des bûches de bois de chêne [1]. La fumée s'élève en une mince colonne bleue, droit vers le toit, et s'échappe par le trou prévu pour cela. Une bonne part de cette fumée, dédaignant un itinéraire trop prévu, stagne alentour et s'étire en molles volutes, piquant les yeux et ravageant les poumons, ce dont semblent fort peu se soucier les occupants des lieux, c'est cela ou crever de froid.

Sur une grille de fer rôtissent des viandes, dans un grand pot de terre frissonne un ragoût de fèves, de pois, de choux, de navets et d'oignons, de tous les légumes, enfin, que Gunther fait croître et mûrir dans son lopin, ce dont il n'est pas peu fier. Femmes et filles s'activent à trancher les viandes et à emplir les écuelles. Gunther remarque :

– Tu n'as pas ramené Otto ?

Loup répond :

– Otto n'a pas charge de famille. Il est resté pour la fête.

---

1. Dès que le christianisme eut conquis le statut de religion officielle et exclusive de l'Empire, les pieuses destructions des prosélytes firent beaucoup plus de dégâts que les ravages des hordes barbares, lesquelles, après tout, ne faisaient que passer. Il est vrai qu'une certaine quantité des matériaux provenant des temples détruits fut, après exorcisme et purification, réemployée dans les églises du culte vainqueur.

Sassa saute sur l'occasion :

– Pour l'orgie, tu veux dire ? Et tu regrettes de n'y être pas resté toi-même, ô toi le pauvre chargé de famille !

– J'y aurais volontiers fait un petit tour, juste pour voir...

– Juste pour voir, eh ? Pas besoin de te fatiguer à y aller voir, je peux te raconter ce qui s'y passe, moi, comme si j'y étais. Et je peux même te le résumer en quatre mots : ça se saoule, ça braille, ça baise, ça se bat.

Gunther intervient, placide :

– Le guerrier a besoin d'oublier la guerre, de temps en temps.

– Le guerrier aime la guerre, le guerrier aime oublier la guerre. Il gagne à tout coup. La belle vie, quoi ! En tout cas, Waldrude, enferme tes filles.

Les trois filles se récrient. Helminthe proteste :

– Ils n'oseraient pas ! Et puis, on sait se défendre.

Émeric, du haut de ses douze printemps, pouffe derrière sa main. C'est l'aîné des enfants de Loup et de Sassa. D'elle il a le teint noir comme une nuit sans lune. De lui il arbore les stigmates de l'Asie des steppes : yeux bridés, hautes et larges pommettes, longs cheveux de jais à reflets bleus, lourds et lisses, retombant en frange sur le front. Son surnom allait de soi : le Hun noir. Il en est très fier.

La peau de bœuf qui clôt l'entrée s'écarte et vient frapper en coup de fouet le mur de torchis. Tous sursautent. Un long gaillard essaie de s'insinuer par l'ouverture, oscille, heurte un montant, puis l'autre, risque un pas en avant, le rate, s'affale, piquerait du nez dans les flammes si Loup ne s'était prestement interposé.

L'escogriffe se laisse choir là où ses fesses l'entraînent, pousse un gros soupir, et puis promène sur l'assemblée un sourire d'inaltérable amour. Il lève mollement la main droite, agite gentiment les doigts. Il dit :

– *Ave !*

Galswinthe demande :

– Qu'est-ce qu'il dit ?

Helminthe explique :

– Il dit bonjour. C'est du latin.

Gunther s'étonne :

– Tu parles latin, maintenant, Otto ?

– Ss... seulement qu... quand je suis ss... saoul.

Loup constate :

– Ça, pour être saoul, tu l'es.

– Cc... comme un évêque.

Helminthe l'éveillée secoue la tête, ce qui fait danser ses nattes, et aussi ses petits nichons adolescents.

– Otto, tu me dégoûtes ! Je ne t'épouserai jamais !

Galswinthe aux yeux d'écureuil fait chorus :

– Moi non plus !

Ingwinthe ne pouvait manquer d'ajouter :

– Moi non plus !

Otto rit aux anges.

– Dd... de toute ff... façon, je vv... vous épouse tt... toutes les trois ou rien du tt... tout.

Les trois petites rougissent. Sassa tend à Otto le bébé qu'elle vient d'allaiter. Tout en renfonçant dans l'échancrure de sa tunique un sein ferme comme une courge et noir comme son visage, elle constate :

– Toi, tu ne te marieras jamais. Et tu feras bien. C'est seulement dommage pour les enfants que tu n'auras pas. Ceux-là, ils auraient eu deux mères.

L'enfant dans ses bras semble avoir dessaoulé Otto. Il n'est plus que tendresse éblouie et sollicitude pataude. Il opine :

– C'est vrai que je les aime bien.

Il ajoute, après un temps :

– Pourquoi faut-il qu'ils aient des mères ?

Tous rient. Galswinthe se récrie :

– Comme si tu ne les aimais pas, leurs mères ! Cavaleur ! Suborneur !

– Eh oui ! Je les aime trop, je les aime toutes, voilà le malheur. Ce n'est pas bon pour les enfants. Et puis, j'ai besoin d'être seul quand je rentre de campagne. Un soldat ne devrait pas prendre femme.

Waldrude bondit, la louche au poing.

– Gunther l'a fait ! Loup l'a fait ! Ils sont malheureux, peut-être ? Ose le dire !

Otto préfère abandonner le sujet. Il hausse les épaules :

– Chacun voit...

Soudain il sursaute, fronce la narine, crie sa détresse :

– Hé ! Reprends ça ! Vite !

Hilarité générale. Des cuisses jusqu'à mi-ventre, l'indolent guerrier ruisselle de matières liquides ou semi-liquides à l'odeur puissante. Le bébé, une fillette, met le comble à tous ces bonheurs par un renvoi buccal, dirigé vers le haut, cette fois. Des mucosités aigrelettes pendent en festons à l'altière moustache.

Ce sont là les joies simples de la vie de famille.

Curieusement, le second enfant du Hun blond et de la fille noire est tout à fait blanc de peau, ce qui fait bien plaisir à Waldrude la blonde, car c'est là son apport. Mais si ses paupières ne présentent pas la bride asiate, ses lèvres déjà fort charnues et ses petites narines larges ouvertes rappellent les savanes africaines, de même que sa promptitude à rire.

Gunther, tout en disposant la venaison sur des tranches de pain bis [1], résume la situation :

– Vous voilà pour longtemps au repos, mes gaillards. Ce nouveau règne sera une ère de paix. A mon avis, il n'y aura plus jamais de guerres. Voyez-vous, les frontières sont enfin en place et n'ont plus de raison de bouger. Chacun est chez

1. Les assiettes, bien que connues dans l'Antiquité, n'étaient plus guère usitées. Les soupes, brouets et bouillies diverses se mangeaient, ou plutôt se buvaient, à même l'écuelle. La viande se tranchait sur le pain.

soi une bonne fois pour toutes, Wisigoths, Burgondes, Alamans... Et nous, les Francs, nous voilà établis bien tranquilles entre Somme et Rhin, sans la moindre menace à l'horizon. L'alliance entre Clovis et Syagrius continue et renforce celle de Childéric et d'Ægidius. Avec de tels alliés nous ne craignons personne au monde. Wisigoths et Burgondes l'ont bien compris : ils sont accourus pour faire ami-ami. Quant à ces bêtes fauves de Saxons, ils sont bien trop occupés à conquérir la Brittonie [1] pour perdre leur temps à ravager la frontière de Loire.

« Nous allons enfin pouvoir nous mettre sérieusement au travail. Toute cette belle terre qui est à nous, si fertile sous les Romains, maintenant partout retournée à la ronce et à la forêt sauvage, nous allons la faire revivre ! Nous réparerons les chaussées romaines, les ponts, les aqueducs, nous en construirons de nouveaux ! Allons, buvez avec moi. Vive Clovis ! Vive la paix ! Un triple " Hoch " !

Les femmes s'empressent à verser la bière mousseuse dans les chopes de bois. Loup et Otto s'entreregardent, lèvent leurs chopes sans excès d'enthousiasme et lancent sans trop se forcer la voix :

– Hoch ! Hoch ! Hoch !

Gunther se torche la moustache, puis remarque :

– Ça ne risque pas de fissurer les murs. La guerre vous manquerait-elle ?

Loup soupire :

– Je déteste la guerre. Mais que peut faire un Franc, sinon se battre ? Quel autre état nous est permis ?

Otto, à son tour, apparemment dessaoulé :

– Moi, la guerre, je l'ai en profonde horreur. J'y remue beaucoup, je gueule, je fais du bruit, j'ai surtout souci de ne tuer personne et de ne pas être tué. Je suis un tricheur, un mauvais soldat. Je ne devrais pas le dire, mais nous sommes

1. L'Angleterre actuelle.

entre amis. Cependant, Loup a raison. Quel état peut convenir à un Franc, sinon celui des armes ?

Écoutant cela, Gunther s'est assombri.

– Alors, ce serait la guerre, toujours ? Je ne veux pas le croire. Enfin, quoi, le temps des conquêtes est fini ! Il nous faut maintenant mettre en valeur ce que nous avons conquis. D'ailleurs, Clovis l'a dit. Je lui fais confiance. C'est un garçon avisé, une tête solide.

Gunther se tait. Tous méditent ses paroles. Sassa ne semble pas convaincue.

Certaine visite du jeune roi à sa mère lui donne à penser. Une femme n'intervient pas lorsque parlent les hommes. Mais Sassa n'est pas femme à se taire quand elle a quelque chose sur le cœur. Profitant du silence, elle dit de sa douce voix :

– Ce petit Clovis est un garçon de grand appétit. Le genre de bébé qui, si on lui donne à téter, boit le lait et dévore le sein.

Il manque un personnage éminent à cette scène de famille. Aux « Hoch ! » des hommes devrait se mêler l'enthousiaste « hi-han ! » de l'âne Attila, le compagnon de toutes les aventures... Hélas, la durée de vie allouée aux ânes est plus brève, beaucoup plus brève, que celle dont jouissent les humains. Attila n'était déjà plus tout jeune lors de l'équipée en Thuringe. Lorsque fut venu le temps des rhumatismes, il dut se résigner à couler des jours paisibles dans un carré de verdure ombragé de pommiers, prêtant son dos aux petits enfants, se roulant à terre avec eux, pinçant la queue du chien entre ses grandes dents... Et puis, un matin, il n'y eut plus d'Attila, rien qu'une carcasse vide. On le pleura longtemps. On ne le remplaça pas.

II

Dans une salle basse du palais, le roi Clovis toise le messager qui, un genou à terre, lui tend le rouleau qu'il vient d'extraire de son étui.

– Eh bien, lis, moine ! Et traduis, si tu le peux.

– Je le peux, seigneur roi. Je suis franc de naissance. Ma langue première fut le tudesque francique.

– Et tu t'es fait chrétien ?

– Chrétien catholique romain, seigneur roi.

– Encore plus rare ! Mais quelle drôle d'idée : trahir tes dieux pour un cadavre pendu à une potence...

– Une croix, seigneur roi.

– Tu dis ?

– Pas une potence, une croix. La Croix. Il s'est laissé crucifier. Crucifier pour nos péchés.

– Crucifié, pendu, empalé... Quelle différence ? Adorer *ça*, c'est aussi répugnant que faire l'amour à une noyée de six semaines... Mais assez de théologie ! Lis.

Le moine commence à psalmodier, suivant du doigt chaque syllabe.

– « Au sei-gneur il-lus-tre pour ses ver-tus et ses mé-ri-tes, Clo-vis, roi des Francs, maî-tre des mi-li-ces, ad-mi-nis-tra-teur au nom de l'em-pe-reur de la Bel-gi-que se-con-de, guer-rier vic-to-ri-eux... »

– Abrège ! Abrège ! Saute les salamalecs. Droit au fait !

Le moine s'affole. On ne bouscule pas un érudit en pleine lecture. Déchiffrer de l'écrit est une épreuve qui requiert une attention tendue. Seuls quelques clercs en sont capables. Lire du latin et le traduire au fur et à mesure en langue tudesque tient de l'exploit. Clovis n'en a cure.

– Allons, moine, tu la connais par cœur, cette lettre, j'en suis sûr. Ménage ma patience et tes efforts. Résume-moi un peu l'essentiel.

Le moine soupire, roule le papyrus, le baise dévotement, le renfonce dans l'étui. Lorsque enfin il parle, sa voix n'est qu'un murmure.

– Seigneur roi, le seigneur évêque Remi te fait savoir qu'il a longuement médité et prié Notre Seigneur le Christ Jésus afin de peser le bon et le mauvais en ce qui concerne les desseins que tu lui as laissé entrevoir.

Le moine marque un temps. Clovis s'impatiente :

– Eh bien ?

– Seigneur roi, la divine Providence a daigné éclairer le seigneur évêque. Il te fait dire que Dieu est à tes côtés.

– Son dieu ? Le dieu des chrétiens ? Je n'en espérais pas moins, mais Syagrius n'est-il pas lui-même un chrétien fervent ? Et tout juste de l'espèce qui plaît à Remi ?

Le moine baisse les yeux.

– Seigneur roi, le seigneur évêque n'a prononcé aucun nom. Il s'est borné à dire que, pour sa part, il ne s'y opposerait pas, si toutefois les églises et les couvents ne sont pas molestés, non plus que les chrétiens qui suivent la vraie voie, et si ton bras n'étend pas sa protection sur les puants hérétiques de la secte d'Arius.

– Donc la populace gauloise, tout entière vouée au dieu-cadavre, restera terrée dans ses bauges. C'est bien. Et les légions ?

Le moine baisse encore la voix, s'il se peut :

– Le prestige du seigneur évêque Remi est grand parmi les légionnaires, tous chrétiens catholiques ainsi que leurs officiers.

– Plus grand que celui de Syagrius ?

– Syagrius est méprisé. Il a chaussé les bottes d'Ægidius, son père, mais elles sont trop grandes pour lui.

Clovis hoche la tête.

– C'est bien... Au fait, ce que tu viens de me dire, c'est ce qu'il y a dans cette lettre ?

Le moine lève enfin les yeux. Un sourire matois erre brièvement sur ses lèvres.

– Non, seigneur roi. La lettre ne contient que des protestations d'amitié et des encouragements au bien, des « salamalecs », comme tu dis. Je ne devais te faire part du reste qu'en paroles et si tu en faisais expressément la demande.

Clovis apprécie. Ce Remi, quel renard ! Depuis son évêché de Reims, le plus important, peut-être, de la Gaule du Nord, il a toujours été favorable à la famille. Clovis sait bien ce que veut Remi. Il est ambitieux. Il a décelé une autre ambition, celle du fils de Childéric, qu'il a pour ainsi dire vu naître. Il sait miser sur le bon cheval. Plutôt s'appuyer sur un roitelet barbare et païen que sur un mollasson qui va à la messe. Le reste n'est qu'affaire de conversion. Clovis rit sous cape. Compte là-dessus !

Clovis est roi des Francs depuis bientôt cinq ans. Ainsi que l'a prédit Gunther, la paix règne en terre franque, pour autant qu'elle puisse régner. Les inévitables incidents de frontière, les brèves expéditions de rapine chez les opulents voisins burgondes, les inextinguibles vendettas entre clans, tout cela, qui est le turbulent tout-venant de la vie barbare, ne dépasse pas le niveau des bisbilles tolérables.

Le soleil cogne dur sur le Champ de Mars. A l'ombre d'un sureau, Otto, d'une poignée d'étoupe, éponge la sueur qui imbibe la bande de cuir à l'intérieur de son casque.

– C'est là qu'on voit à quel point on s'est laissé aller ! Je suis en morceaux !

Loup, affalé à son côté, mâchonne une herbe.

– Je me demande...

– Tu te demandes toujours quelque chose. C'est quoi, cette fois ?

– Eh bien, vois-tu, nous sommes en paix, ou bien je me trompe ?

– A vue de nez, tu ne te trompes pas. Ensuite ?

– Ensuite, voilà. Pourquoi subitement tous ces exercices, ces marches et contre-marches, ces affûtages et astiquages d'armes, ces revues de détail..., enfin, bref, tout ce branle-bas ?

– Le roi l'a dit. Pour réveiller un peu l'armée, qui se rouillait. C'est vrai qu'elle allait plutôt à vau-l'eau. La paix ne vaut rien aux armées. Les gars mariés délaissent l'entraînement, oublient le camp pour rester chez eux à baiser leurs femmes et à regarder pousser les petits pois. Quant aux mercenaires permanents, ils jouent leur solde aux dés, se saoulent, vont aux putes, dévastent les poulaillers, violent les filles des croquants, perdent du muscle et prennent du lard. Il était temps d'y mettre un peu d'ordre, d'autant que les Alamans, à ce que je me suis laissé dire...

– Ils ont bon dos, les Alamans ! Et grande gueule. Chaque fois qu'ils ont redressé le nez et risqué un pas hors de chez eux, les détachements de garde à la frontière ont suffi à les ramener à la niche à coups de pied au cul sans en faire tout un plat. Il y a autre chose.

– Quoi, par exemple ?

– Sais pas.

– On verra bien.

Dans sa tente de campagne, le roi Clovis, équipé en guerre, vide une pinte d'hydromel. C'est sucré, l'hydromel. Le roi est assez porté sur les douceurs. Un officier lui fait face, vêtu à la romaine avec une sobriété presque aussi stricte qu'aux temps où les extravagances barbares n'avaient pas encore contaminé l'uniforme des légions. Ce soldat de haut rang est l'ambassadeur permanent du roi Syagrius auprès de son voisin et ami Clovis. Il fait aussi, de par l'alliance unissant les deux armées, office de conseiller militaire.

Le Romain s'adresse au roi avec un respect non dénué de fermeté, peut-être aussi d'un soupçon de condescendance :

– Seigneur roi, je ne puis te cacher que ce grand mouvement qui se fait en ce moment dans tes armées et qui, bien que discrètement mené, n'a pas échappé à la vigilance du roi Syagrius, incite mon maître à te demander par ma bouche si tu envisages une prochaine action de guerre et, dans ce cas, contre qui.

Clovis hume une lampée d'hydromel, plante ses yeux droit dans ceux du Romain.

– Et quand cela serait ? Dois-je rendre compte de tous mes petits problèmes domestiques à mon compère Syagrius, que les dieux le protègent, ou plutôt le sien ?

– Seigneur roi, nous sommes alliés. Il va de soi que tout ce qui touche aux armes nous est commun.

– Tu as tout à fait raison. Je n'ai pas cru devoir importuner l'ami Syagrius pour si peu de chose, voilà tout.

– Si peu de chose ? Mais encore ?

Clovis soupire.

– Eh bien, bon, je vois qu'il faut que je t'en dise le détail. Tu sais, ce sont ces Alamans, toujours eux. Certains renseignements me donnent à penser qu'ils pourraient bien entreprendre quelque chose d'ennuyeux, un de ces quatre matins. Oh, rien de sérieux, et je ne suis même pas sûr du fait... Enfin, pas vraiment de quoi s'inquiéter, mais, bon, mieux vaut être prêt. J'en profite pour reprendre en main mes gars, à qui une trop longue paix ne vaut décidément rien. Je ne sais pas si je m'y prends bien. C'est que je ne suis pas un homme de guerre, moi.

Clovis a dit cela avec un franc sourire qui retrousse une moustache maintenant bien fournie. Il n'est plus l'adolescent monté en graine qui habillait d'arrogance son manque d'assurance, mais un gaillard râblé qui va sur sa vingtième année. Le dignitaire romain, cependant, demeure soucieux. Il insiste :

– Selon les rapports de nos observateurs, il semblerait que tes Francs en armes, dispersés par petites unités, fassent tous peu à peu marche vers le sud et se regroupent à quelque distance des rivières de Somme et d'Oise qui, comme tu sais, marquent nos communes limites...

La douloureuse surprise de l'amitié blessée écarquille les yeux de Clovis.

– Insinuerais-tu... ?

L'autre s'empresse :

– Rien du tout, seigneur roi ! Je m'en garderais bien ! Ne vois en ce que j'ai dit rien qui puisse passer pour un soupçon ! Toutefois...

– Ta ta ta !

Clovis passe familièrement son bras autour des épaules du Romain.

– Je n'ai pas à m'expliquer, pourtant je vais le faire. Pour la bonne amitié. Il faut que tout soit bien clair entre nous, tu as tout à fait raison. Alors, voici. C'est un mouvement tournant. Pour tromper ces saletés d'Alamans. Toi qui es un soldat, un vrai, tu comprends cela ? Je leur tourne le dos, ils se rassurent, ils tentent leur mauvais coup, mais moi j'ai l'œil, tchiac, je fais volte-face et je leur tombe dessus !

Le Romain daigne sourire :

– C'est un plan excellent. Je pars sur-le-champ pour Soissons expliquer cela à mon maître le roi Syagrius afin qu'il ne se tourmente pas à tort.

– Très bonne idée. Je ne voudrais surtout pas que mon frère Syagrius soit effleuré ne serait-ce que de l'ombre d'un doute quant à ma loyauté ! Prends avec toi les légionnaires de ta garde personnelle comme escorte, ainsi seras-tu tout à fait tranquille. Et ne manque pas de rappeler à Syagrius combien je l'aime. Allons, donnons-nous l'accolade.

Ainsi font-ils, et le Romain sort de la tente, drapé dans sa dignité comme dans une toge de sénateur.

Clovis esquisse un geste. Un homme en armes, que jusqu'alors dissimulait l'ombre du fond de la tente, avance dans la lumière, se tient devant le roi. Clovis, du pouce, pardessus l'épaule, désigne la porte.

– Qu'aucun n'en réchappe. Toute l'escorte. Pas trop près d'ici. Prends autant de ruffians qu'il t'en faut.

L'homme fait oui de la tête.

– Et fais vite. Syagrius ne doit rien soupçonner avant l'heure. Va, Vulpus.

Le lendemain de ce jour, aux premières lueurs de l'aube, par les ponts de bois et par les gués, l'armée de Clovis franchit en masse la Somme et l'Oise, égorge les sentinelles, massacre les garnisons des postes frontières et, poussant vers le ciel la clameur énorme de l'invasion, se jette sur le royaume de Syagrius.

L'effet de surprise a joué à plein. Il n'y a pour ainsi dire pas de combat. C'est à peine si Syagrius, surpris dans son sommeil, a réussi à rallier autour de lui une poignée de vétérans pour esquisser une tentative de résistance sous les murs de Soissons, sa ville capitale, tentative aussitôt écrasée par la ruée franque. Ragnacaire, roi à Cambrai, oncle et vassal de Clovis, s'est emparé d'Abbeville et d'Amiens et, sur son élan, fonce vers Rouen et la Lyonnaise seconde [1]. Partout la Seine est atteinte.

Reims la superbe s'est donnée, chienne couchante, à l'envahisseur. Seule la minuscule Lutèce, nouvellement baptisée Paris, solidement retranchée sur son île, se défend bec et ongles, ayant jeté bas ses ponts et armé ses nautes, sous l'impulsion de Geneviève l'indomptable, la prophétesse qui, comme aux jours terribles d'Attila, trente-cinq ans plus tôt, met toute son énergie à exciter le courage de ses Parisii [2].

Pour les Francs, les temps exaltants de la grande ruée sont de nouveau là. Fraîche et joyeuse, la guerre chante le printemps des braves. Le marteau de Thor secoue la terre. L'incendie réjouit le cœur d'Odin. Freyia l'insatiable, Freyia au sexe cannibale pousse les mâles au rut sanglant.

Du nord au sud, de la Somme à la Seine, la flamme dévore tout. On massacre comme à l'abattoir. On ne se lasse pas de tuer. On fracasse les enfants contre les murs avant de besogner les mères par toutes les façons imaginables. La rage du sang répandu rend ingénieux. On a beaucoup appris des Huns... On n'empale pas, c'est un art qui demande quelque loisir, mais on cloue les croquants sur la porte de leurs granges, les bras en croix, à l'image de leur dieu-cadavre... A crever de rire ! On boit beaucoup, ça aide à profiter de l'instant dans sa plénitude.

Malgré sa complaisance, Reims est mise à sac, ses habitants traqués jusqu'au plus profond des caves, ses couvents profanés, ses églises brûlées, tout comme son orgueilleuse basilique épiscopale, sous les yeux épouvantés de son clergé serré autour de l'évêque Remi. A l'inverse des Huns, les Francs, bien que païens enragés, s'ils ne se font aucun scru-

1. La Lyonnaise seconde : division territoriale de l'Empire romain englobant notamment l'actuelle Normandie.

2. Geneviève, qui n'est pas encore « sainte » Geneviève, est alors dans sa soixante-cinquième année.

pule de brûler les églises n'en respectent pas moins les prêtres auxquels leur esprit superstitieux attribue on ne sait quels pouvoirs magiques.

Après le carnage, après le viol, après ces joies puissantes des premiers instants de la victoire, vient l'heure du pillage, opération qui exige de la méthode et de la discipline. Les corvées s'organisent. Les chefs surveillent la fouille, le déménagement, l'entassement bien conçu du butin dans les chariots. Ils veillent surtout à ce que nul, quel que soit son rang ou son mérite, ne subtilise plus que la part à laquelle il a droit. Tout doit être mis en commun pour être distribué, la campagne terminée, entre les vainqueurs, suivant un barème soigneusement calculé, strictement appliqué.

De Soissons à Reims, en suivant la berge fleurie de la jolie rivière de Vesle, il n'y a guère que quelques heures de chevauchée. Soissons tombée et l'armée de Syagrius en pleine déroute, le roi Clovis se donne le loisir d'une promenade de digestion jusqu'à Reims, car il tient avant toute chose à présenter ses compliments à celui à qui il donne affectueusement le nom de père, le seigneur Remi, évêque de Reims, dont la ville est désormais en sa puissance.

Au côté du roi, botte à botte, chevauche Gondebert, fils de Wolframn, qui commandait l'aile gauche de l'armée, celle justement qui écrasa les timides défenseurs de Soissons. Il est tout faraud, Gondebert. Apparenté à Clovis par les femmes, il l'interpelle en toute familiarité :

– Je ne te trouve pas aussi réjoui qu'on pourrait penser, cousin. Qu'est-ce qui te tracasse ? Tout s'est accompli selon le plan, et même en avance sur le plan. Nous voilà partout solidement appuyés sur la Seine. Le temps de nous regrouper, nous gobons le reste du pays jusqu'à la Loire. Le butin est déjà copieux au-delà de tout ce qu'on pouvait rêver. Et toi, tu fais la gueule !

Clovis, tournant la tête vers le bavard, articule ces seuls mots :

– Tu as laissé s'échapper le Syagrius.

– Ce n'est rien ! Il n'a pas pu aller loin. Il se terre près de Soissons, dans quelque trou. Mes gars le trouveront.

– S'il réussit à gagner la Loire et à passer de l'autre côté, chez les Wisigoths, il persuadera Alaric d'entrer en campagne et de marcher à notre rencontre [1].

– Et alors ? Nous écraserons les Wisigoths comme nous avons écrasé les Romains ! Nous galoperons d'une seule traite jusqu'aux Pyrénées, sur notre élan nous avalerons l'Espagne, nous ne nous arrêterons qu'aux Colonnes d'Hercule, d'où l'on voit la côte d'Afrique ! Nos Francs ont le feu au cul et la victoire au ventre, ils sont partis pour dévorer le monde ! Avec toi à leur tête, Clovis !

Tant d'enthousiasme ne déride pas Clovis.

– La victoire trop facile te monte à la tête. En fait, les Francs se feraient hacher dès qu'ils poseraient le pied sur la berge d'en face. Les Wisigoths sont un trop gros morceau pour nous. Beaucoup trop gros. Et leurs copains Burgondes nous prendraient à revers, trop heureux de l'occasion... Ce sera déjà bien beau s'ils nous laissent achever la conquête du pays jusqu'à la Loire et à l'Armorique.

Clovis se rembrunit.

– C'est pourquoi tu as commis une grosse faute en ne te saisissant pas tout de suite de Syagrius. Alaric est son ami très cher, ils se sont juré éternelle alliance. Comprends-tu, maintenant ?

– Tu vois les choses trop en noir. Tu minimises notre victoire et notre force.

---

1. Alaric. Il s'agit du deuxième Alaric, fils d'Euric et roi des Wisigoths, qui régna, à partir de 484, sur l'Espagne, le Portugal, toute la Gaule au sud de la Loire et la Provence. A ne pas confondre avec son aïeul, Alaric 1er, tristement fameux par le sac de Rome (410).

– Notre victoire ? Nous avons bousculé au premier contact les légions de Syagrius, qui ne demandaient qu'à se laisser battre. N'as-tu donc pas vu comment elles ont tourné casaque et se sont jointes aux Francs pour occire et dépouiller les croquants gaulois qu'elles étaient censées défendre ?

– Tes ordres étaient de ne pas tuer les vaincus, ni de les prendre en esclavage. Ce n'est pas l'usage. On a grogné sur les rangs.

– Mes espions avaient fait courir la rumeur que j'épargnerais les Romains s'ils se joignaient à nous. Tu vois, une guerre, ça se prépare.

Toujours prévoyant, Clovis a fait apporter avec lui une tente de campagne qui se révèle pour lors fort utile. Il l'a fait dresser à l'écart de la ville, assez loin pour que fumées grasses et flammèches volantes ne noircissent les visages ni n'embrasent les chevelures. Cette tente, il en a fait don à Remi afin que l'évêque ait un semblant de chez-soi qui puisse accueillir le roi, fût-ce avec une rusticité qu'excusent les circonstances.

Remi porte allègrement une cinquantaine pleine de vigueur. Sous le bonnet épiscopal aux fanons de soie [1] qu'il a coiffé afin de bien marquer qu'il reçoit le vainqueur en prélat représentant ses ouailles humiliées plutôt qu'en ami, son visage poupin exprime une douloureuse déception. Il est assis, très raide, sur un siège de fortune et tient bien droite devant lui la hampe de sa crosse, insigne sacré de son sacerdoce et de son autorité. Debout derrière lui ou à ses côtés, divers diacres et clercs tonsurés gardent les yeux baissés en une muette réprobation. Il n'est certes pas aisé de marquer une hautaine supériorité morale devant le triomphe de la force bestiale sans toutefois tomber dans l'excès, car ces sauvages vous ont des cruautés imprévisibles et la hache

1. La mitre des évêques ne sera en usage que vers le dixième siècle.

prompte, or la témérité est péché ainsi que la recherche trop ostentatoire du martyre.

Remi ayant choisi de poser pour la statue muette de l'amitié trahie, il revient à Clovis de prendre l'initiative. L'humilité n'est pas son fort. Il parle de son haut, même pour proférer un semblant d'excuse :

– Père, je ne t'avais rien promis. Ce que j'ai fait devait être fait, tu le sais. Qui veut la fin veut les moyens. Mes Francs ne sont pas des agneaux. Une invasion sans pillage, ils n'auraient pas compris. Ils n'auraient pas marché. J'ai tenté de les modérer en ce qui concerne les églises. Je n'ai pas insisté. Ils m'auraient déposé, massacré peut-être. Je ne suis leur roi que par leur assentiment.

L'évêque laisse tomber :

– S'ils connaissaient le vrai Dieu... Le chrétien qui donne sa vie pour une cause juste méprise le butin.

De la main, Clovis balaie l'argument :

– Les Wisigoths sont chrétiens. Les Burgondes sont chrétiens. Je les ai combattus, les uns et les autres, en mes jeunes années, au côté de mon père Childéric. Je puis t'assurer qu'au pillage ils sont enragés autant que quiconque, qu'ils ne rechignent nullement à violer des femmes chrétiennes et même des nonnes, puis à les vendre comme esclaves.

– Des ariens !

– Ah, c'est vrai. Ce n'est pas la bonne espèce.

– Ne blasphème pas. Si tu étais chrétien, je dis chrétien catholique, les peuples t'accueilleraient à bras ouverts.

– Et mes Francs m'égorgeraient.

Remi a un mince sourire.

– Le martyre te fait peur ? « Saint Clovis », cela sonne pourtant bien !

– Un saint, c'est un dieu ?

– Dieu seul est Dieu ! Un saint est un homme dont les mérites font, après sa mort terrestre, un intercesseur entre les hommes et Dieu.

– Ton Dieu a donc besoin d'intermédiaires ? Il ne voit pas par lui-même les besoins des hommes ? Je ne veux pas devenir une image que les vieilles femmes prient à genoux. Je veux aller dans le Walhalla retrouver les filles d'Odin, les Walkyries aux cuisses de fer, au ventre que ne rassasient pas les hordes de vaillants tombés la hache au poing. Je veux faire couler le sang, des fleuves de sang, plus de sang qu'Attila même, tant et tant de sang que je serai l'époux chéri de la plus belle des Walkyries, le seul, car elle méprisera tous les autres !

Clovis prend soudain conscience qu'il s'est quelque peu laissé aller. Ce n'est pas dans ses habitudes. L'évêque le regarde, impassible. Les diacres et clercs divers écarquillent des yeux épouvantés. Clovis alors change de registre. Il fait dans le cynique badin :

– A la vérité, évêque, s'il faut tout te dire, je n'ai jamais pu résister à un beau sac de ville. Et l'incendie final ! Une œuvre d'art, quand c'est bien fait. Soissons, c'était pas mal. Mais Reims ! Alors, là, oui, c'est une ville ! Voir flamber Reims, quel rêve ! Hélas, je n'ai pu en voir que la fin. La braise prenait déjà le dessus sur la flamme. Les femmes ne criaient presque plus, résignées ou mortes.

Il secoue la tête, comme s'il se rendait seulement compte de ce qu'il dit et à qui il le dit.

– Pardonne-moi, père, je me laisse emporter. C'est ta ville, après tout. Je comprends ta peine. Je te la reconstruirai, plus belle encore.

Clovis, une fois de plus, change de ton. Cette fois, le chef parle :

– Tu m'y aideras. Je vais avoir besoin de toi. Je partagerai le pays et ses croquants entre mes vaillants, mais ce sont hommes d'épée, non d'écritures. Toi et tes clercs, vous avez été à l'école des Romains, vous avez pris leur suite. Vous savez compter, tenir les registres, administrer, mettre le croquant au travail, faire rentrer l'impôt. La conquête n'est pas terminée. J'ai la Seine, il me faut la Loire. Pour cela, j'ai besoin d'or. Le butin est une bonne chose, qui fait plaisir sur le moment, mais la charrue du laboureur fait croître plus de richesses que dix guerres victorieuses. Je compte sur toi.

L'évêque a écouté, impassible. Il sait que, sans son aide, Clovis ne pourra tirer profit de sa conquête, qu'il devra sans cesse écraser dans le sang des rébellions toujours renaissantes, que la terre retournera à la friche et les villes au désert. Il sait que le menu peuple chrétien obéira à son évêque plutôt qu'au conquérant païen, et qu'il est donc, en fait, lui, Remi, le maître de la situation dans l'étendue de son diocèse, et même au-delà, tant sa renommée est grande. Il sait aussi qu'un Clovis a la hache prompte et l'orgueil à vif. Il sait s'accommoder d'une situation et en tirer le meilleur. Il a, dès longtemps, décelé dans ce jeune fauve aux crocs sanglants un appétit de puissance dévorant et une volonté capable de le satisfaire. Il mise sur Clovis.

C'est donc en toute connaissance de cause qu'il acquiesce :

– Tu le peux.

Clovis a un bref sourire qui, seul, laisse voir quel est son soulagement. Il fait un pas vers l'évêque, le serre dans ses bras en une solide accolade.

– Tu es mon père.

Et puis, sans transition, il enchaîne :

– Je sais qu'il traîne un peu partout des fugitifs des légions de Syagrius, et aussi des déserteurs. Je ne sais où ils se terrent, ni qui leur vient en aide, et je ne veux pas le savoir. Ce sont des chrétiens de la même secte que toi. Fais en sorte qu'ils soient avertis de ceci : ou bien ils viennent faire soumission et se rallient à mes armées, ou bien ils seront mis à mort ainsi que ceux qui les cachent.

« Encore ceci : je donne cent sous d'or à qui me livrera Syagrius. Fais-le savoir.

– Ce sera fait, fils. Est-ce tout ?

– C'est tout.

– A mon tour.

– Ordonne, père.

L'évêque a un pâle sourire.

– Toi, tu ordonnes. Moi, je quémande.

Le vainqueur ignore l'amère ironie, arme dérisoire du vaincu. Clovis insiste :

– Parle.

– C'est peu de chose, en vérité. Je ne conteste pas le droit de pillage. C'est, depuis toujours, la loi de la guerre. Il s'agit ici d'une faveur. Parmi les objets précieux que tes soldats ont enlevés dans mon église épiscopale, il se trouve une grande coupe d'argent massif, agrémentée de ciselures figurant le saint baptême du Seigneur Christ Jésus. Certes, cette coupe a une grande valeur marchande, mais cela n'est rien auprès de ce qu'elle représente aux yeux des fidèles et du chapitre. Elle est vénérée comme émanant de Dieu lui-même. Tant que ce vase est dans Reims, le présent malheur n'est rien, le peuple trouvera le courage de relever les ruines. Mais que la coupe sorte de la ville et n'y revienne plus, ce serait pour eux comme si le Seigneur Christ les avait abandonnés. Leur désespoir serait sans remède.

– Voilà des chrétiens bien près de l'idolâtrie !

– La foi innocente a besoin d'objets visibles et palpables pour s'y attacher. Certains exaltés, sur la caution de je ne sais quels grimoires, veulent voir en cette coupe rien de moins que le saint Graal.

– Saint Graal ? Jamais entendu. Qu'est-ce que c'est ?

– Un peu long à expliquer. Sache, en gros, qu'il s'agit d'un objet qui fut entre les mains du Seigneur Christ Jésus et peut opérer des miracles.

– Des miracles ? Alors, il me le faut, par Odin ! J'ai de grands projets. Un petit miracle par-ci par-là ne ferait pas de mal !

– Ce sont miracles qui n'agissent que pour qui a la foi.

– J'aurais dû m'en douter... Bon, ton vaisseau, ton vase, ta coupe, appelle ça comme tu voudras, tu serais heureux qu'il revienne ?

– Pour redonner cœur et espoir aux gens d'ici. C'est d'ailleurs aussi ton intérêt.

– Ça devrait pouvoir se faire. Tu sais que le partage se décide par tirage au sort. J'ai droit, comme chef suprême de l'expédition, à un cinquième du total du butin. C'est une belle part, mais je ne peux pas choisir. Je dois accepter les objets qui me sont échus, quitte à les échanger contre d'autres après le partage, et s'il y a moyen de faire affaire.

– J'ai confiance en toi, fils.

Au loin, Soissons brûle. La moitié de l'horizon est rouge. De la clameur du carnage ne parvient ici qu'une lointaine rumeur qui s'enfle ou s'affaisse aux caprices du vent.

C'est une masure de paysans, très à l'écart de l'antique voie romaine Tournai-Cambrai-Soissons par laquelle s'engouffra l'invasion et que parcourent encore des cohortes de traînards, de détrousseurs de cadavres, de receleurs, de putes, de maquereaux, de tout ce gibier de potence, enfin, que traîne derrière elle une armée en campagne. Cette racaille charognarde, s'abattant comme vautours dès que les chariots réquisitionnés par l'armée ont quitté les lieux, croulant sous le butin, trouve encore à picorer dans les décombres fumants et sur les morts, n'hésitant pas à égorger pour le dépouiller un combattant isolé qui cuve son vin ou qui besogne une pute complice entraînée à jouer la patricienne qu'on viole.

Devant cette masure, attablés au soleil d'avril, Loup et Otto vident posément une cruche de bière tout en grignotant à la pointe du couteau des lamelles qu'ils prélèvent sur un gros fromage de brebis posé au milieu de l'épais billot de chêne qui sert de table. Aux branches fleuries d'une aubépine pendent leurs casques cloutés de fer, leurs épées avec leurs baudriers, leurs haches d'armes et toute la quincaillerie guerrière si pesante aux épaules du soldat quand il ne s'en sert pas.

Otto crache une croûte de fromage, boit un coup à même la cruche, soupire :

– Veux-tu que je te dise ? Je crois bien que la guerre ne m'amuse plus.

– Elle ne m'a jamais amusé.

– N'empêche, tu as toujours fait ton boulot.

– Tu sais bien que non. Je suis un tricheur. Je n'aime pas tuer. Je n'aime pas vaincre. Je me suis toujours arrangé pour faire semblant.

– Pourtant, tu es le meilleur. Si tu voulais...

– Mais voilà : je ne veux pas. Il y a mieux à faire que conquérir, tuer, détruire, piller, manger le butin, se faire voler par les acheteurs sous prétexte qu'il y en a trop et que les cours baissent, et puis recommencer, encore et encore, jusqu'au jour où la hache du gars d'en face aura été plus rapide que la tienne... Tout ça pour servir les appétits d'un goulu ignorant comme cochon...

– Ne médis pas des cochons. Ce sont bêtes de bon sens et qui aiment rire... Otto !

– Oui ?

– Qu'est-ce qu'on fout là, sincèrement ?

– Tu veux dire : quel est le but réel de notre présence ici ? Je te répondrais bien : « Nous rafraîchir à l'ombre et laisser les égorgeurs de petits enfants faire leur besogne », ce qui serait vrai, mais insuffisant. Je te dirais bien aussi que nous attendons le moment d'aller au Walhalla baiser les somptueuses garces du grand dieu Odin, mais tu ne crois pas plus en Odin qu'en Jupiter ou en Jésus-Christ. Alors, je vais m'en tenir à l'aspect militaire de la question et je te ferai remarquer que ce que nous faisons là s'appelle abandon de poste. Je pense que c'est le terme exact.

– Tu peux même préciser : abandon de poste en présence de l'ennemi.

– Ce qui est pire.

– Et mérite la mort.

– La mort ignominieuse, devant le front des troupes.

– Quoique...

– Oui ?

– Entre nous, Clovis t'a à la bonne. Tu l'as formé aux armes, ce petit. Ça crée des liens. Tu lui as appris à lancer le javelot et la hache, et là, grâce à toi, il est de loin le plus fort.

– A part moi.

– A part toi, c'est vrai. Mais ça ne compte pas, tu es le plus fort en tout, c'en est décourageant. N'empêche, il est doué.

– Dans l'art de tuer, il l'est superbement. Il l'est moins en d'autres activités. Je n'ai jamais pu lui faire prononcer la moindre phrase de latin. Pour régner sur des gens qui ne connaissent que cette langue, c'est assez gênant. Je n'ai pas davantage pu lui apprendre à lire, fût-ce les runes.

– Pourtant, il est intelligent.

– C'est vrai. Une intelligence tout entière vouée à la satisfaction de ses envies, qui sont insatiables, et par le moyen de la ruse.

Un soudain tintamarre où se mêlent heurts de ferrailles et chants avinés annonce du nouveau. Au tournant du chemin paraît une bande d'arsouilles en loques. Les vestiges crasseux d'uniformes romains dénoncent des déserteurs de l'armée de Syagrius. Ils sont huit ruffians, soldats vaincus devenus pillards de bas étage et menant guerre pour leur propre compte. Un chariot aux roues pleines déborde de tout un bric-à-brac de misère, houes, socs de charrue, fléaux à battre le blé, pelles, pioches, marmites et divers ustensiles plus ou moins rouillés et ébréchés, triste butin méprisé par les vainqueurs, qu'ils revendront, plus loin, à des paysans que d'autres charognards auront dépouillés.

Entre les brancards du grinçant véhicule, un ânon et une fillette sont attelés et peinent côte à côte. Le fouet siffle, les coups pleuvent, les rires sonnent gras. Apercevant la masure, que jusqu'alors leur cachait une ample touffe de noisetiers, les joyeux drilles font halte avec force cris d'allégresse.

Ils ne peuvent apercevoir Loup ni Otto, à l'écart derrière leur aubépine en fleur. Tous se ruent dans la masure, dont ils se mettent illico en devoir de racler ce qui peut rester à piller. Poêles et poêlons volent par la porte pour rebondir sur la terre durcie. Un hourvari soudain annonce quelque butin plus consistant. Les gars ressortent, traînant, tirant, poussant deux femmes, l'une toute jeunette, l'autre moins, toutes deux bien accortes et sentant bon, pour l'instant hurlant leur terreur.

Un gros ruffian poilu de partout enserre dans ses vastes bras les deux femmes à la fois, qu'il couvre et enveloppe de son immense carcasse. Heureux comme un ours qui a trouvé une ruche, il vocifère :

– C'est moi qui les ai vues le premier ! C'est moi qui les ai dénichées de leur trou ! Je veux les étrenner ! Toutes les deux ! Bon dieu, j'ai pas encore tiré mon coup, moi, tandis que vous autres... Oh, par Jésus-Christ, des coups, je vais en tirer au moins douze sans débander ! Ah, nom de dieu...

Otto contemple les événements d'un œil critique. Loup, qui tourne le dos, jette un regard par-dessus l'épaule. Otto fait : « Tss, tss. » Loup constate :

– Tant qu'ils ne déménageaient que la cuisine...

– Ce n'était que demi-mal.

– Mais s'ils s'en prennent à la cuisinière...

– Notre souper est mal parti.

– Donc...

– Eh oui ! Donc.

Avec un soupir ils s'arrachent à leurs sièges rustiques, décrochent des branches fleuries de l'aubépine épées et haches. Otto hésite :

– Spatha ou scramasaxe [1] ?

– Pas assez de recul. Scra.

C'est donc chargés de l'épée courte dans une main, de la hache francisque [2] dans l'autre, qu'ils gagnent sans vaine hâte le lieu de l'action.

Trop occupés à se disputer leur aubaine, les ravageurs ne les ont pas vus venir. Otto, du plat du scramasaxe, tapote poliment l'épaule du plus proche afin d'attirer son attention. L'homme tourne la tête, voit ces deux gaillards qu'on n'a pas invités, remarque les armes dont les tranchants bien affûtés étincellent au soleil d'avril, note la placidité pleine d'assurance des physionomies, note surtout les formidables moustaches tombantes qui ne laissent aucun doute sur la nationalité des nouveaux venus : des Francs, donc de ces gens ayant, de par le sort des armes, droit absolu de vie et de mort. Le résultat de cet inventaire est un violent sursaut et un hurlement d'alerte :

– Sauve qui peut, les gars ! On est refaits !

Les sept autres à leur tour sursautent, bien ensemble. Leur mouvement suivant est de détaler dans la direction opposée aux deux Francs. Le gros brutal velu ne lâche pas pour autant son trésor. Une femme sous chaque bras, il court sans plus de gêne que s'il portait deux cochons de lait. Otto le rattrape en trois bonds et vient se camper devant lui, la hache levée, le scramasaxe pointé sur le nombril.

---

1. La « spatha » est une longue et forte épée. Le « scramasaxe » une sorte de dague à un seul tranchant.

2. La francisque était une arme de jet, au fer long et étroit, que l'on projetait en début d'attaque pour briser le bouclier avant de courir sus à l'ennemi, l'épée au poing. On a retrouvé des francisques en quantité.

Cela devient intéressant. Loup s'est arrêté, les poings aux hanches, afin de profiter bien à son aise de la suite des événements. Le mastodonte, par un mouvement d'une promptitude et d'une précision qu'apprécie le spectateur, brandit devant lui, à hauteur de visage, les deux femmes hurlantes et gigotantes. Otto demeure la hache haute. S'il l'abaisse, ce sera une tête charmante qu'il fendra. Loup admire la parade :

– Bravo, gros père ! Et maintenant, Otto, qu'est-ce que tu fais ?

– Tu peux ricaner ! Tu ferais mieux de me donner un coup de main. En cognant sur sa tête avec quelque chose de dur, par exemple.

– Ce ne serait pas loyal. Tu dois t'en sortir tout seul. Je suis sûr que tu le peux.

Cet échange de badineries amène l'homme-montagne à faire une découverte intéressante. Il s'empresse d'en faire profiter ses camarades :

– Hé, vous autres ! Ils ne sont que deux !

Le mouvement général de fuite éperdue stoppe sur-le-champ. Et s'inverse. La graine de potence maintenant fait front, opère un retour enveloppant vers le centre principal d'intérêt. Ils viennent de se souvenir qu'eux aussi ont des armes, même si elles ne sont pas astiquées avec la ferveur réglementaire. Après tout, la rouille ne fait pas la blessure moins profonde, et elle peut la rendre mortelle.

Le gros père profite de la diversion pour aller un peu à l'écart se débarrasser de ses remuants fardeaux. Il les dépose le long du mur et, afin qu'ils se tiennent convenablement pendant que les hommes se livrent à leurs occupations d'hommes, il leur applique à chacun un maître coup de son poing-massue, juste au bon endroit, juste assez fort pour que ça produise l'effet désiré mais pas plus. Les adorables s'endorment gentiment. Cela fait, il vient apporter à ses compères l'appui de ses deux bras qui en valent huit et de son épée plus lourde qu'une enclume.

Loup soupire :

– Je m'étais pourtant juré...

– Eh, oui. L'homme propose, les dieux disposent.

– Pas possible ?... Mais, dis donc, voilà que tu cites les auteurs du répertoire ? Je te rappelle que l'intellectuel, c'est moi.

– Écoute celle-là :

Les combats les plus beaux sont les plus inutiles.
Une cause est sacrée d'autant qu'elle est futile.

– Là, je ne vois pas.

– Ne cherche pas, c'est de moi.

– De toi ?

– A l'instant.

– Comme ça ?

– Comme ça.

Pendant que fleurissaient ces délicatesses lettrées, les loqueteux se sont rapprochés. Ils tournent autour des deux amis, armes pointées, attendant que les choses démarrent d'elles-mêmes et que le premier coup, ce fameux premier coup dont personne jamais ne peut dire d'où il est parti, donne le signal. Le colosse à la toison exubérante décide de se montrer magnanime, c'est ce qui se fait quand on est sûr de vaincre. Il s'exprime, cela va de soi, en latin, enfin en ce sabir chuintant qu'est devenue la langue du divin Cicero après cinq siècles de pérégrinations dans les méandres des gosiers gaulois :

– Écoutez, les gars. On peut causer. Vous n'avez rien vu, nous non plus. Vous foutez le camp, salut-bonsoir.

Les autres ne l'entendent pas de cette oreille :

– Hé, ça va pas ? Ils laissent leurs armes, d'abord.

– Et leurs casques.

– Et leurs manteaux.
– Et leurs bourses.
– Tout nus, ils s'en iront.

Otto semble évaluer les avantages du marché. Au terme de son calcul, il conclut :

– Et quand nous sommes tout nus, vous nous ouvrez le ventre.

Un petit tout maigre, très hargneux :

– C'est comme ça. A prendre ou à laisser.

Le gros écarte les bras, navré :

– Vous voyez comment ils sont ?
– Tout à fait désagréables.
– Aucune noblesse d'âme.

Il s'approche tout contre, baisse la voix, souffle en un tudesque pire encore que son latin :

– Bon. C'est bien parce que c'est vous. Je les tiens en respect. Vous foutez le camp, on ne s'est jamais rencontrés.
– Tu peux y arriver ?
– J'ai fait bien pis.

Otto et Loup s'entreregardent, comme pesant le pour et le contre. Loup, qui n'a encore rien dit, estime le moment venu de participer aux négociations. Il désigne les deux femmes affalées le long du mur :

– Et ces deux-là ?

Le colosse bondit, braille comme un gosse à qui on veut voler sa sucette :

– Celles-là, elles sont à moi, nom de dieu ! Vous voulez me les faucher, hein ? Foutez le camp, ne vous mêlez pas de ça !

Il en a oublié de parler tudesque. Les autres réagissent aussitôt :

– A nous, qu'elles sont ! Et les deux boches aussi sont à nous ! Tout est à nous ! Tu nous trahis, grosse truie !

C'est la ruée.

Une bagarre est une bagarre. Quand on en a vu une... Se contenter de parer les coups, Loup ne demanderait pas mieux. Otto non plus n'est pas particulièrement sanguinaire. Mais quand une bonne demi-douzaine de choses exagérément pointues et violemment propulsées vous menacent aux yeux, quand à peu près autant de lames fort tranchantes bien qu'ébréchées tentent de vous faucher par le milieu du corps, quand, pis que tout, les stridences suraiguës émanant de deux bonnes femmes – charmantes, du reste – enfin revenues à elles vous percent l'âme d'outre en outre en passant par les oreilles, comment ne pas céder à l'appel de la chère vieille violence libératrice soudain jaillie du marécage ancestral ? Ils cèdent donc, les deux vaillants, bien qu'à leur corps défendant.

Les vilains museaux ont beau être huit, dont un qui en vaut quatre, ils sont promptement éparpillés sur l'herbe tendre, répandant leurs tripes parmi leur sang, leur cervelle avec leurs dents. Ils ont une excuse : ils ne savaient pas à qui ils avaient affaire. Otto le leur explique, afin d'atténuer la honte.

Ayant essuyé aux loques des vaincus leurs outils de carnage et les ayant pendus de nouveau à leurs baudriers, les deux amis prennent souci des deux plaintives créatures affalées dans les bras l'une de l'autre, qui ne hurlent plus leur terreur car une terreur plus grande encore les rend maintenant muettes. Peut-être, disent leurs yeux béants d'épouvante, eût-il mieux valu, finalement, subir les assauts sans surprise des malodorants pouilleux que ceux de ces puissantes brutes teutonnes aux façons probablement pas moins sanglantes dans les corps à corps de l'amour que dans ceux de la discussion d'affaires.

Loup voit cela. Il veut les rassurer. S'inclinant, il s'adresse à elles en un latin gallo-romain tout à fait galant.

– Dames, vous n'auriez pas dû voir cela. C'est besogne d'hommes. Nous vous en demandons bien pardon. Rendez-nous cette justice que nous ne l'avons fait que pour vous tirer d'un fort mauvais pas.

Elles se regardent, elles le regardent, elles n'osent y croire. Un soldat est un soldat, franc, goth, romain ou ce qu'on voudra, c'est-à-dire une bête féroce qui, une fois lâchée, ne connaît amis ni ennemis. Tout lui est gibier à viol, à meurtre et à pillage.

Loup tient à les persuader. Quand Otto et lui, tout à l'heure, les ont priées de leur apporter de quoi se restaurer, elles ont obéi, craintivement, certes, mais passablement rassurées par leur air débonnaire et leurs façons aimables.

Otto tente un sourire :

– Dames, nous ne prenons pas les filles contre leur gré.

Si ce que suggère cette négation habilement restrictive a été apprécié, il ne le saura jamais. Un fracas de bois heurté jaillit des profondeurs de la masure. Un cri de douleur suit, puis un appel :

– Holà ! Femmes ! Vous m'avez laissé dans le noir ! Quel était ce tintamarre ? On s'est battu, là-dehors. Mais je n'entends plus rien. Me dira-t-on ce qui se passe, à la fin ?

Loup et Otto, déjà la hache au poing, interrogent du regard les deux femmes. Comme elles restent coites et tremblantes, Loup franchit le seuil, Otto sur ses talons. Alors la plus âgée, d'une brusque détente, s'interpose, bras écartés.

– Non, seigneur Franc ! Il ne faut pas.

Loup se fige. Il demande, soupçonneux :

– Qui est là-dedans ? Un Romain en fuite ? Des Romains ? Beaucoup ?

– Je ne puis te répondre.

De quelque part en bas, d'une cave, probablement, la voix de nouveau monte. A bien écouter s'y décèle plus d'accablement que d'impatience. C'est la voix d'un homme épuisé, malade, blessé peut-être.

– Il y a du monde, là-haut. J'entends vos voix. Qui que vous soyez, je me livre à vous. Que Clovis l'ordure fasse de moi ce qu'il veut. Maintenant ou plus tard, hein...

Il n'y a plus à hésiter. Loup, d'un bras ferme mais sans brutalité, écarte la femme et, l'œil aux aguets, la hache levée, se dirige dans la pénombre – la chaumine, comme toutes les habitations des paysans, est dépourvue de fenêtre – vers l'endroit d'où, semble-t-il, provient la voix. Otto le suit, scrutant les recoins. Les femmes restent dehors, résignées au pire.

Loup fait halte devant un trou dans le sol de terre battue, un trou que ferme une trappe de bois grossièrement aplanie à l'herminette, pour l'instant à demi soulevée et laissant paraître, d'une pâleur fantomatique sur le fond ténébreux, une tête d'homme.

Cheveux courts, col évasé, cuirasse de lames d'acier, c'est un Romain. Un Romain de haut rang, ses insignes le disent. Un Romain bien mal en point. Sa chevelure poissée de sang, sa pâleur, les cernes sous ses yeux, la souffrance qui tord sa bouche, tout cela ne laisse aucun doute. Son regard soudain vacille, sa main laisse retomber la trappe qui s'abat à grand fracas. Un lourd bruit de chute lui fait écho. L'homme est tombé de l'échelle à laquelle il se cramponnait.

Loup interpelle les femmes :

– Il y en a d'autres ?

L'aînée secoue la tête.

– Il n'y a que celui-là, seigneur Franc.

Loup, soucieux, se tourne vers Otto :

– Il n'est plus bon à grand'chose, je dirais.

– Les ordres sont de leur proposer de passer chez nous avec armes et bagages. Sinon...

– Sinon, couic. Je sais.

– Mais celui-là est en bien mauvais état.

– A mon avis, on ne pourrait même pas le vendre.

– Bilan : ni recrue, ni butin.

– Donc...

– Donc, couic.

– Je n'aime pas ça. Pas du tout.

Loup se frotte le menton, signe d'embarras, puis soudain se frappe le front, signe d'illumination.

– Eh, mais... Eh, mais...

– Qu'est-ce qui te prend ?

– Je connais cette tête-là. Je l'ai vue quelque part, j'en suis sûr... Et ça y est ! Je sais où ! Je sais qui !

– J'en suis heureux pour toi. Mais qu'est-ce que ça change ?

– Oh, mais, tu vas le reconnaître aussi. Écoute voir. En pensée, débarbouille-moi un peu tout ce sang qui lui brouille le visage... Ça y est ? Maintenant, supprime-moi ces cernes noirs qui lui mangent les yeux. Remplis ces joues creusées par la souffrance, redresse-moi cette bouche que tord le rictus... C'est fait ? Qu'est-ce que tu vois ?

– Attends... Ça vient... Pas possible !

– Ah, toi aussi, hein ? Tu l'as reconnu !

– Syagrius !

– Je ne te le fais pas dire. Syagrius, mon vieux ! Syagrius en personne !

Otto savoure bien à plein l'imprévu de la situation. Mais on ne saurait indéfiniment s'en tenir à la phase de l'émerveillement comblé. Il soulève son casque, se gratte le crâne et, en consciencieux gestionnaire du temps qui passe, s'enquiert de l'étape suivante :

– Bon. C'est ce vieux Syagrius. Et alors ?

Ce qui ramène Loup à l'imminence des problèmes actuels. Il énonce, en comptant sur ses doigts :

– C'est fort simple. De deux choses l'une. Ou bien on exécute les ordres...

– C'est-à-dire, dans le cas présent : couic.

– Ou bien on n'a rien vu, rien remarqué, on tourne bride et, comme disait tout à l'heure je ne sais plus qui, bonjour-bonsoir.

– Ou bien on embarque le bonhomme, on le livre au petit Clovis, et à nous la récompense ! Cent sous d'or, bigre, ça bouche un trou.

– Ce qui fait trois choses, je te ferai remarquer.

– Si tu le dis... C'est toi, le mathématicien.

– Tant qu'on y est, allons jusqu'à quatre.

– Voyons voir.

– On dit merde aux sous d'or, on dit merde au Clovis, et on vole au secours du courage malheureux. Car il s'est bien battu, lui. J'y étais. Un lion.

– Pas comme ses légionnaires, qui se sont laissé déculotter et retourner comme des traîtres et des vendus.

– On le tire de son trou, on le soigne, et quand il est de nouveau sur pied on se débrouille pour l'emmener jusqu'à la Loire et la lui faire franchir. De l'autre côté, il y a les Wisigoths d'Alaric qui l'accueilleront en frère.

– Ça aurait de la gueule.

– Une sacrée gueule, oui.

– Ce devrait être subtilement fait.

– Si nous sommes pris, il n'y aura pas de pardon. Nos familles y passeront jusqu'au petit dernier.

– Nos familles sont d'accord, jusqu'au petit dernier.

– Cela va sans dire. On commence par quoi ?

– Par le sortir de ce trou.

Loup interpelle les femmes :

– Que personne n'entre. Veillez-y.

Elles tirent l'unique banc jusqu'au seuil, s'y installent avec chacune une quenouille garnie et se mettent à filer, paisibles comme si la guerre ne hurlait pas alentour.

Tiré de sa cave et allongé sur le sol, Syagrius se révèle à l'examen moins abîmé qu'on eût pu le craindre. Beaucoup de sang perdu, une grande faiblesse, mais pas de blessure profonde. Rien de vital n'a été lésé.

Dans la débandade des légions, il s'est battu, seul avec les fidèles de sa garde personnelle, jusqu'à ce qu'il n'y ait plus autour de lui, lui-même gisant dans son sang, que cadavres attendant les détrousseurs et blessés attendant les égorgeurs. Il a pu se traîner sur les genoux, puis se hisser sur un cheval aux yeux fous errant sans cavalier. Dans la cohue de la débâcle, le cheval avait galopé d'une traite jusqu'à cette masure isolée et, là, par on ne sait quel caprice, l'avait soudain jeté bas avant de s'enfuir on ne sait où en hennissant de terreur. Les deux femmes, unissant leurs forces, l'avaient tiré à l'intérieur et à grand'peine descendu dans la cave.

Une fois paré au plus pressé, c'est-à-dire les blessures nettoyées et pansées, le fugitif restauré d'un bouillon et d'une tranche de pain trempée dedans, il devient urgent d'envisager la suite des opérations. Syagrius dort comme un mort, sur le dos, la bouche ouverte. Loup constate :

– Il n'est pas en état de courir les chemins. Il lui faut d'abord se refaire une santé.

– Et il ne pourra pas se risquer seul en pays désormais ennemi.

– A quelle escorte pourrait-il se fier ? A part nous, je veux dire.

– Hum... Je te rappelle qu'il serait temps de nous montrer. Nous n'avons déjà que trop tardé.

– Il nous faut donc regagner Soissons. Ne serait-ce que pour être présents à la revue qui précédera le partage du butin de la campagne. Si on ne nous y voit pas, on nous croira morts.

– Ou déserteurs.

– Cela, non. Clovis a confiance en nous.

– Clovis n'a confiance qu'en Clovis. Et encore, je n'en jurerais pas.

– Bref, nous devons partir. Nous reviendrons dès que nous pourrons. Clovis ne me refusera pas une permission. En attendant, qui veillera sur ce gars-là ?

– Nous, seigneur.

Les femmes se sont approchées. C'est l'aînée qui a parlé, en un tudesque hésitant. Loup l'examine.

– Tu te crois capable de tenir sa présence cachée ? Même quand les sbires du roi Clovis fouilleront cette maison ? Car, sache-le, ils fouilleront tout le pays, minutieusement. Et d'abord, pourquoi prendrais-tu la peine et le péril de secourir un roi vaincu, dont la tête est mise à prix, qui ne peut rien t'apporter mais peut te valoir la mort dans les supplices ?

– Peut-être parce que je suis sa femme, et que celle-ci est sa fille.

Otto siffle, en connaisseur qui apprécie le coup de théâtre :

– Eh bien, dis donc...

Par contre, la révélation rend Loup soupçonneux.

– Ah, oui ? Par quel prodigieux hasard, dans ce cas, vous trouviez-vous ici, juste là où il s'est abattu ?

– Nous ne nous y trouvions pas, à ce moment-là. Nous avons eu tout juste le temps de fuir le palais avant que les vôtres, les Francs de Clovis, ne l'aient complètement investi. Nous nous sommes échappées par un souterrain...

Otto fait remarquer, sagace :

– On ne se méfie jamais assez des souterrains.

– ... qui nous a menées hors la ville, conduites par l'officier fidèle auquel mon époux nous avait confiées avant de courir au combat. Les choses sont allées tellement vite ! Tout était terminé presque avant d'avoir commencé. La ville brûlait, le palais était déjà livré au saccage...

Otto commente :

– Il ne brûlait pas, le palais. Clovis se le voulait intact.

– Nous étions désemparées, lorsqu'un légionnaire blessé qui retournait se battre nous a reconnues et nous a confié qu'il avait vu le roi Syagrius, couvert de sang, jeté à bas de son cheval et gisant à terre, peut-être mort, peut-être pas tout à fait, à tel endroit précis qu'il nous indiqua. Nous y sommes accourues, et voilà. Cette maison est abandonnée, les paysans, sans doute, ont fui aux premiers bruits de l'invasion. Dans leur hâte, ils ont négligé d'emporter les volailles, les ustensiles, les provisions.

– Et cet officier « fidèle » qui vous accompagnait ?

Elle se trouble, détourne le regard.

– Eh bien ?

– Il est là, derrière la maison.

– Mort ?

– Il avait entendu des gars de chez vous parler de la récompense. J'ai compris qu'il allait nous livrer.

– Alors ?

Elle s'emporte :

– Alors, quoi ? Qu'est-ce que tu te figures ? Que j'allais le laisser faire ? Je lui ai fendu la tête, avec sa propre hache. L'imbécile ! Il ne se méfiait pas. Deux tremblantes femelles...

Otto ne pouvait manquer l'occasion :

– Voilà ce qui arrive quand on laisse traîner ses armes n'importe où. Il mérite un blâme.

Loup coupe court :

– Il ne recommencera pas. Bien. Faisons le bilan. Nous voilà maintenant, si je sais bien compter, avec trois personnes à faire passer de l'autre côté. Dont deux femmes.

– Si les deux ont la même science de la hache, ce serait plutôt un renfort qu'un embarras. Dame reine, ta fille est-elle de ta trempe, sous ce rapport ?

– Je ne savais pas moi-même que j'en serais capable. Je n'y ai pris nul plaisir, croyez-le bien.

Loup réfléchit.

– Le mieux est que vous restiez ici. La maison est isolée. C'étaient des gens qui vivaient sur leur terre. Je n'ai pas vu de voisin à moins d'une bonne lieue alentour. Les paysans n'ont pas dû se sauver bien loin. Probablement dans la forêt proche, comme d'habitude. S'ils reviennent, racontez-leur ce qui vous passera par la tête. Mettez ça au point entre vous.

La reine désigne la petite croix de bois noir qui pend au mur.

– Ce sont des chrétiens, comme nous. Des frères en Notre Seigneur le Christ Jésus. Ils ne nous trahiraient pas.

Otto hoche la tête.

– Pour cent sous d'or... Il faudrait que ce Christ Jésus soit un dieu bien puissant, en vérité.

La fille de Syagrius leur fait un bout de conduite jusqu'au seuil. Les adieux languissent. Otto peut enfin se laisser aller bien à son aise au puissant plaisir qu'elle soit fille et non gars. Et fille tout à fait fille, de la tête aux pieds. Et fille bien belle, par Freyia ! Tant de blondeur, si rare chez une fille des Gaules ! Il y a de l'ancêtre nordique, là-dessous. Et ces hanches, cette taille, cette façon de se servir de tout ça, en vraie fille de roi... Ces tétons adolescents dont les pointes insolentes semblent vouloir percer l'étoffe légère qui tombe jusqu'au sol en deux sillages verticaux... Otto sent l'étreindre cette émotion qui, si souvent, trop souvent, l'a jeté aux pieds de femmes uniques parmi toutes les femmes. De femmes qui eussent pu l'enchaîner mais qui ne l'ont pas voulu, ou pas assez fort, ou pas assez longtemps... Otto, une fois de plus, est amoureux, mais cette fois-ci efface toutes les autres, comme chacune des autres effaçait les précédentes.

– Nous ne connaissons même pas vos noms, dit-elle.

Loup hausse les épaules.

– A quoi bon ? Nous sommes des Francs, des ennemis. C'est mieux comme ça. *Vale !*

Otto la regarde bien en face.

– Otto, fils de Sunno. Lui, c'est Loup, fils de Bouzil le Hun.

Il a lancé cela comme un défi.

Elle sourit, des yeux plus que des dents.

– Godegisèle. Mes amis m'appellent Gisèle.

Simplement.

Et puis elle recule dans l'ombre, la peau de bœuf se rabat, il n'y a plus personne.

Ils ont laissé leurs chevaux à l'orée de la forêt qui commence là. Nul ne les garde. Ce sont chevaux qui ne connaissent que leur cavalier et savent au besoin se défendre des quatre fers et des dents contre les malandrins. Pour les rejoindre, il leur faut d'abord traverser la courette devant la masure, donc enjamber les restes vilainement tailladés des pauvres diables de brigands de quatre sous que leur présomption a perdus. C'est alors qu'ils avisent, au coin du mur, dans l'ombre tachetée du noisetier, telle qu'elle fut laissée et comme si rien depuis ne s'était passé, la bringuebalante carriole chargée à crouler de dérisoire butin et, lovée à terre entre ses brancards, dormant à poings fermés dans ses loques immondes, la triste fillette qui, tout à l'heure, tirait le lourd véhicule en compagnie d'un ânon. L'ânon, lui, saoulé d'herbe tendre et de liberté, gambade dans la prairie, sautant, trompettant, dressant la queue et lançant ses pets joyeux aux quatre points cardinaux ainsi que fait tout ânon en ses années d'insouciance.

Un bruit de pas ayant sans doute frappé son ouïe dans son sommeil, voilà soudain la chétive femelle sur pied, cramponnée d'une main au brancard, l'épaule passée dans la boucle de la corde rugueuse, l'autre main cherchant le flanc de l'ânon qu'elle s'effare de ne pas trouver, le mollet déjà tendu pour l'effort qui arrachera la roue à l'ornière et mettra tout le bazar en branle.

Otto constate :

– On l'avait oubliée, celle-là.

– Quelque manante gauloise ramassée par ces va-nu-pieds pour leur servir de bête de somme et de dégorgeoir à couilles.

– Tu vois, c'est ça, la guerre. Et c'est ça que je ne pardonne pas à Clovis.

La pauvre gosse, encore plus qu'à demi enfoncée dans son bienheureux sommeil, prend vaguement conscience de ce qu'il y a quelque chose de changé dans l'univers. Déjà, l'ânon n'est pas à son côté. Ensuite, aucun coup de trique ne s'est abattu sur son dos, aucune voix de rogomme n'a braillé : « En avant, vermine ! » ou bien : « Amène ton cul, salope ! », les deux seules phrases du langage des gens d'ici qu'elle comprenne, les deux seules qu'elle ait à comprendre.

Tant d'anormal achève de la réveiller. Elle se tient debout entre les brancards, ses yeux d'oiseau effaré courant de l'un à l'autre de ces deux grands types armés en guerre, ceux-là mêmes, elle se souvient maintenant, qui ont taillé en pièces les maraudeurs, ses bourreaux.

Elle est sale, elle pue, sa tignasse brune grouille de vermine, la loque qui pend à ses épaules n'est que trous énormes reliés par des effilochures, le long de ses cuisses nues la poussière s'est collée à la pisse en emplâtres croûteux. Otto fait remarquer cela à Loup :

– Ces fils de pute ne lui permettaient même pas de s'arrêter pour pisser. Elle devait faire ça tout en tirant... Hé, petite, c'est fini, la misère ! Laisse tomber la guimbarde. Tu es libre.

Elle voit que c'est à elle qu'il s'adresse. Elle ne comprend pas. Ne pas comprendre est mal. Elle est coupable de ne pas comprendre. Elle se jette à quatre pattes, se prosterne dans la poussière, dressant vers le ciel un cul fort malpropre.

– On dirait qu'elle ne comprend pas ce qu'on lui dit.

Elle gémit. Loup tend l'oreille. Il semblerait que ce gémissement module des paroles articulées. Loup connaît peu ou prou tous les langages qui se parlent dans cet Occident bouleversé où s'entrechoquent les peuples, des patois bas-latin aux dialectes germaniques, de la langue des Huns à celle des Alains, et même le grec, et même l'hébreu. Wiomad ne voulait-il pas faire de lui un érudit ?

Otto note cet intérêt subit.

– Tu repères quelque chose dans ce galimatias ?

– Chut !... Attends... Il me semble... Oui, c'est cela.

– Quoi ?

– Du vieux celtique. Le parler ancien des Gaules, avant les Romains.

– Hou là ! Ça fait loin, ça !

– Pas loin de six siècles.

– Elle arriverait de là-bas, ta druidesse au cul sale ?

– Écoute. Je crois comprendre. Le celtique avait entièrement disparu sur le continent. Il ne se parlait plus guère qu'en Brittonie. Or les gens de là-bas sont chassés de chez eux par les envahisseurs saxons et danois, qui tuent tout ce qui bouge.

– Je connais les Saxons.

– Donc ces gens de Brittonie se sauvent par la mer et débarquent en Armorique [1], qui est la terre la plus proche. Ils deviennent envahisseurs à leur tour...

– C'est l'éternel refrain.

– ... et imposent aux Armoricains leur propre langue, c'est-à-dire un parler celtique oublié de ce côté-ci de l'eau depuis des siècles.

– On s'instruit. Alors, cette gosse... ?

– ... parle ce dialecte celtique d'outre-mer, que je comprends avec peine.

– C'est donc une Brittone.

– Ou une Armoricaine brittonisée.

– Elle a dû être raflée comme prise de guerre lors d'une de ces escarmouches de frontière entre les Romains de Syagrius et les Armoricains, et puis, va savoir comment – peut-être gagnée aux dés ? –, a dû échoir à cette bande de ravageurs. La voilà libre, c'est-à-dire que le premier salopard venu mettra la patte dessus, et rien ne sera changé.

---

1. Sous les Romains, le nom d'« Armorique » (du celtique « au bord de la mer ») désignait non seulement l'actuelle Bretagne, mais aussi la Normandie jusqu'à l'estuaire de la Somme, en mordant largement sur l'intérieur des terres. Certains documents y incluent même toute la façade atlantique jusqu'aux Pyrénées.

– Si nous en faisions cadeau à l'épouse et à la fille de Syagrius ? Ce ne sont pas femmes habituées au travail. Une esclave serait la bienvenue.

– C'est une idée.

Loup s'accroupit devant la petite, lui explique laborieusement, avec force gestes, ce qui vient d'être proposé. Elle est d'abord stupéfaite d'ouïr des mots qu'elle comprend, puis se fait attentive. Quand Loup se tait, elle médite un instant, enfin secoue la tête avec véhémence de droite à gauche, ce qui, sans qu'il soit besoin de traducteur, ne peut s'interpréter que comme un net refus. Ce que constate Otto :

– Elle n'est pas d'accord.

– Non.

– Demande-lui ce qu'elle veut.

Loup derechef s'accroupit. Elle l'écoute, émet deux ou trois sons brefs, se relève, sort d'entre les brancards, lance un certain appel. L'ânon accourt, tout joyeux. La fille saute sur son dos. Elle fait comprendre par signes qu'on n'ait pas à s'occuper d'elle. L'ânon part au galop, les talons nus de la gamine lui battant les flancs.

Les deux amis se regardent, assez déroutés. Et puis, comme le temps presse et qu'après tout chacun est maître de son destin, ils rejoignent leurs chevaux, sautent en selle et vont où le devoir les appelle.

Deuxième partie

GWENDOLINE

III

Chaque ville de garnison est flanquée à sa périphérie d'un Champ de Mars où se font les manœuvres, où se passent les revues, où se donnent les grandes fêtes, où se hissent les héros sur le bouclier. Le Champ de Mars de Soissons, ville capitale, ville royale, ville encore tout empreinte de romanité, est autrement imposant que celui de Tournai.

Le roi Clovis y a réuni son armée victorieuse. Il a passé en revue ces trognes jubilantes, il n'a pas regardé de trop près l'état d'entretien des armes, il s'est fort peu soucié de l'alignement des rangs, les Francs faisant aussi peu de cas de la discipline à la parade que sur le champ de bataille.

Et maintenant, campé sur un fougueux alezan brûlé qui fut le cheval bien-aimé de Syagrius, dressé sur les étriers afin d'ajouter quelque majesté à sa taille plutôt brève, drapé dans une pourpre tirée des coffres de Syagrius, pourpre d'imperator à laquelle rien ne l'autorise sinon le droit du vainqueur, le roi Clovis domine un groupe coloré de chefs et de familiers parmi lesquels, silhouette incongrue, se remarque la robe noire et blanche d'un diacre chrétien de la variété catholique romaine. Cet ecclésiastique, envoyé personnel de l'évêque Remi auprès de son « fils » Clovis, se tient fort près de celui-ci.

Clovis fait face au front déployé des troupes. Il va parler. Il parle :

– Mes compagnons, je suis content de vous. J'ai défié Syagrius en combat loyal. Vous en êtes tous témoins. Il n'a pas daigné répondre. Nous avons lavé l'affront [1].

Otto se penche vers Loup, lui glisse à l'oreille :

– Le messager a dû traîner en route. Le défi sera arrivé après la bataille.

Clovis poursuit :

– Nous allons procéder au partage du butin que vous avez gagné par votre vaillance. Les prêtres ont fait les sacrifices aux dieux afin que nul ne puisse être lésé dans sa juste part. Les lots seront attribués, suivant la coutume des Ancêtres, selon ce que décidera le sort. Si l'un de vous est mécontent de son lot, qu'il s'arrange avec un camarade. S'il s'estime lésé, qu'il m'en rende compte. Je suis seul juge. Mais s'il se plaint à tort, qu'il soit livré à la justice de ses camarades. Que le partage commence !

Les lots sont prêts, répartis sur une vaste surface herbue en tas de valeur approximativement égale. Des guerriers en armes veillent au déroulement correct de la distribution. Chaque combattant a droit à un lot, chaque chef à deux, trois ou davantage selon son importance dans le commandement. Clovis, chef suprême, a droit à la cinquième partie du total. La part des guerriers morts en combattant ou son équivalent monnayé sera mise de côté pour être versée à la veuve ou aux orphelins.

L'expérience ayant démontré que la répartition des esclaves, surtout femelles, donnait lieu à trop de sanglantes querelles, ils ont tous par précaution été vendus d'avance à des marchands syriaques et le produit de la vente, sous forme de sous d'or et de diverses monnaies, a été réparti dans chaque lot en quantités égales. La présente expédition a d'ailleurs produit fort peu d'esclaves, Clovis ayant, par égard pour

1. Tout combat, toute entrée en guerre, devait être précédé d'un défi lancé en bonne et due forme. C'était la coutume chez les peuples germaniques.

l'évêque Remi, interdit qu'on traitât, suivant les lois de la guerre, la population gauloise chrétienne en viande de butin.

Le seul privilège que son rang confère à Clovis, outre l'importance de sa part, est d'être servi en premier, ce qui n'entraîne aucun favoritisme quant au contenu des lots constituant cette part, puisque ceux-ci sont désignés au hasard des coups de dés.

Le pontife, grand prêtre de Thor, dieu du tonnerre, de la guerre victorieuse et du butin glorieusement gagné, lance les dés.

Le nombre de points annoncé par les dés désigne, suivant un système assez compliqué, un lot bien précis. Le verdict des dés est sans appel.

Un cinquième du tout, cela fait beaucoup de lots. Des esclaves s'empressent à les tirer à part au fur et à mesure et à les ranger dans des chariots. Clovis affecte un air détaché. S'intéresser de trop près aux décisions du destin pourrait passer pour avarice et mesquinerie, sentiments bas, indignes d'un conquérant.

L'ecclésiastique incongru qui serre le roi de près n'a pas de ces scrupules. Après avoir exorcisé à furieux signes de croix les conjurations du prêtre de Thor – lequel Thor n'est, comme tous les autres prétendus dieux païens, qu'une des formes du démon –, il scrute de tous ses yeux le contenu de chaque lot, comme s'il y cherchait un objet précis.

Il n'est si longue épreuve qui ne touche à sa fin. La part de Clovis est maintenant tout entière entassée dans les chariots du roi. Le tonsuré aux yeux fureteurs paraît fort contrarié. Il se penche vers l'oreille de Clovis.

– Seigneur roi, le vase n'est décidément pas dans tes lots.

– On n'y peut rien, fils.

– Permets-moi d'aller jeter un coup d'œil sur les lots non encore distribués.

– Je ne sais pas si c'est bien régulier.

– Tu es le roi.

– Tant que je respecte la loi des Ancêtres.

– Regarder n'est pas toucher.

– Sans toucher, tu peux jeter un sort, influencer les destins. Les Francs se méfient de la magie du dieu-cadavre et de ses prêtres.

– Je prends le risque.

– Va. Mais ne viens pas te plaindre si ça tourne mal.

Le tonsuré circule parmi le butin bien rangé, examinant chaque lot sans s'y arrêter. Quelques grognements s'entendent sur les rangs. Il regagne sa place auprès du roi. Bien qu'il fasse de son mieux pour dissimuler son émoi, c'est d'une voix tremblante de jubilation qu'il lui confie :

– Je l'ai vu ! Il est là !

– Tu en es sûr ? Le vase ? La coupe ? Le machin de Remi, quoi ?

– Le vase, c'est cela. C'est bien lui. Aucun doute.

– Alors ?

– Eh bien, seigneur roi, tu peux maintenant demander à ce qu'on te l'échange contre quelque chose de même valeur. C'est tout simple. Et le seigneur évêque te bénira, et l'Église tout entière te bénira jusqu'à la fin des siècles.

– Une bénédiction est toujours bonne à prendre. Mais j'attends de Remi et de ses chrétiens une collaboration plus... concrète, disons. Eh bien, soit, tu l'auras, ton vase, ou appelle ça comme tu voudras.

– On l'appelle « vase », mais c'est plutôt une coupe, seigneur roi.

– Bon, bon. Attendons de voir à qui il écherra.

Le tirage au sort se poursuit. Au fur et à mesure chacun emporte son lot, les simples troupiers sur leur dos, les petits chefs sur celui d'un âne, les seigneurs d'importance dans des chariots attelés. Des échanges s'organisent, d'âpres marchandages troublent la sérénité première de ces lieux.

Soudain le prêtre chrétien presse le bras du roi.

– Ça y est ! Le lot où se trouve le vase est attribué !

– À qui ?

– Au type aux cheveux rouges, là.

– Je vois. Rigomer, fils de Clodoaldt. Terrible au combat, mais une tête de bois. Je te parie qu'il refusera, rien que pour le plaisir de dire non. Allons.

Avec la nonchalance d'un monarque bon enfant qui fait sa promenade digestive parmi son peuple et distribue les signes badins de sa bienveillance, tapotant une joue ici, pinçant une oreille là, Clovis arrive sans se hâter devant le guerrier à la rouge toison. Celui-ci examine son lot, pas spécialement réjoui, à ce qu'il semble. Clovis lui met la main à l'épaule.

– Eh bien, Rigomer, satisfait ?

Le rouquin crache à terre. Chez les Francs pas plus qu'ailleurs, ce ne saurait passer pour signe de contentement.

– Peuh... De la brocante. Que veux-tu que je fasse de ce fourbi ?

– On peut faire un échange, mon gars Rigomer.

Rigomer plisse les yeux. Son mufle brutal s'allonge en museau de renard.

– Faut voir.

– Le vase, là.

– Tu veux dire l'espèce de bassine avec un pied ?

– C'est ça.

Rigomer se penche, attrape la « bassine » par une anse, l'élève à hauteur d'œil.

– Hé, c'est de l'argent, ça.

Il tire son couteau, raie le métal sous le pied.

– De l'argent massif, mon roi ! Ça vaut.

– Dix sous d'or.

– Tfou ! Ça vaut le double ! Au moins.

– Cinquante sous.

– Non. Tout compte fait, non.

– Écoute. Je t'en donne ce que tu veux. A choisir dans ma part de butin. Tout ce que tu veux.

L'autre hésite. Clovis insiste :

– Ce vase, il n'est rien, pour toi.

Du coup, l'esprit de contradiction prend le dessus. Le gars se bute.

– Ce machin, il est à moi. Je l'ai gagné en versant le sang, et même le mien. Je veux le garder, c'est mon droit. C'est un... chose, là, comme disent les Romains, un trophée, voilà. Je le poserai sur la planche, au mur, à côté de mon casque, devant mon lit. Je pourrai le voir en me réveillant. Tout un chacun, à peine entré, connaîtra ma vaillance.

Clovis s'impatiente :

– Ce vase a une valeur symbolique et magique énorme, mais pas pour nous autres.

– Pour qui, alors ?

– Pour les chrétiens.

– Encore mieux ! C'est donc pour ça que ce petit curaillon à tonsure te suit depuis tout à l'heure et fourre son nez dans nos affaires ! Alors, écoute bien, roi Clovis. Tu n'auras pas mon vase. J'emmerde ceux qui adorent le dieu-cadavre, leurs évêques et leurs tondus.

– Rigomer, c'est ton roi qui te parle...

– Et c'est à lui que je réponds. Par Thor aux couilles de fer, tes chrétiens n'auront pas mon vase. Tiens, j'aime mieux le casser !

Il jette le vase à terre, lève sa hache, l'abat de toutes ses forces sur le malheureux objet de tant de convoitises, qu'il fend du coup presque en deux moitiés, frappe de nouveau, et frappe, et frappe... Quand le furieux, hors d'haleine, arrête le massacre, le supposé Graal n'est plus qu'un fouillis de métal supplicié.

Le massacre du vase n'a pas été sans quelque vacarme. Les guerriers ont rompu les rangs et font cercle pour profiter du spectacle. Le tirage au sort reste suspendu. Clovis sent qu'il est en train de perdre la face devant son armée, d'autant que Rigomer est dans son droit strict. Le vase lui est échu, il peut en faire ce qu'il veut. Le roi doit sur-le-champ reprendre la situation en main. Campé sur ses mollets écartés, mains aux hanches, en position de harangue, il interpelle l'armée :

– Mes compagnons, mes amis, mes frères, vous ai-je jamais fait tort ?

Après un temps de flottement, s'entend un « Jamais ! » isolé. Tous alors crient : « Jamais ! »

– Ce vase que Rigomer a détruit, je le lui rachète tel qu'il est pour dix fois le prix qu'il vaudrait s'il était intact. Est-ce juste ?

Quelqu'un essaie de dire : « Si Rigomer est d'accord... », mais tous hurlent :

– C'est juste ! C'est plus que juste !

– Donc, ainsi sera fait. Que l'on compte cent sous d'or à Rigomer, pris sur ma part. Retournez à vos places.

Ce même soir, dans une salle de l'ex-palais de Syagrius, à Soissons, Clovis et l'envoyé de Remi sont penchés sur les piteux débris du vase sacré. Le roi a quelque peine à ne pas laisser transparaître le sarcasme dans sa voix :

– Eh bien, chrétien, tu l'as enfin, ton vase ! Dans l'état où il est, je ne vois pas trop ce que le seigneur évêque Remi pourra en tirer, mais, bon, j'ai fait ce que j'ai pu, moi, hein !

– Seigneur roi, ainsi que le dit la sagesse des petites gens, les morceaux en sont bons. Sache que la valeur de ce vase ne tient pas à sa beauté, mais à la matière même dont il est fait. Si, comme le pensent certains...

– Dont tu es !

– ... dont je suis, c'est vrai, il a participé à la dernière Cène, s'il a été effleuré par les mains divines du Seigneur Christ Jésus, peu importe son état. Il n'a rien perdu de ses vertus ni des bénédictions qu'il répand. Un orfèvre habile saura lui rendre son apparence première, cela n'est rien.

– Hum... Rigomer va partout criant à la trahison. Il a, m'a-t-on rapporté, jeté dans la rivière les cent pièces d'or et clame que je suis un voleur et un félon.

– Qu'est-ce que la rancune d'un Rigomer auprès de l'amitié du seigneur Remi et, surtout, auprès de la bénédiction du Ciel ?

– N'empêche, il m'a fait affront devant l'armée. Et puis, me traiter de voleur et de félon, je n'aime pas beaucoup ça [1].

Le roi Clovis arpente à pas de flâneur les allées contournées du labyrinthe de verdure dont Syagrius avait fait le plus envié des agréments de son palais de Soissons. Son bras entoure familièrement l'épaule de Loup, fils de Bouzil, ce Hun blond qui, en ses enfances, le forma – avec succès – à la science des armes et tenta – en vain – de l'initier à l'art subtil de déchiffrer et de tracer les signes de l'écriture. Le roi Clovis se plaît à sonder les cœurs et les âmes.

– Hun, tu t'ennuies.

– Nullement, seigneur roi.

– Tss, tss... J'ai des yeux pour voir. Et je te connais. Tu te languis de beaux grands coups de hache, de galopades sus à l'ennemi. Ton épée s'impatiente et trépigne dans le fourreau.

– Je t'assure...

– N'assure pas. Tu mentirais. Le service du palais te pèse. Il te faut courir les hasards des chemins. Justement, voilà : tu vas pouvoir te dégourdir les membres et t'occuper la tête.

– Tu as besoin de moi, seigneur roi ?

---

1. Ce que la tradition désigne comme le « vase » de Soissons était plus vraisemblablement un récipient de métal précieux, coupe ou cratère, provenant, non de Soissons, mais du pillage d'une église de Reims. Quoique fort endommagé par les coups de hache, il ne fut pas brisé comme l'eût été un vase de céramique, puisque par la suite Remi ordonna qu'il fût fondu en un calice et en divers objets du culte.

– Tout juste.

– Parle. Je suis prêt.

– Tu n'as pas besoin de le dire. Je sais assez que, s'il en est un sur qui je puis compter, c'est bien toi. Et il se trouve qu'en les circonstances présentes, tu es le seul sur qui je puisse compter.

– J'écoute.

– Selon ce que le roi mon père me conta jadis, et si ma mémoire ne me trahit pas, tu as été, en tes jeunes années, fort proche de cette prophétesse qui, déjà, régnait sur les Parisii et défia les hordes d'Attila ?

– Geneviève ?

– C'est cela.

– Je suis né dans le monastère de filles qu'elle a fondé, au village de Nanterre, près de Lutèce, qui ne s'appelait pas encore Paris. Ma mère s'y était réfugiée après que les Parisii eurent massacré mon père, le seigneur hun Bouzil. Je suis resté enfermé là jusqu'à ma neuvième année.

– Cette Geneviève, elle t'était, je crois, fort attachée ?

– C'était une femme austère, à la piété intransigeante, à l'autorité devant qui tout pliait. Pour moi, seul enfant parmi ces vierges, elle s'adoucissait. Elle aurait voulu me faire chrétien. Je crois qu'elle m'aimait.

– Si tu la rencontrais aujourd'hui, penses-tu que tu la reconnaîtrais ?

– Son visage est présent à ma mémoire. Elle est de celles que l'âge change peu. Plus émaciée, peut-être, plus pâle, mais, j'en suis sûr, avec dans les yeux le même feu.

– Et elle, te reconnaîtrait-elle ?

– Je ne saurais dire. Le petit garçon a beaucoup changé. Mais l'œil de cette femme est infaillible. Et puis, ne suis-je pas resté le Hun blond ? Mes larges pommettes, mes yeux bridés...

– Sais-tu que cette femme me cause bien du tracas ?

– Comment ne le saurais-je pas ? Voilà plus de dix ans qu'elle vous tient la dragée haute, d'abord à ton père Childéric, puis à toi.

« Elle a toujours été la seule force de résistance dans ce royaume pourri de Syagrius. Les incursions de pillage de nos Francs contre Paris et la haute vallée de la Seine se sont toujours heurtées à leurs dépens aux défenses organisées par Geneviève.

– Cette femme est certainement folle, mais c'est un terrible chef de guerre.

Clovis, mains au dos, réfléchit.

– Hun, ce qui était une gêne est devenu un gros obstacle. Tu le sais, nous avons partout atteint la Seine, sauf à Paris et au-delà. Geneviève et ses Parisii bien entraînés, renforcés maintenant par les restes des seules légions à peu près valables de l'armée de Syagrius, nous barrent la route. Elle se rit du siège, rompt les encerclements, brise le blocus. Je ne puis tolérer d'avoir cet abcès dans mon dos tandis que je foncerai partout vers la Loire. Il faut que je sache ce que cette enragée veut faire. Je sais que les Wisigoths intriguent auprès d'elle. Alaric a beau être arien, il est l'ami de Syagrius qui, lui, est chrétien catholique comme elle et comme tous les manants gaulois de ces contrées. Personne ne peut dire ce qu'est devenu Syagrius. Le menu peuple le croit vivant. Si Geneviève ne bouge pas, Alaric restera coi. Sinon, je serai pris en tenaille entre Geneviève et les Wisigoths, et ça, je ne puis me le permettre. D'autant que Gondebaud et ses Burgondes ne manqueraient pas d'en profiter pour entrer dans la danse. N'engager le combat que si l'on est certain de gagner, voilà ma façon.

– C'était celle du seigneur Attila.

– Il savait y faire. Mais je ferai mieux.

– Je n'en doute pas.

– Tu connais donc le problème. Il doit être résolu très vite. Les Wisigoths piaffent sur leur berge tout le long de la

Loire, si je tarde trop ils la franchiront, et qui sait si nous pourrons les arrêter avant le Rhin !

« Voici ce que j'attends de toi. Tu vas te rendre auprès de Geneviève. Tu te feras reconnaître comme le petit enfant d'autrefois, tu joueras de ton charme et de la bonne vieille amitié. Attendris-la, fais-la pleurer, et sache ce qu'elle a en tête. Au besoin, dirige ses intentions dans le bon sens, suggère, insinue, persuade... Enfin, fais au mieux.

« Si cela peut t'aider, sache que Remi, l'évêque, qui est de mes bons amis, a sur la petite mère Geneviève une influence certaine. A toutes fins utiles...

« Ah, encore ceci. Tu pars sans escorte. Il faut faire dans la discrétion. Nul n'est censé savoir que je fricote avec cette sorcière. Or, en ce pays, tout croquant est chrétien, tout chrétien est espion. Le mieux serait que tu te fasses passer pour un gars de chez eux. Je sais que tu connais les mômeries des chrétiens de par ici comme si tu en étais. Tu n'as pas oublié la langue ?

– Le plus méfiant des Gallo-Romains s'y tromperait.

– Tu es doué. Moi, je n'essaie même pas. Ça m'écorche la gueule, ça m'arrache le gosier. Langue de sauvages. Ach !

Sassa ne s'y laisse pas tromper. Elle a décelé sur le visage de son homme les signes bien connus qui précèdent les séparations. Elle n'aime pas qu'il la quitte. Elle aime encore moins ces mines cafardes qu'il se croit obligé de prendre. Elle va droit au but :

– Gros hypocrite ! Dis-le franchement, dis-le donc que tu es sur le départ ! La joie de foutre le camp te sort par tous les trous. Service du roi, je suppose ?

– Tu supposes bien.

– Et alors, c'est tout ? Fais au moins semblant d'être peiné, un tout petit peu, de quitter une fois de plus ton épouse adorée et tes pauvres petits enfants pour t'en aller sur les chemins comme un galopin recevoir des coups de hache à travers la figure !

– J'y ai de moins en moins de goût, crois-le.

– Goût ou pas goût, il en sera comme ça jusqu'à ce que tu sois si vieux, si vieux que tu ne pourras même plus faire l'amour, les rares fois où tu seras là. Mais peut-être qu'avant cela on t'aura porté glorieusement en terre, un javelot dans le ventre... Tu sais combien de fois nous l'avons fait, l'amour, depuis que Childéric nous a mariés ?

– Je n'ai pas compté.

– Moi, j'ai compté.

– Ne me le dis pas !

– C'est bien simple. Compte nos enfants. Autant d'enfants, autant de fois l'amour.

– Tu exagères !

– Un tout petit peu. Pas beaucoup. J'aime ça, moi, l'amour. Seulement, je ne peux le faire qu'avec toi.

– Encore heureux !

– Mais tu n'es jamais là ! Et toi, ça ne te manque pas, tu le fais à tout bout de champ. On les connaît, les sacs de villes, les patriciennes parfumées sur les lits d'ivoire, les pucelles effarées, les belles esclaves de toutes les couleurs... Et moi, pendant ce temps, je tiens la maison en ordre pour que tu y trouves le repos et y panses tes blessures, si jamais tu reviens... J'élève les enfants dans les bonnes manières et l'admiration de leur père, pour que tu en sois fier.

– Comme font toutes les femmes franques.

– Voilà. Tu l'as dit. Comme ces vachasses aux larges fesses, qui passent leur temps à se décolorer les cheveux à la cendre de pin, de peur de n'être pas assez blondes et de passer pour des Gauloises.

– Évidemment, toi, cendre de pin ou pas, tu ne passeras jamais pour une Gauloise, ni pour une Franque !

Ça lui a échappé. Il n'y voyait pas malice. Mais une fille noire perdue chez les Nordiques n'est jamais tout à fait oublieuse de sa différence. La peur du malheur est tapie à fleur de peau, prompte à se réveiller à la moindre allusion. Elle le regarde, au bord de la panique. Si elle n'était noire, elle serait blême.

– Tu m'en fais reproche ? Tu me voudrais... comme les autres ? Tu ne m'aimes plus ?

Il ne s'y attendait pas. Il lui a fait peur, il lui a fait mal, il s'en veut. Oh que si, il l'aime ! Elle sera toujours la Sassa de la folle équipée chez les Thuringiens. Il l'aime comme il l'aima cette nuit où il la découvrit, blottie sous un buisson d'épines au profond de la forêt.

Il le lui dit, il le lui prouve, la rassure, la réchauffe...

Elle soupire :

– Va, puisqu'il faut que tu partes. Je comptais un peu sur toi pour m'aider à nous installer. Cette maison est plus grande que celle de Tournai. Je voudrais la rendre agréable. Tu as rapporté tant de belles choses... Enfin, Gunther m'aidera.

– Ne t'installe pas trop. Soissons n'est qu'une étape. Clovis veut Paris.

Otto rit :

– Nous revoilà vêtus en moines moinant, comme autrefois. Ça me rajeunit !

– C'est la plus sûre, ou plutôt la moins dangereuse façon de voyager, par les temps qui courent. La guerre a jeté dans les campagnes quantité de bandes de déserteurs, d'esclaves évadés, de malheureux paysans tout nus au cul noirci par l'incendie de leur masure, tous affamés, tous enragés, tous devenus maraudeurs, détrousseurs, égorgeurs, coupe-jarrets, brûleurs de pieds, arracheurs de langues, n'ayant plus rien au monde que la rage, le désespoir, et n'admettant pas que d'autres puissent être intacts et aient le ventre plein.

– Il en va de même en toute guerre.

– C'est vrai. Et je ne m'y fais pas.

– Donc, nous allons à Paris.

– Par le plus court chemin.

– La vieille voie romaine ?

– Non. Elle grouille de débris de légions rassemblés en hâte par les lieutenants de Syagrius qui veulent rallier Paris pour se mettre sous le commandement de Geneviève. Nous suivrons la voie d'eau, les berges de la rivière d'Aisne, puis celles de l'Oise. Si une occasion de bateau se présente...

– Sait-on jamais ?

– Arrivés sur place, il nous faudra forcer le blocus des Francs, ce qui ne sera pas facile, puis les défenses des Parisii, ce qui sera bien pis. Cela fait, je m'introduirai auprès de Geneviève, et là commencera ma mission. Ma première mission.

– Il y en a une deuxième ?

– Il y en a une deuxième. Et pas la moindre. Cette mission-là ne m'a pas été commandée par Clovis. Elle est excessivement périlleuse et, si elle réussit, elle peut me coûter la tête. C'est pourquoi je ne te propose pas de t'y joindre.

– Tu rigoles ? Ce n'est pas drôle.

– Je rigolais, bien sûr. Je t'explique. Nous avons laissé aux environs de Soissons quelque chose d'inachevé.

– Je te vois venir. Syagrius ?

– Tu l'as dit. Je sais qu'il est toujours dans la masure, avec épouse et fille...

– Gisèle.

– Tiens, tu connais son nom ? Je me suis juré de les mettre hors de danger. J'attendais l'occasion. La voici. C'est Clovis en personne qui me la fournit.

– S'il savait ça !

– Il ne le saura pas.

– Ou alors...

– Couic ! Il n'est qu'un seul lieu au monde où Syagrius puisse se réfugier en toute sûreté : chez les Wisigoths d'outre-Loire, où le roi Alaric, son ami, son frère, l'accueillera à bras ouverts.

– Je résume. Tu me diras si j'ai bien compris. Nous aidons le roi Syagrius – qui, entre nous soit dit, ne nous est rien, mais qui est recherché mort ou vif par le roi Clovis, notre roi à nous – à prendre la fuite et à passer chez le roi des Wisigoths, nos ennemis, lequel lui accordera l'asile, mais aussi, pourquoi pas, l'aidera à reconquérir son royaume contre les armées de Clovis, nos propres armées. C'est bien ça ?

– Tout à fait.

– Tu sais comment ça s'appelle, ça ?

– Haute trahison.

– C'est bien ce que je pensais. Et... tu connais bien le roi Clovis ?

– Il me semble. Si nous sommes pris, ce seront tous les supplices imaginables, plus quelques autres non encore imaginés. Pour moi, pour toi, pour tous les nôtres.

– Et la honte.

– Et la honte sur tout le clan.

– Est-ce bien raisonnable ?

– Personne ne le saura.

– Tu me rassures !

Otto médite un instant.

– Au fait, pourquoi faisons-nous cela ?

– Oh... Parce que ce type nous plaît. Parce que nous venons de prendre conscience que ce Clovis est légèrement puant. Parce que ça a de la gueule.

– Parce que Gisèle.

Otto prend un temps pour s'admirer.

– Foutre en l'air sa vie dans un truc complètement con pour une femme qu'on n'a même pas l'intention de séduire, qui ne s'en rendra même pas compte... Je viens d'inventer quelque chose, là. Un genre littéraire, je dirais.

Il se secoue.

– Bon. On est à Paris, en admettant. On est passés, et toute la tribu Syagrius avec. Tu fais ton boulot auprès de la Geneviève. Maintenant, dois-je te faire remarquer que Paris est sur la Seine, pas sur la Loire ? Il faut encore transporter nos colis là-bas. Quand ? Comment ?

– Quand ? Dès que j'en ai fini avec Geneviève. Je n'en suis pas à un jour près. Je puis rôder çà et là, histoire de tâter le pouls des populations, de les préparer un peu à l'idée de la bienheureuse venue du roi Clovis... Ça, c'est ce que je raconterai à Clovis. En fait, on galope jusqu'à Orléans, qui est une fort belle ville où coule la Loire, on fait passer la joyeuse famille de l'autre côté, on revient à Paris ventre à terre, ça nous aura rallongés de deux jours, à tout casser. On rentre tranquillement à Soissons, les bras pleins de bonnes nouvelles car, fais-moi confiance, Geneviève, ma chère vieille Geneviève, je la mets dans ma poche. Et puis, on peut broder un peu, l'essentiel c'est de faire plaisir.

Le long de l'Aisne, noble rivière, sur le chemin de halage, chemine au pas trottinant des mules un petit groupe assez remarquable. En tête viennent deux moines à la stature imposante, aux épaules puissantes qui font craquer aux coutures la bure couleur de terre. Ces ecclésiastiques au port de gens d'armes sont juchés sur deux chevaux vigoureux, embarrassés et comme honteux de devoir se plier à l'allure mesquine imposée par les mules. L'un des moines présente, dans l'ombre de la cagoule relevée, une face durement modelée où les traits asiates se mêlent au faciès nordique. D'invraisemblables yeux verts adoucissent ce rude abord.

L'autre moine domine d'une bonne tête son compagnon. Aussi maigre qu'il est long, il laisse deviner sous l'étoffe grossière une musculature sèche, tout en tendons.

Les deux saints hommes forment un couple assez inquiétant, d'autant que, au mépris de toute règle, un armement complet pend aux sangles de leurs montures, bien à portée de main : courte lance, épée, scramasaxe, hache francisque.

Derrière les deux redoutables moines oscillent, sur deux mules sommairement équipées, deux nonnes de gris vêtues, le visage masqué par une retombée de voile. Derrière encore, sur une mule, celle-ci garnie de velours incarnat, de pompons et de clochettes lui tintinnabulant aux oreilles, chevauche en majesté un ecclésiastique au port imposant, à l'ample embonpoint, à la barbe grise abondante, tellement abondante qu'elle lui mange le visage jusqu'aux yeux. Son riche bonnet tissé de fils d'or le désigne comme abbé crossé. La crosse, couchée avec soin dans un étui de peau fauve, bat au flanc de la mule.

Le moine aux pommettes de Mongol retient son cheval, puis se laisse dépasser par les nonnes afin de se trouver flanc à flanc avec l'abbé trônant sur sa mule. Il se penche, questionne :

– Voyons si tu sais bien ta leçon, seigneur roi. Récite-moi un peu ça.

De sous l'abondance pileuse suinte une voix assourdie :

– Je suis le seigneur abbé élu d'un monastère sis quelque part en Bourgogne. Tu me rappelleras le nom. J'ai été mandaté par la mère supérieure d'un couvent de filles voisin pour me rendre en Champagne racheter deux éminentes religieuses, filles de grandes familles, tombées entre les mains des guerriers du roi Clovis comme loyal butin et prise de guerre. J'ai accepté la mission parce qu'il n'eût pas été convenable que la mère supérieure ou d'autres vierges, épouses du Seigneur Christ Jésus, courussent les hasards des routes d'un pays ravagé par la guerre.

– Les moines armés ?

– Étant abbé crossé et mitré, j'ai le privilège de me faire escorter par des religieux à qui le seigneur pape a permis, par dispense spéciale, de porter les armes et, au besoin, de s'en servir, mais seulement pour me défendre, jamais pour attaquer.

– C'est pas trop mal, allons.

– Mais il y a félonie à se cacher sous l'habit religieux auquel je n'ai nul droit !

– Seigneur roi, il n'y aurait nulle gloire à te laisser prendre et massacrer. Il y aurait félonie à livrer ces deux femmes, ton épouse et ta fille.

– Je suis chrétien, Loup. Des chrétiens ont subi le martyre pour n'avoir pas accepté de profaner les saints attributs de la religion du Seigneur Christ Jésus.

L'abbé – nous pouvons l'appeler Syagrius – trace à toute vitesse deux ou trois signes de croix. Loup sourit :

– Te sens-tu l'appétit du martyre ?

– Hélas, non. La chair tremble et recule. Je suis indigne. Ce m'est grand tourment. Tu ne peux concevoir cela, toi, tu es païen. Tes dieux n'exigent pas la mortification de la chair méprisable.

– Je suis tout aussi peu païen que chrétien.

– Quoi ? Tu ne crois pas aux dieux ?

– Les dieux ne sont pas mon affaire. Si vraiment quelqu'un a créé ce cloaque d'horreur et d'épouvante, si vraiment quelqu'un a créé la souffrance, et la mort, et le désespoir, et la perte de l'être aimé, qu'il s'en débrouille, celui-là ! Si un tel être existe, lui seul sait pourquoi il a fait cela. S'il sait et peut tout, c'est bien de l'outrecuidance à nous que de penser que nos rituels et nos prières pourraient l'amener à changer ses desseins.

– Tu blasphèmes ! Il est vrai que tu n'as pas reçu la Lumière.

– Je me ferai une raison. En attendant, remonte ton ventre. Le coussin a glissé, ça te fait des couilles d'éléphant.

Ils vont leur chemin, pas très vite mais sans trêve. Ils ne font halte que pour manger un morceau sur le pouce et pour dormir quelques heures à la belle étoile. Ils évitent villes et villages où des garnisons franques risqueraient de reconnaître le trop fameux Hun blond sous son pieux déguisement.

Des paysans dépossédés errent en bandes, en bandes volontiers menaçantes. Syagrius s'inquiète, demande si on ne peut pas les écarter avant qu'ils ne soient trop près. Loup le rassure :

– Ce ne sont pas les manants gaulois qu'il faut redouter, mais bien les patrouilles franques.

De fait, ces pauvres gens, à peine reconnaissent-ils les vêtures religieuses qu'ils tombent à genoux, implorant les bénédictions du faux père abbé. Les deux femmes, émues à compassion, veulent leur jeter quelques pains puisés dans le sac aux provisions. Otto les en dissuade :

– Nous avons bien juste pour nous. Si le bruit se répand que nous faisons l'aumône, nous serons assaillis par une cohue infranchissable et nous courrons le risque d'être démasqués.

Loup remarque :

– Le roi Clovis avait plus ou moins promis à l'évêque Remi de ne pas les massacrer avec trop d'excès, mais il n'a pas interdit de les dépouiller.

Syagrius soupire :

– Mes pauvres Gaulois... Mon beau royaume...

Loup aussi bien qu'Otto pourraient lui rétorquer qu'il ne tenait qu'à lui de mieux le défendre, son beau royaume, au lieu de passer le temps dans les délices des jeux du cirque et des festins, sous l'œil avide du rapace se préparant à le dévorer. Mais ce serait s'ingérer dans les affaires d'État, et qu'ont à faire de politique deux pauvres moines cheminant ?

Loup lève l'index. Il dit :

– Écoutez !

Ils écoutent. Un galop martèle le sol derrière eux et se rapproche. Bientôt apparaît un nuage de poussière parfaitement opaque qui rejoint le petit groupe, le remonte, le dépasse et, parvenu devant les chevaux des « moines », fait soudain volte-face et stoppe net, barrant le chemin.

La poussière retombée, paraît un cavalier sur son cheval. Le cavalier est un guerrier franc réglementairement armé et équipé, aux épaisses nattes blondes coquettement ornées de boucles d'oreilles que quelque belle Romaine doit pleurer entre autres choses perdues à tout jamais. De longues moustaches non moins blondes font ce qu'elles peuvent, sans y parvenir, pour dissimuler une formidable balafre qui, d'un menton considérable mais unique, a fait deux petits mentons vivant leur vie chacun de son côté. C'est fort vilain à voir, et les deux boucles d'oreilles supplémentaires qui se balancent aux extrémités des moustaches n'arrangent pas vraiment le tableau.

Otto laisse fuser entre ses dents serrées :

– Merde [1] ! Oskar Double-Hure !

Loup dit : « Chut ! » Syagrius ne dit rien, Gisèle non plus, sa maman non plus.

Oskar au surnom imagé est un gaillard à qui on ne la fait pas. Il dévisage bien à son aise les deux athlétiques moines, caresse de l'œil leur armement militairement entretenu. Puis il a un rictus qui écarte ses deux mentons comme s'ouvriraient les cuisses d'une naine affamée d'amour. Absolument hideux. Il parle enfin, ainsi que parle le gars à qui on ne la fait pas et qui veut que ça se sache.

– Supposons – je dis : supposons – que je colle par la pensée une solide paire de moustaches sur chacune de ces faces glabres de marmonneurs de patenôtres. Supposons encore

---

1. Je sais. Dans un récit historique, on leur fait dire « Par Thor ! », « Par Odin ! », des choses comme ça. C'est plus convenable, mais ça sonne tout à fait faux. Quel juron employaient les Francs quand ils se tapaient sur les doigts ? Personne ne sait. C'était bien évidemment un équivalent de « Merde » ! Tout le monde dit « Merde ! » et l'a toujours dit. Faisons-leur donc dire « Merde ! » c'est la plus fidèle traduction.

que je colle, toujours par la pensée, une vraie belle chevelure d'homme noble sur chacune de ces tonsures trop fraîches pour être honnêtes... Qu'est-ce que j'obtiens ?

Il marque une pause, afin de laisser du temps à l'aimable assistance pour chercher la solution de l'énigme. Rien ne venant, il conclut, triomphant :

– J'obtiens les bonnes vieilles gueules de Loup, fils de Bouzil, dit le Hun blond, et d'Otto, fils de Sunno, son compère Je me trompe ?

Ce n'est pas vraiment une question. Il rit, content de lui. Chacun de ses mentons court se cacher derrière une oreille. Ce rire est quelque chose d'assez éprouvant, il faut dire. Personne n'ayant confirmé ni infirmé l'hypothèse émise, Oskar la tient pour acquise et passe à la phase suivante, qui est un interrogatoire.

– Maintenant, je demande. Pourquoi ces deux-là courent-ils les routes, déguisés en curaillons du dieu-cadavre, et pourquoi font-ils escorte à ce gros père et à ces deux petites cailles ?

Loup regarde Otto. Otto regarde Loup. Tous deux haussent les épaules, signe d'abandon à la fatalité des destins malicieux. Loup parle enfin, tout en tirant l'épée :

– Dommage, Oskar.

– Qu'est-ce qui te prend ?

– Tu ne peux plus vivre.

Une voix encombrée de poils de barbe s'élève :

– Rappelez-vous ! Seulement pour vous défendre !

Loup approuve :

– Nous sommes gens d'Église. L'Église a horreur du sang. Nous pouvons parer les coups, c'est tout.

Otto demande :

– Mais s'il se coupe ou se pique un peu en se jetant sur moi comme un gros maladroit ?

– En ce cas, tu es couvert. Mais il faut qu'il ait attaqué le premier.

– Je vois. Alors, grosse merde, qu'est-ce que tu attends ?
– Ceux-là.

Oskar Double-Hure se fourre deux doigts en gueule et siffle trois coups stridents. Deux cavaliers et quatre fantassins surgissent d'où il a surgi lui-même. Ils ne devaient pas se tenir loin. Oskar hurle :

– Trahison !

Tous ont au poing, qui l'épée, qui la hache, qui l'une et l'autre. Ça fait beaucoup d'épées et de haches.

Otto jauge la situation.

– Seulement parer les coups, eh ?

Il lance à Loup, tout en tournant bride :

– Tu suffiras bien à parer les coups de cette grosse loche. Moi, je vais parer à l'arrière. Il y a urgence.

Il lance son cheval, arrive juste à temps pour venir se placer entre la queue de la mule du gros abbé et les naseaux du cheval du premier des nouveaux arrivants.

Loup lève le bras. Signe qu'on veut causer. Oskar siffle. Un seul coup. Tous se figent. Loup concède, comme à regret :

– Ça va. C'est bien moi, Loup. Et c'est bien Otto. Seulement, tu n'as rien vu. Rien que deux moines accompagnant ces gens-là.

– Qui sont ?

– Des comparses. Des esclaves déguisés. Tu peux vérifier. Tape sur le ventre du gros, c'est de la plume.

– C'est quoi, ces micmacs ?

– Service du roi.

– C'est vrai, tu es de ses copains, toi. Alors, vous êtes, comme qui dirait, en mission ?

– Comme tu vois.

– Secrète ?

– Archisecrète. Le pays grouille d'espions de Syagrius et d'Alaric. Nul ne doit savoir qui nous sommes et où nous allons.

– A moi, tu peux le dire.

– Oskar ! Et la discipline ? Je devrais te faire arrêter pour l'avoir seulement demandé.

– Bon, bon. On peut vous faire un bout de conduite ?

– Hors de question. Des Francs en armes avec nous ? Tout serait fichu. Vous êtes plutôt voyants, savez-vous ?

– Compris. Dis donc ?

– Oui ?

– Si c'est le roi en personne qui t'a choisi les deux caillettes, là, alors il t'a vraiment à la bonne ! Vous ne devez pas être tourmentés des puces, la nuit. Il y a du monde pour vous gratter là où ça vous démange !

L'abominable rire lui fend la hure dans les deux sens. Otto, de loin, a senti Gisèle rougir sous son voile.

IV

L'Aisne se jette dans l'Oise, puis l'Oise se jette dans la Seine, tout près de Paris. C'est bien commode, pas à se tromper, il suffit de suivre le cours de l'eau. Ils suivent donc, au pas des mules, le cours nonchalant de l'Oise aux verts reflets. Le faux abbé grommelle dans sa fausse barbe. Otto s'enquiert :

– Mal au cul, mon roi ? Un cavalier comme toi ? Trop prélassé dans les coussins de plume, eh ?

Syagrius est de mauvaise humeur.

– C'est cette saloperie de mule. Pas l'habitude des dos de mule, moi. Il y a une espèce d'arête au milieu, ça me scie.

– Prends exemple sur ces dames. Elles ne se plaignent pas, elles. Même, elles gardent fière allure. Pourtant leurs mules sont moins douillettement équipées que la tienne.

– Eh, elles n'ont pas entre les cuisses ce triple prolongement de ma souffrante personne sur quoi s'acharne ce dos de mule en dents de scie... Si tu me laissais seulement monter ton cheval...

– Et j'hériterais de ta mule ? Pas question, seigneur roi, ce ne serait pas monture convenant à un digne abbé. Et si le danger survient, c'est un sacré bougre de gros cheval bien couillu qu'il me faut entre les jambes, pas une mule ecclésiastique !

Loup, qui ouvre la marche vingt pas en avant, lève la main. Tous font halte.

Le soleil tape d'aplomb. C'est la pause déjeuner. Ils mettent pied à terre. Otto s'empresse pour offrir son bras aux dames. Mais deux, c'est une de trop. Il faut choisir. La mère ou la fille ? Un Franc n'est, par nature, guère porté aux gestes galants. Otto, si.

Il court à la reine, lui tend le poing afin qu'elle y prenne appui, et à peine a-t-elle touché terre que, s'étant brièvement incliné, il se tourne et présente ses bras tendus à Gisèle, laquelle entre-temps avait, par un gracieux passement de jambe, franchi d'un bond la tête de la mule et, telle une déesse des temps païens descendant des cieux sur une nuée soutenue par des amours voletant, effectuait le dernier temps d'une prise de contact avec le sol qui eût été un chef-d'œuvre de légèreté et d'élégance si la malencontreuse ampleur de sa vêture religieuse n'en avait décidé autrement. Et donc la chute s'annonçait, fatale, si les vigoureux bras d'Otto ne se fussent trouvés là, bien à point.

Remercier eût été admettre le danger couru et, par voie de conséquence, la maladresse. Une fille de roi ne s'abaisse pas à cela. Tout juste si elle peut s'abandonner à esquisser un sourire poli, à l'extrême souligné d'un battement de cils. Gisèle sourit-elle ? Ses cils battirent-ils ? Si cela fut, l'opacité du voile des vierges vouées au Seigneur Christ le dissimula au monde terrestre. Et donc Otto demeure libre d'imaginer ce qui convient le mieux à son cœur jamais rassasié.

Le frugal repas avalé, ils vont pour se remettre en selle lorsque Otto, qui depuis un instant tend une oreille inquiète vers on ne sait quelle rumeur lointaine, intime : « Chut ! » Tous se figent et écoutent. Bientôt la rumeur se fait bruit, bruit rythmiquement scandé. C'est un chant.

– Un chant de nautoniers, dit Loup.

Le chant se rapproche et se précise. Enfin, au détour de la rivière apparaît un bateau, un de ces lourds chalands qui assurent le transport par l'eau-qui-marche et que la guerre a fait disparaître.

Le chaland se laisse descendre au fil de l'eau. Le courant clapotant porte gentiment. L'équipage, deux barbus et un mousse vautrés sur le pont autour de l'homme de barre, chante à pleine voix un air des vieux temps, se rafraîchissant le gosier à belles rasades d'une cruche de terre cuite posée entre eux.

C'est l'homme de barre qui les voit d'abord. Il fait un grand signe joyeux, hèle : « Ohé ! » Otto répond : « Ohé ! » Et que voulez-vous répondre d'autre ? Apercevant les robes des nonnes et les fanons sacerdotaux de l'abbé, les nautes mettent un genou en terre, ôtent leurs bonnets et moulinent dans les airs force signes de croix.

Voilà que l'homme de barre crie un ordre, tout en poussant son bout de bois à tribord toute, de façon à venir au plus près de la berge. Le mousse jette une ancre en poupe, laisse filer la chaîne puis court en avant jeter l'ancre de proue. Un des hommes crie : « Attrape ! » et lance un filin, qu'Otto, preste, cueille au vol, pour l'amarrer au tronc d'un jeune bouleau.

Loup hoche la tête :

– Je n'aime pas ça. Des nautes sur l'eau, en ce moment ? Ils auraient été depuis longtemps massacrés et dépouillés.

– Ce sont peut-être des nautes à nous ? Des gars qui transportent des troufions, ou bien des vivres pour l'armée ?

– Sûrement pas. Des gars à nous ne se seraient pas agenouillés devant un prêtre chrétien. Au contraire, ce sont eux qui l'occiraient et le dépouilleraient. Quant aux nonnes...

– Tu as raison. Méfiance, donc. Voyons un peu la suite.

Tout l'équipage a sauté à terre. Les voilà à genoux devant l'abbé de carnaval, qui n'a eu que le temps de remettre un peu d'ordre dans ses affûtiaux ecclésiastiques, et surtout de remonter en sa due place cette panse de plume qui s'obstine à lui tomber entre les genoux. Puis il bénit à tour de bras, débitant du latin de messe en véritable professionnel, tandis que Loup, Otto et les deux nonnes, mains jointes et yeux au ciel, bourdonnent en chœur.

Quand il estime avoir suffisamment sacrifié de temps à la dévotion, l'homme de barre, un doux géant aux yeux d'enfant qui semble décidément être le patron du rafiot, se remet sur pied et formule cette invite :

– Vénérable abbé, et vous, mes sœurs, épouses du Seigneur Christ Jésus, et vous aussi, mes bons pères, épargnez-vous les fatigues et les dangers de voyager par chemins. Vous êtes armés, je vois, mais que seraient vos armes et votre vaillance contre la férocité de chiens enragés de centaines de guerriers francs battant la campagne ou même contre les bandes innombrables de déserteurs et de paysans devenus brigands ?

« Mon chaland est vide. La cale est propre et nette comme une église avant la Fête-Dieu. Pourquoi ne pas profiter de mon hospitalité, pour l'amour de Notre Seigneur le Christ Jésus, mis à mort pour nos péchés ?

Avant que quiconque eût pu répondre, l'abbé s'est écrié :

– De grand cœur, frère naute ! J'accepte de grand cœur ! Vas-tu loin vers le sud ?

– Je vais où le courant me porte, c'est-à-dire droit à la Seine, que je remonterai, si Dieu veut, jusqu'à Paris et au-delà.

– C'est fort bien. Emmène-nous jusqu'à la Seine, puis nous aviserons.

Loup intervient :

– Comment comptes-tu passer les lignes franques massées autour de Paris, puis celles des Parisii ?

L'homme cligne de l'œil.

– Aux Francs, je livrerai du vin des coteaux de Pontoise, que je dois prendre en passant. Quant aux Parisii de dame

Geneviève (il ôte son bonnet), ils me laisseront passer puisque j'ai dessein de remonter la Seine jusqu'en pays de Bourgogne afin de leur rapporter du blé et d'autres choses à manger...

L'abbé l'interrompt :

– Tes affaires sont tes affaires. Emmène-nous, et vite ! Dieu te bénira.

Loup lui prend la manche, le tire à part :

– C'est folie pure ! Qui sont ces gens ? Ils me sont fort suspects, à moi. Où nous entraînes-tu ?

De sous la barbe hirsute filtre un regard agonisant :

– M'en fous. J'ai trop mal au cul !

Le chaland glisse. Chacun s'est arrangé aussi confortablement qu'il se pouvait. Syagrius, dans la cale, dort comme dort un malheureux roi trahi, dépossédé, fugitif et menacé de mort : à poings fermés, bouche ouverte et ronflant à faire vibrer la coque dont la panse de bois magnifie le son comme le ferait un tonneau vide.

Les deux nonnes occasionnelles veillent à son chevet, une à droite, une à gauche, comme le bœuf et l'âne de la crèche, ainsi qu'il convient à de saintes filles soucieuses du pieux repos de leur guide en Jésus-Christ. Elles aimeraient par-dessus tout pouvoir se livrer à quelques ablutions intimes, les contraintes de la route ne leur ayant pas jusqu'ici offert l'occasion de s'isoler. Mais ce qu'il était difficile de faire comprendre discrètement à deux courtois cavaliers devient carrément impensable en présence de tant de concupiscences mâles qu'elles sentent fort bien rôder et fermenter alentour. Ces patriciennes de l'aristocratie romaine sont créatures fort soucieuses de propreté du corps. Elles craignent par-dessus tout d'émettre à leur insu ces fumets rancis qui mijotent sous les entassements compacts d'étoffes brutales composant le vêtement d'ascèse des saintes épouses du Seigneur Christ Jésus. Car qui L'aime doit souffrir pour Lui, et, au besoin, faire souffrir autrui.

Loup et Otto, assis sur des rouleaux de cordages de part et d'autre de l'écoutille qui mène à la cale, ouvrent l'œil. Ils ont conservé toutes leurs armes sur eux, on ne sait jamais, n'est-ce pas ? Ils se sentent ridicules sous cet amas de ferrailles qui leur scie épaules et hanches, d'autant qu'il fait chaud, et la voile carguée n'offre pas d'ombre. Chevaux et mules ont été parqués dans l'écurie prévue dans la cale pour les bêtes de halage.

Se sont-ils assoupis un bref instant, les deux vaillants ? Quelque indice subtil leur aurait-il échappé ? Toujours est-il que la reprise de contact avec l'événement est cruelle. Un prodigieux hourvari fait soudain exploser l'espace. Loup et Otto n'ont qu'un sursaut. Les voilà debout, hache au poing, épée au vent, n'en croyant pas leurs yeux qui enregistrent, ahuris, le spectacle que voici :

Le fleuve, en amont comme en aval, à tribord aussi bien qu'à bâbord, n'est qu'un grouillement de barques minuscules, peuplées à couler bas d'escogriffes mâles et femelles brandissant, en grande liesse ou grande fureur, on ne peut savoir, rames, gaffes, triques, lances, épieux, javelots, fourches, épées, pioches et tout ce qui peut se brandir, tout ce qui peut percer, trancher ou fracasser, et poussant vers le ciel un seul prodigieux hurlement fait de mille hurlements. De joie ? De haine ? De rage ? Un hurlement.

Et voici que, en complément à ces intenses sensations visuelles et auditives, une sensation purement tactile vient à la rescousse : celle d'une pointe acérée fermement appuyée au bas de leur colonne vertébrale, là où il suffirait de pousser d'un coup sec pour faire pénétrer tout objet pointu muni, pour la commodité de l'emploi, d'un manche à deux mains ou d'une poignée à une seule, jusqu'à la tiède quiétude qui règne d'ordinaire en ces profondeurs protégées et y causer d'irréparables dommages à certains organes essentiels.

Loup et Otto, en gens de guerre expérimentés, savent en toute circonstance accomplir le geste qui convient. D'autant qu'une voix, non moins expérimentée, sans doute, prend la peine de le leur souligner :

– On laisse tomber les armes sur le pont. Bien doucement.

Ils laissent tomber, donc. Ce qui déclenche un unanime soupir de déception parmi la flottille des frêles esquifs cruellement privée d'un jovial abordage suivi d'un massacre revigorant pour le moral. Haches, épées et scramasaxes heurtent les planches avec le bruit piteux d'un noble métal à tout jamais déshonoré.

Devant eux, les deux matelots du bord ricanent vilainement, se tenant chacun au bout de la hampe d'une longue pique de fantassin des armées romaines dont le mauvais bout, celui qui fait mal, est pointé sur le nombril, qui de Loup, qui d'Otto. Il n'est pas jusqu'au moussaillon qui n'ait hissé au-dessus de sa tête une masse d'armes plus lourde que lui, hérissée de protubérances ingénieuses destinées à faire le plus de dégâts possible... Que signifie cela ?

Loup crie, à tout hasard :

– Trahison !

C'est exprimer l'évidence même, mais il faut bien crier quelque chose.

Ce cri, pur réflexe de rage impuissante, ne reste cependant pas sans écho. La voix de tout à l'heure, voix mâle et bien timbrée, voix à coup sûr de commandement, bien que non exempte de certains accents canailles, se fait ouïr de nouveau :

– On se tourne !

Une légère pression sur la peau exercée par les pointes avides de la percer ne laisse aucun doute quant à l'urgence de l'exécution. Ils se tournent, donc. Et voient.

Un petit homme fluet, à l'œil goguenard, vêtu, autant qu'on puisse deviner, en paysan gaulois, car sa personne est presque entièrement dissimulée derrière une barbe d'un blanc pas encore assez pur pour être dit « immaculé » – l'homme accuse une cinquantaine alerte – qui pend jusqu'à ses genoux. Entre les deux conjonctions pileuses que forment barbe et moustache s'esquisse dans la masse hirsute un mouvement vers le haut causé par ce qui ne peut être qu'un sourire sous-jacent. La voix, railleuse, confirme le sourire :

– Eh bien, Loup, on ne salue plus les vieux amis ?

« Vieux amis ? » Loup fouille dans ses souvenirs. Non, il ne voit pas. Aucune barbe-fleuve dans ses relations, aussi loin puisse-t-il remonter le cours des ans. L'autre insiste :

– Ce doit être la barbe. Tu m'as connu glabre. Mais enfin, il y a les yeux, il y a la voix... « Allons, les bons enfants, foutez-moi le feu à ce pont ! »... Ça ne te rappelle rien ?

Si. Ça lui rappelle quelque chose. Quelque chose de très lointain, qui l'a marqué très fort. Quelque chose d'une grande violence...

– Vulpus !... Tu es Vulpus ?

La barbe tressaute, secouée par un rire silencieux.

– Et voilà ! Tu y es.

– Oh là là... J'avais... Attends voir... J'avais neuf ans !

– Mais tu promettais !

– Alors, si tu es Vulpus, tous ces gens... ?

– ... sont des Bagaudes [1], mais oui ! Des enfants du nuage qui passe.

– Mais les Bagaudes ont disparu ! On n'en parle plus depuis longtemps.

---

1. Bagaudes : aux premiers siècles suivant la conquête romaine, c'étaient des bandes de paysans gaulois dépouillés par le vainqueur, d'esclaves fugitifs, de légionnaires déserteurs, tout autant bandits que révoltés, qui sévirent en Gaule pendant toute la durée de l'Empire. En troupes parfois considérables, il leur arriva de conquérir des villes (Autun) et même des provinces. Plusieurs fois écrasée, sans cesse renaissante, la Bagauderie fut réactivée par les horreurs des invasions germaniques. Les bandes bagaudes sévirent jusqu'au début du sixième siècle.

– Nous ne disparaissons jamais tout à fait, tu le sais bien. Certes, en terre romaine, beaucoup ont été brûlés vifs ou jetés aux bêtes dans le cirque par les chrétiens de Syagrius, mais il en est resté de petits noyaux bien vivaces dans la grande forêt Charbonnière, dans l'Ardenne et la Forêt-Noire, chez les Alamans et les Thuringiens dont les dieux n'ont pas la férocité du dieu-cadavre. Chez les Francs, aussi. Et puisque maintenant les Francs de Clovis chassent les Romains, nous revenons avec eux.

– Vous vivez toujours de rapines et de mauvais coups?

– Il te convient bien de dire cela, à toi, homme de guerre! Ta rapine et tes mauvais coups portent les noms flatteurs de trophées et de victoires, parce que ton chef de bande s'est arrogé le titre de roi!

Il cligne de l'œil.

– Nous sommes d'ailleurs parfois bien utiles aux rois pour faire à leur place ce qu'ils ne pourraient faire au grand jour. Souviens-toi qu'avec mes bougres j'ai aidé Childéric.

– Et aujourd'hui, je pense, Clovis? Je me trompe?

– Petit, il est des choses que, même à toi, qui es de ses bons amis, le roi Clovis n'a pas cru devoir confier. Tu viens d'effleurer une de ces choses. N'insiste pas, laisse-la dormir.

– Tu me paraissais déjà plus renard que loup lorsque j'étais enfant.

– Dis-toi bien qu'un vieux renard est triplement renard. Contente-toi de savoir qu'en ce qui concerne ta mission, je n'en ignore rien.

– Ce n'est quand même pas le roi...

– Ce n'est pas le roi. Ça aurait pu.

– Oh, oh...

– Je parle trop. C'est la joie de te revoir. Je t'avais à la bonne, tu sais? Et ta maman, donc! Le beau fruit... Bon. Trêve de mystères. Il n'y a pas de mal à te confier que c'est par Double-Hure que j'ai été prévenu.

– Oskar ?

– Oskar, mais oui. Il n'a rien à me refuser, ni à me cacher, Oskar, figure-toi. Je sais donc tout.

Loup ne peut se tenir de s'écrier, un peu trop fort :

– Tout ?

– Je sais que tu as mission de joindre la Geneviève dans son Paris, de faire ami-ami avec elle, et que ton déguisement n'est que prétexte, de même que celui de ces quatre-là.

De soulagement, Loup laisse filer un gros soupir, le plus discrètement possible. Il fait remarquer :

– Justement, à propos de ces vêtements. Ceux qui en portent de tels ne doivent pas être tellement bien vus, parmi tes sauvages ?

– Tu veux dire qu'ils vous auraient massacrés au premier coup d'œil ! Mais je les avais prévenus : « Pas touche ! »

– Tu les as bien en main.

– Ils me font confiance, c'est mieux.

Otto, qui a suivi la conversation sans être invité à y prendre part, commence à trouver le temps long. D'autant que cet échange mondain de gracieusetés et de souvenirs d'enfance laisse de côté l'essentiel, lui semble-t-il. Estimant le moment venu d'intervenir, il s'adresse à Vulpus :

– Si, comme je crois l'avoir plus ou moins compris, tu œuvres pour le roi Clovis, pourquoi, alors, te mettre ainsi en travers de notre chemin et nous retenir prisonniers ?

Vulpus, posément, fait un pas vers Otto, pose sa main sur son épaule.

– Qui donc parle de prisonniers ? Vous êtes mes hôtes, mes bien chers amis, et les hôtes de toute la joyeuse bande. Toi, tu es Otto, l'inséparable de notre Hun blond. Je te connais fort bien, si tu ne me connais pas.

Loup intervient :

– Nous n'avons que faire de ton hospitalité. Ma mission – puisque tu es au courant, autant ne rien te cacher – doit être accomplie sans perdre de temps. Le roi Clovis attend.

Vulpus rit dans sa barbe.

– J'en sais plus long sur l'attente de Clovis que tu ne peux l'imaginer, gamin. Et sur Geneviève, donc ! Sache qu'en ce moment même quelqu'un, un autre moi-même, la prépare à ta venue, sonde ses intentions et aplanit le terrain pour toi. Tu as tout intérêt à ne pas trop te presser. Ainsi seras-tu accueilli et fêté en beau petit ambassadeur plutôt qu'en quémandeur furtif, autant dire en espion. C'est pourquoi je vous propose, à toi et à tes compagnons, un petit voyage d'agrément, pas très loin d'ici, qui te détournera à peine et pendant lequel tu assisteras à des choses prodigieuses.

– J'ai le choix ?

– Non.

– Alors, en dépit de tes sourires, je me considère comme ton prisonnier et, comme tout prisonnier, je me réserve le droit de te fausser compagnie par tous les moyens qui pourront se présenter.

– Cela va sans dire. Alors, pourquoi le dis-tu ?

– Puis-je au moins savoir où tu comptes nous emmener ?

– Pourquoi te le cacherais-je, mon hôte et ami ? Nous allons gentiment descendre la rivière d'Oise jusqu'à celle de Seine. Là, nous quitterons la voie de l'eau pour continuer jusqu'à la grande forêt qu'il y a par là, au-delà de la ville de Chartres.

– La forêt des Carnutes.

– Tu connais ? Oui, la forêt des Carnutes. L'antique forêt sacrée où les druides de la vieille religion se réunissaient.

Loup calcule dans sa tête... Les Carnutes se trouvent dans la droite direction pour qui veut gagner la Loire et la passer au plus près, c'est-à-dire à Orléans ou dans les environs. Les Bagaudes leur feront ainsi faire en toute sûreté une bonne partie du chemin qu'ils comptaient justement prendre en grand péril et leur serviront, à leur insu, d'escorte inexpugnable. Le moment venu de leur fausser compagnie, on avisera.

Il affecte de se résigner :

– Si tu me donnes ta parole de crapule que tu nous permettras ensuite de poursuivre notre voyage vers Paris...

Vulpus rit :

– Ma parole de crapule ? J'aime ça. Eh bien, tu l'as, et cochon qui s'en dédit !

Tandis que le chaland, de sa panse évasée, fend l'onde paisible, faisant fuir à grand bruit dans les roseaux grenouilles et ragondins, Vulpus, gobelet au poing, expose à ses hôtes forcés l'essentiel de son actuelle position.

– Quand Eudoxe, le savant médecin grec, quitta ce monde, les Bagaudes n'eurent plus de chef suprême. La Bagauderie était alors partout en décadence. Trop de nos frères et de nos sœurs avaient été pris, occis, voire brûlés tout vifs sur les forums pour faire rire les petits enfants. Les survivants s'étaient sauvés, le feu au cul, chez les Burgondes ou les Wisigoths, ces chrétiens-là étant moins portés sur la conversion des païens par la flamme apostolique et romaine.

– Cependant ton petit groupe était vivant, lui, et bien actif, même, s'il m'en souvient.

– Mon petit groupe était bien mené. Et nous pérégrinions en pays franc, où le chrétien ne fait pas la loi. C'est ainsi que j'ai pu rendre quelques services à ton roi Childéric, tu ne l'as pas oublié.

– Et aujourd'hui ?

– Aujourd'hui, je redonne vie et puissance à la Bagaude ! Là où les Francs avancent, la Bagaude avance. Sais-tu que je mise tout mon espoir sur Clovis ? Il est le seul roi barbare à n'avoir pas fléchi le col pour recevoir l'eau magique d'un évêque. Tous les autres Teutons, des Wisigoths aux Ostrogoths, des Burgondes aux Vandales, ont renié leurs dieux, ces dieux qui leur avaient donné la victoire sur Rome et leur avaient livré l'Empire, et ils se sont laissé... Comment disent-ils, déjà ?... Ah, oui : baptiser.

Vulpus crache.

– Clovis les vaincra tous. Clovis est le nouveau Julien [1]. Sous son commandement, les Francs sont invincibles. Il a commencé la reconquête, rien ne peut plus l'arrêter. Il balaiera les autels du dieu-cadavre, brûlera ses prêtres et ses nonnes et forcera la populace gauloise à revenir au noble culte des Ancêtres.

– Tu veux dire Jupiter, Apollon, Vénus, tout ça ?

Vulpus crache deux fois.

– Dieux romains ! Dieux de l'envahisseur ! Dieux étrangers autant qu'est étranger le dieu-cadavre hérité de quelques Juifs hérétiques !

– Les dieux de la vieille Germanie, alors ? Odin, Freyia et la joyeuse bande ? Mais tu n'es pas un Germain, toi !

– Tu l'as dit. Je ne suis pas des vôtres. Vos dieux ne sont pas mes dieux. Qui se trompe de dieux blasphème et perd son âme.

– Quels sont tes dieux, alors ?

Vulpus joint les doigts, prend le temps de se recueillir.

– Mes dieux sont Tarann, le dieu-tonnerre, et Belen, qui d'un coup de talon créa le monde, Ésus, le bûcheron à la hache d'argent, Teutat, l'enfant du chêne sacré qui donne gloire et immortalité à celui qui, de sa faucille d'or, cueille le gui qui lui pousse aux aisselles, et Rotha aux cuisses de lait, et Néhalennia qui commande aux phases de la lune ainsi qu'au désir de la femme pour le mâle...

---

1. Julien, dit l'Apostat (331-363), l'empereur romain qui remit en honneur la religion gréco-romaine « renouvelée par la philosophie » et l'imposa face au christianisme alors triomphant. Tué, jeune, dans une guerre contre les Perses, il ne put poursuivre sa restauration. Elle ne lui survécut pas.

Vulpus s'est exalté. Il vaticine, bras tendus vers le ciel. Loup fronce le sourcil.

– Il me semble reconnaître là-dedans quelques noms des dieux des Gaulois d'autrefois. Je me trompe ?

– Tu ne te trompes pas. Ce sont mes dieux.

– Tu serais gaulois ? Première nouvelle !

– Je suis gaulois. Vois ma barbe.

Il la caresse sur toute sa longueur.

– C'est la barbe des druides.

Modestement :

– Je suis un druide.

Pour une révélation... Otto regarde Loup. Loup regarde Otto. Quelqu'un pouffe. C'est Godegisèle, heureusement le voile étouffe le rire. Quelqu'un s'étrangle d'indignation, moins discrètement. C'est Syagrius, assez bigot, finalement. Otto s'empresse de couvrir par une question le bruit intempestif :

– Druide ? C'est les prêtres des anciens Gaulois, non ?

– C'est bien cela.

– Mais où aurais-tu appris la langue ? Et les gestes ? Et les mots sacrés ?

– J'ai appris tout ça. J'ai été initié par une druidesse, voyez-vous.

Loup intervient :

– Une druidesse, vraiment ? Enfin, Vulpus, la dernière a été brûlée comme sorcière et maléficieuse il y a bien longtemps ! Encore certains pensent-ils que ce n'était qu'une pauvre folle, qui errait dans les bois comme une bête traquée, moquée et pourchassée par les paysans. Rien n'est resté de l'antique religion des druides, ni même de la langue que parlaient les Gaulois.

Vulpus sourit, indulgent :

– Rien n'en est resté *ici*. Mais elles n'ont pas cessé de fleurir de l'autre côté de l'eau salée. Dans les landes et les forêts de Brittonie. Et voilà que les circonstances terribles de l'invasion ont cette conséquence, bienheureuse pour nous, de faire traverser l'eau à ces Celtes restés purs à qui les Romains n'ont pu faire renier leurs dieux ni oublier leur langue. Ils nous ont apporté tout cela avec eux. L'Armorique réapprend le parler celtique, les druides sacrifient de nouveau sur les dolmens, devant les menhirs qu'ont dressés les géants qui nous précédèrent sur cette terre. Les vierges sacrées récoltent le gui et lisent les secrets de la vie et de la mort dans les entrailles des victimes... Bientôt toute la vieille Gaule retrouvera sa vraie nature !

– Grâce à toi et à tes Bagaudes ?

Le renard reprend le dessus chez Vulpus. C'est d'une voix redevenue circonspecte qu'il répond :

– Mes Bagaudes sont tous convertis. Ils feront de fameux missionnaires. Beaucoup sont déjà en place là où il faut. Au signal, nous balaierons le Crucifié et ses suppôts.

– Avec l'aide de Clovis, crois-tu ?

– Avec l'acquiescement de Clovis. Nous n'en demandons pas plus. Les Francs ont leurs dieux, nous aurons de nouveau les nôtres, bien à nous. Nous pourrons marcher la main dans la main, chacun respectant la foi de l'autre.

Loup prend Vulpus à part.

– Tu ne pourrais pas nous trouver des vêtements moins... compromettants ? Cette robe de moine m'entrave les jambes et m'échauffe le siège de la procréation.

Vulpus rit.

– De toute façon, tu devrais conserver ta tonsure, ce qui donnerait un assemblage hétéroclite, et par là même suspect. Non. Vous resterez tels que vous êtes, mes drôles. Ça fait rire mes arsouilles, or j'aime qu'ils soient en belle humeur. Ils sont au courant, cela va de soi, sans quoi vous seriez déjà tous occis, sauf peut-être les deux mignonnes, qui peuvent servir pendant quelque temps... Puisqu'on en parle, tu devrais veiller à mieux fixer le ventre de ton « abbé ». Il est aussi faux que sa barbe, mais elle tient mieux. Elle lui fait une bonne tête. Presque une vraie tête de druide. J'ai besoin de druides. Ma druidesse pourrait le former. Ce n'est pas un Romain, au moins ?

Loup a un sursaut, heureusement tout intérieur. Il se dit « Si tu savais seulement à quel point il l'est, romain ! », et s'empresse d'affirmer bien vite :

– Un Romain, lui ? Tu veux rire ! Il vaut mieux qu'il ne t'ait pas entendu. C'est un Gaulois rallié aux Francs, un gars qui a compris de quel côté il y a du beurre sur la tartine, si tu vois. Un maître espion. Clovis en personne a toute confiance en lui.

– Si tu me le dis... Au fait...

– Oui ?

– La fille, la jeune, je veux dire, elle est pucelle ?

– Je n'y suis pas allé voir, mais je dirais que oui.

Vulpus est songeur, tout à coup.

– Elle ferait une belle victime à offrir aux dieux. Tu comprends, il nous faut des victimes pour les sacrifices, or une victime doit être vierge de la tête aux pieds. Va trouver des vierges, toi, par les temps qui courent ! Même des fillettes de cinq ans... La guerre, quel malheur !

« Chaque druide amène sa vierge, c'est la règle. Je me demande s'il n'y en a pas qui trichent, plus ou moins. C'est peut-être pour ça que les choses vont si mal, va savoir... Celle-là est vraiment splendide. Elle me ferait honneur. Allongée à poil sur la pierre du sacrifice, elle en jetterait, tiens !

Loup se dit qu'il a parlé un peu à l'étourdie. Il bafouille :

– Oui... Bien sûr... Je comprends ton point de vue...

Otto y va carrément :

– Pucelle ? Cette morue ? Une fille à soldats ramassée autour du camp et qui fait de l'espionnage en se servant de son cul, qui n'est pas répugnant, je te l'accorde. Pucelle ! Ah, c'est la meilleure !

Il rit à s'en étouffer, se tape sur les cuisses. Vulpus ne sait plus trop à quoi s'en tenir. L'ombre d'un soupçon passe sur son front. Otto décide d'y aller à fond :

– Mon pauvre Loup, l'amour t'aveugle ! Car tu es amoureux, je m'en doutais bien. Amoureux de cette pouffiasse !

Loup, qui a enfin compris, joue le jeu. Il rougit – comment fait-il ? C'est son secret – et, tortillant les doigts, avoue :

– Je me suis peut-être un peu monté la tête. La femme aimée est toujours pure, n'est-ce pas...

Vulpus, pratique, conclut :

– N'en parlons plus. Il me faut des certitudes.

Ils comptaient sur les embarras du débarquement pour tenter l'évasion, mais Vulpus, sans qu'il y parût, veillait au grain. De Conflans, où l'Oise se perd dans la Seine opulente, aux noires frondaisons de l'antique forêt celtique, il leur fallut partager le sort de leurs geôliers bagaudes, éparpillés en petites bandes se faufilant dès la nuit tombée par des chemins creux et des sentiers d'eux seuls connus. Ils étaient discrètement mais étroitement surveillés par de vigilants ruffians sans cesse renouvelés. Pour plus de sûreté, les deux femmes avaient été séparées d'eux, mêlées à d'autres groupes. Depuis, Otto avait perdu sa belle insouciance.

Des paysans secrètement ralliés à la Bagaude les ravitaillaient, les hébergeaient parfois. C'était toute une petite armée de l'ombre qui se dirigeait ainsi, selon un itinéraire bien jalonné, vers un mystérieux point de ralliement. D'après Vulpus, d'autres troupes bagaudes, venues de différents points des Gaules, surtout d'Armorique, mais aussi des pays wisigoths d'au-delà de la Loire et même de l'Auvergne burgonde, convergeaient vers le lieu sacré.

Une fois atteinte l'orée de la grande forêt dans les profondeurs de laquelle aucune patrouille n'oserait se risquer, on peut marcher le jour et dormir la nuit. Le soir tombe. Entre les racines monstrueuses d'un chêne qui dut voir passer les légions de Jules César, trois corps sont recroquevillés. Deux tondus et un barbu. Un des tondus demande, en francique vulgaire, langue que la plupart des Bagaudes ne comprennent pas :

– Non mais, dis-moi un peu. Où va-t-on, là ? Je ne vois pas où cette équipée nous mène, sinon à la catastrophe. Qu'est-ce que Vulpus veut de nous ? Tu peux le dire, toi, Otto ?

– Vulpus est fou. C'est tout ce qu'il y a à dire. Fou à lier. Rien de plus, rien de moins. Que veux-tu attendre d'un fou ?

– Mais il n'est pas seul, s'il dit vrai.

– S'il dit vrai ! Et, si c'est le cas, ils sont tous aussi cinglés que lui. Je ne sais pas si Clovis, comme l'assure Vulpus, laisserait faire ces ahuris, mais son cher ami Remi ne serait certainement pas d'accord ! Or, tu sais comme moi que Clovis, tout païen qu'il soit, va avoir besoin de Remi et des autres évêques, terriblement besoin. Des brutes tueuses, des ravageurs, c'est tout ce que nous sommes, nous, les glorieux conquérants. Pour faire cracher de l'or, du blé, de la viande et de l'obéissance au croquant du pays conquis, Clovis ne peut pas se passer des évêques et de leur hiérarchie. Il les ménagera. Il leur mangera dans la main. Et les évêques feront pourchasser dans toute la Gaule les druides et la druiderie pour brûler tout ça à grands feux de joie, et qui est-ce qui se tapera le boulot ? Les Francs de Clovis, c'est-à-dire nous autres, parfaitement, si toutefois nous nous sortons du présent guêpier.

Il donne un coup de coude à l'ombre barbue :

– Ce que t'en penses, gros père ?

La réponse est un gémissement en un francique laborieux :

– M'en fous. Trop froid. Pas peux dormir.

– Tu n'as pas l'habitude de la dure, roi. Tiens, mets ma robe de moine sur toi. Je vais jeter un coup d'œil, à tout hasard, voir s'il n'y aurait pas moyen...

– De s'évader ?

– On ne sait jamais. Si on ne tente rien... Le plus dur, c'est de repérer où sont les femmes et de les emmener avec nous.

L'ombre barbue a un cri du cœur :

– Eh, qu'importent les femmes ! La peste soit des femmes ! Qui sait si elles pas s'envoient en l'air, en ce moment, hein ? Vous faites à moi la Loire passer, ça très bon. Rien de plus. Mon frère Alaric attend moi. Sauvé. Les femmes, tu laisses. Pas t'occupe.

Là, Otto s'insurge :

– Ah, mais, ce n'est pas bien, ça ! Tout à fait indigne d'un roi ! Indigne même d'un simple troufion ! Jamais je n'aurais pensé... Roi de mon cul, oui !

Loup fait chorus, deux tons plus bas :

– C'est en effet un penser bien laid, roi. J'espère que ça t'a échappé, et que tu regrettes. Ce n'est pas une raison pour brailler aussi fort, Otto.

Syagrius ne demande pas mieux :

– Oh, bon, je parle trop vite. Avec la bouche seulement, pas avec le cœur. C'est les nerfs, n'est-ce pas, pas le sentiment.

Otto ne s'apaise pas aussi facilement. Il semble que quelque chose de profond a été touché en lui.

– Rien que pour y avoir pensé, je me demande si je ne vais pas le laisser tomber, moi, ton roi des Romains... Non, mais quel salaud ! Sa pauvre chère épouse, si vaillante... Sa petite Gisèle, si... si... Enfin, si Gisèle, quoi !

– Allons, allons, on n'en parle plus. Il regrette.

– Mais tu ne te rends pas compte ? Ils voulaient l'offrir en sacrifice à leurs dieux à la con ! Et rien ne dit qu'ils ne le feront pas ! Suffirait que ce renard de Vulpus réussisse à lui faire avouer qu'elle est pure, innocente comme un agneau, pauvre enfant ! Tu la vois ? Non, mais essaie de la voir, allongée sur leur pierre toute froide, ses mignons petits seins blancs dressés vers la lune – je suis sûr qu'il leur faut la pleine lune, pour leurs conneries –, et son ventre, son tendre ventre avec ses petites frisettes serrées, ouvert en grand, les entrailles sorties, étalées tout autour, et je ne sais quelle cinglée de druidesse aux ongles sales qui farfouille là-dedans pour dire à ces cons-là s'il fera beau demain...

La clairière est vaste, pourtant les troncs prodigieux qui l'entourent s'élancent si haut, leurs branches colossales étendent si loin leurs ramures qu'elles se rejoignent en un délicat fouillis de feuillages frissonnants et composent une coupole ajourée où les rayons du soleil s'éparpillent pour arroser l'herbe fleurie d'une poussière de lumière d'or.

Loup questionne Vulpus :

– C'est donc là que ça se passe ?

– C'est là. Ça a de la gueule, non ?

– Bof... Vous faites ça la nuit, je suppose ? Le coup d'œil y perdra beaucoup.

– La cueillette du gui se fait au crépuscule. C'est encore plus beau. Le soleil couchant ensanglante les troncs depuis l'occident... Tu verras. Ensuite, la cérémonie d'offrande aura lieu sur la grosse pierre plate posée sur deux pierres debout, là, tu les vois ?

– Le dolmen, tu veux dire ?

– Ah, tu connais ce mot ? Sur le dolmen, oui. La lune à son plus haut donne droit dessus en ce seul jour de l'année. C'est très beau. Nos dieux aiment la beauté.

– Parce qu'il y aura de la lune, tu es sûr ?

– Cette nuit plus qu'aucune autre nuit, la lune sera en son plein. Et il n'y aura pas de nuages pour la cacher. Nous avons fait les conjurations qu'il fallait.

– Ce sera magnifique.

– Il faut que ça le soit. Cette nuit sera la grande nuit de la résurrection de la vraie foi des Gaules. Vercingétorix a été écrasé par le Romain parce qu'il avait perdu la foi. C'était une jeune tête folle. Il ne croyait en rien. Depuis, le peuple celte subit le Romain et s'incline devant des dieux étrangers, d'abord devant Auguste et Jupiter, dieux conquérants, puis devant le Crucifié venu d'Orient, dieu-cadavre, dieu de résignation, dieu des femmes et des esclaves, car le Romain est versatile. Qu'adorera-t-il demain ?

« Aujourd'hui, cette nuit même, pour la première fois depuis des siècles, s'ouvrira l'assemblée annuelle des druides. On y discutera du renouveau de la foi et de sa propagation.

– Puis-je poser une question ?

– Je t'en prie. Je crois savoir laquelle.

– Je ne doute pas que tu le saches ! Peu importe, la voici : Que faisons-nous dans tout ça, mes compagnons et moi ?

Vulpus se caresse le menton à travers la barbe. Il a son sourire de renard.

– Nous avons besoin de vaillants. Vous l'êtes. Nous avons besoin du soutien du nouveau pouvoir. Vous êtes fort bien placés auprès du roi Clovis, et en pleine lumière, pas, comme moi, clandestinement. Vous êtes de fieffés mécréants, vous n'êtes donc pas animés par une foi contraire, rien ne vous empêche de vous joindre à nous.

– Nous ne sommes pas des Gaulois ! Ni de près, ni de loin !

– Pas grave. On vous naturalisera. Que crois-tu donc que je suis, moi ?

– Nous ne parlons pas le celtique !

– Vous l'apprendrez. Quelques mots suffisent, pour les choses de la liturgie. Nous les apprendrons ensemble. J'ai un excellent professeur.

Qu'objecter ? Loup se tait, à bout d'arguments. Il jette un regard alentour. Des Bagaudes en armes, portant l'équipement réglementaire des légionnaires, sans doute des déserteurs de l'armée de Syagrius, entourent la clairière d'un cercle sans faille... Sembler se soumettre à l'inéluctable. Gagner du temps. Étudier les lieux. Guetter l'occasion. Elle finit toujours par se présenter. Vulpus interrompt sa songerie :

– Tu te dis qu'il ne te reste qu'à te soumettre, gagner du temps, guetter l'occasion... Sache que quiconque aura vu ce que tu vas voir est lié à tout jamais. Voué aux flammes des chrétiens s'il échappe au couteau ou au poison d'un frère. Vous voilà Bagaudes pour le meilleur et pour le pire, mes poussins !

La cueillette du gui a été une réussite en son genre. La rage purificatrice des chrétiens, qui par toute la Gaule avait abattu les chênes sacrés, muré les sources aux fées et brûlé druides et druidesses, avait oublié ce chêne-là, ou, peut-être, n'avait pas osé se risquer aussi avant dans la noire forêt aux maléfices. Il se dresse, royal, parmi les autres géants, portant à bout de bras les touffes de gui vivaces qui se nourrissent de sa sève généreuse.

Druides et druidesses vêtus de lin blanc en ont fait le tour en procession, plusieurs fois, chantant les hymnes sacrés que scandaient les tambours évidés dans des troncs de bouleaux et les lugubres sons des trompes cérémoniales dont l'évasement d'argent massif est la gueule béante de quelque monstre mythologique.

Puis fut dressée l'échelle légère faite des troncs graciles de deux jeunes ormeaux que relient des échelons de même provenance fixés par des liens de chanvre. Une druidesse y est montée, la faucille d'or passée dans la ceinture de sa robe, balançant la croupe au rythme de ses jambes nues qui franchissaient un à un les échelons. Dans la lumière rouge du soleil près de disparaître, sa silhouette éclatante de blancheur laissait deviner des formes juvéniles, cependant que son visage, déjà noyé dans l'ombre des frondaisons, entourait ses traits d'un mystère absolu. Une somptueuse masse de cheveux noirs ruisselait sur ses épaules.

Ses pieds nus crochetant une maîtresse branche, la druidesse avait levé les bras fort gracieusement et tranché à la base les précieuses touffes de gui, ce qui n'est pas si facile quand on se sert d'une faucille d'or, métal mou par excellence, ainsi que n'avait pas manqué de le faire remarquer Otto à Loup, lequel lui avait répondu que l'or superficiel pouvait fort bien recouvrir et dissimuler un efficace acier.

Tandis que les touffes de gui tombaient l'une après l'autre dans le creux d'un vaste drap tendu par quatre jeunes apprentis druides et que les voix hésitantes de l'assemblée ânonnaient une lente mélopée aux paroles plus ou moins celtiques en collant tant bien que mal aux voix dirigeantes de druides apparemment guère plus au courant, Loup et Otto, au premier rang de la foule, tendaient le col et scrutaient l'espace, l'un selon une direction précise, l'autre décrivant du regard un mouvement de balayage sans cesse recommencé.

Loup saisit le bras d'Otto.

– J'ai déjà vu cette silhouette !

Otto bondit.

– Où ça ? Qui ça ?

– Je n'y arrive pas. Le souvenir m'effleure, et puis s'en va. Pourtant, je l'ai déjà vue, j'en jurerais...

– Silhouette, tu dis ? Gisèle, pardi ! C'est elle ! Il n'y a qu'elle pour avoir une silhouette ! Où ça ? Montre-moi ! Je la reconnaîtrai bien, moi !

Loup croit devoir prendre sa voix de grand frère raisonnable :

– Si c'était Gisèle – ta Gisèle –, je l'aurais reconnue. Même de dos. Je ne serais pas là à me torturer la mémoire. Je la connais bien, Gisèle, tout de même. Non, ce n'est pas Gisèle. C'est une femme, et même une jeune fille, et même une jeune fille drôlement bien foutue, mais pas Gisèle. Je sors pas de là : pas Gisèle.

Otto s'énerve.

– Mais, couilles de Thor, fais-la-moi voir, ta silhouette, au lieu de tant parler ! Je saurai tout de suite, moi !

Loup hausse les épaules, désigne du doigt la druidesse sur sa branche, en grommelant :

– Et d'abord, elle est blonde, Gisèle, pas brune.

Otto scrute à son tour, intensément. Dépité, il convient :

– Ce n'est pas Gisèle, ça saute aux yeux. Les cheveux, ça ne veut rien dire, ça se teint. Mais l'allure ! Gisèle est une reine. Alors que ça...

Syagrius, jusqu'ici, a écouté sans mot dire. Il intervient, posément :

– Ça pas Gisèle. Gisèle ne pas monte aux arbres. Pas correct.

Les druides ont fait du bon travail : pas un nuage, pas une brume n'altère l'éclat insolent de la pleine lune. Elle a lentement gravi les degrés du ciel, la voici toute proche de son plus haut. Hiératique, la druidesse attend. Celle de tout à l'heure, la cueilleuse de gui, oui.

Sonnent les trompes d'argent à la voix de canard malade [1], bourdonne la discordante mélopée, voici que s'avance à pas comptés la procession de blanc vêtue, qu'elle s'avance vers le dolmen sacré, vers l'autel des sacrifices.

1. Sans doute les ancêtres des cornemuses.

La victime consacrée chemine en tête, précédée et suivie de quelques superdruides couronnés de gui et tenant au poing un bâton curieusement sculpté, insigne et instrument de leurs pouvoirs magiques. La victime, elle, sa couronne est de roses mêlées d'autres fleurs très jolies, bien qu'on en distingue mal les couleurs, la sépulcrale lueur de la lune n'y suffit pas, même secondée par les flammes rougeâtres dansant au bout des torches résineuses que portent les assistants.

Les torches se font plus serrées autour du dolmen, où attendent en rond d'autres porteurs de lumière. Comme la victime se présente au pied de l'éminence que somme la pierre sacrée, la clarté de la lune illumine soudain la surface plate, se réfléchissant sur le visage de la victime qui gravit, pas à pas, les trois degrés taillés à même le roc. Cette lumière, jointe à celle, maintenant puissante, des torches environnantes, révèle en plein l'évidence.

– Gisèle !

C'est Otto qui a hurlé. Il ne peut que hurler, Otto. Pas bouger. Vulpus, prévoyant, l'a fait garrotter solidement, ainsi que Loup et Syagrius. Était-ce bien nécessaire en ce qui concerne Syagrius ?

Gisèle n'a pas semblé entendre. Elle monte au sacrifice, droite, détendue. Consentante, dirait-on. Mieux que consentante : désirante. En ses yeux brille une flamme, sur ses lèvres charmantes flotte un sourire. Là-haut, immobile, la druidesse attend.

Loup, à son tour, crie quelque chose :

– C'est elle ! Ça y est, je sais. C'est elle !

Otto n'est pas d'humeur à jouer aux devinettes.

– Qui, elle ? Gisèle ? Je sais bien que c'est elle ! Et alors ?

– Non, l'autre ! Celle au couteau, là-haut ! La druidesse, quoi !

– Qu'est-ce que j'ai à foutre de ta druidesse ? Qu'elle crève, cette salope, mais vite, tout de suite, avant d'avoir porté sa saloperie de couteau sur... Oh, non ! Elle va le faire !

Elle le fait.

D'abord, elle aide Gisèle à quitter la longue robe de lin sans manches et sans taille, la fait glisser d'elle à terre sans même qu'elle effleure son corps. Et c'est la naissance de la beauté.

Si pâle, si bleue sous la lune bleue, plus enfant que femme, plus femme parce que enfant, debout dans son innocence, souriant à la mort, sereine... Heureuse.

Les chants ont cessé. La foule est figée dans le silence. La forêt se tait. La druidesse prend la victime par la main, la fait asseoir, puis s'allonger, sur la pierre polie. Elle s'y prête docilement, gentiment. Elle se laisse arranger les bras le long du corps, et puis attend avec confiance, les yeux au ciel. La lune, énorme, s'y reflète, les emplit entièrement.

Tout est prêt. La druidesse lève les bras en un geste d'orante. Elle lance vers le ciel quelques phrases gutturales, du vieux celtique, sans doute. Sa main droite est refermée sur le manche d'un couteau, d'or peut-être, on ne distingue pas très bien, au moins d'argent, les dieux aiment qu'on sorte l'argenterie pour leurs agapes. Et puis, mais oui, elle le plonge, d'un geste tout à fait décidé, dans la poitrine offerte de Gisèle, qui n'a pas un soubresaut. Elle a dû viser entre deux côtes, car la lame s'est enfoncée, d'un coup, jusqu'à la garde. Le sang jaillit, haut et dru. La sacrificatrice ruisselle.

Otto et Loup, jusque-là comme pétrifiés, n'osant y croire, soudain prennent conscience et hurlent, hurlent, loups hurlant à la lune. La foule hurle aussi, d'exaltation mystique.

La druidesse, cependant, poursuit son œuvre selon les prescriptions du rituel. Le poing solidement arrimé au manche, un bout de langue rose passant entre ses dents que crispe l'application au labeur, elle manœuvre habilement sa lame afin d'agrandir l'orifice à la mesure de ce qu'exige la suite des opérations, plonge ses deux petites mains dans le trou d'où le sang s'échappe à gros bouillons, empoigne quelque chose, tire de toutes ses forces, on voit bien que c'est dur à arracher, amène enfin à la vue de tous l'objet de tant de peine : un cœur. Un cœur qui, semble-t-il, bat encore.

Elle l'élève à bout de bras, tout dégoulinant, le présente, que toute l'assistance en profite, et...

Et pousse un cri terrible, puis tombe à la renverse, laissant échapper le pauvre cœur, qui rebondit sur la pierre et s'en va rouler dans les feuilles mortes. Avant qu'elle ne s'écroule, on a pu apercevoir l'empennage chatoyant d'une longue flèche fichée dans son épaule et vibrant encore.

Un hurlement prodigieux épouvante l'espace, hurlement féroce, hurlement fait de dix mille hurlements :

– Tue! Tue!

Les flèches s'abattent en pluie d'orage sur la foule massée au centre de la clairière. De partout alentour surgissent cavaliers et gens de pied, brandissant force engins propres à faire éclater les crânes, à défoncer les poitrines, à briser les membres comme fétus, à crever les paillasses païennes et à en tirer hors la tripaille, à éborgner, à aveugler, à couper ras bras, jambes et têtes, à écouiller, à estropier, à décerveler, bref, à occire son prochain par tous les moyens inventés dans ce noble dessein, si possible en lui faisant très mal.

Les Bagaudes, surpris en pleine extase religieuse, se laissent massacrer comme bétail. Les gardes armés chargés de veiller sur les abords du lieu sacré ont tous été proprement égorgés sans avoir eu le temps de porter la main à l'épée ou à la hache, ni même de crier l'alarme. Si, parmi les survenants, il se trouve nombre de gens de guerre bien et dûment armés, la multitude apparaît vêtue en croquants gaulois, manants des champs, artisans, esclaves. Il s'y voit aussi des clercs tonsurés : prêtres, moines, diacres... Ceux-là sont les plus enragés à la tuerie.

Druides, druidesses et leurs fidèles jonchent la clairière. Le massacre se poursuit, furieux et méthodique à la fois. Une orgie de sang. Ceux des Bagaudes qui tentent de gagner le couvert des arbres sont rattrapés par les cavaliers et cloués au sol où ils restent à se tordre autour du bois de la lance dressé à la verticale. Certains ont pu se saisir d'une arme. Ils se battent en désespérés, fauchent et écrasent alentour, mais sont bien vite submergés.

– Tue ! Tue ! Pour le Christ ! Tue !

Loup, Otto et Syagrius se sont jetés à terre aux premières volées de flèches. Ils se tortillent dans leurs liens, essaient d'attirer l'attention des tueurs.

– Hé ! Délivrez-nous, quoi ! Vous voyez bien qu'on n'est pas des leurs ! Au contraire !

On finit par les remarquer. D'ailleurs, l'ardeur première se calme. Certains parlent d'achever les pas-tout-à-fait-morts. Les prêtres s'y opposent à grands cris :

– C'est tout graine de païens, suppôts du diable, gangrène et pourriture ! Ça doit brûler en place publique, et bien vivants, qu'on entende ça gueuler ! Allons, qu'on fasse venir chariots et brouettes, et qu'on emporte tout en vrac !

Un moine enfin se penche. S'écrie :

– Mais vous êtes d'Église !

C'est pourtant vrai qu'ils ont gardé leurs robes monacales et, cela va de soi, leurs tonsures ! Le moine s'apitoie :

– Ces brigands allaient vous ouvrir le ventre, comme à cette pauvre petite, que le Seigneur Christ Jésus ait son âme.

Tandis qu'on s'occupe à défaire leurs liens, Otto remarque, amer :

– Vous auriez pu arriver un tout petit peu plus tôt. Elle serait encore en vie, « cette pauvre petite ».

– Mais nous étions là bien avant ! Nous attendions seulement qu'il y ait commencement d'exécution certifiée et attestée. Un sacrifice humain aux faux dieux, voilà de belle et bonne preuve !

Heureusement pour le moine, les mains d'Otto sont encore garrottées.

On s'explique. Il ressort de ce qu'apprennent les trois faux clercs que Vulpus a été trop présomptueux. Organiser un tel rassemblement occulte entraînait la mise dans le secret de trop de comparses, et donc multipliait les risques d'indiscrétion. Quelqu'un a été bavard. L'évêque de Chartres s'est alarmé, a alerté son clergé, qui a organisé le traquenard. Le coadjuteur de l'évêque confie au seigneur abbé à la barbe exubérante et au ventre bizarrement proéminent sa joie d'avoir pu œuvrer en ce jour pour la gloire du Seigneur Christ Jésus et de Sa sainte Église. Il le lui dit en un latin châtié, latin de prélat. Syagrius se sent tout à fait à l'aise. Il donne la réplique sur le même ton fleuri, se prend au jeu, se voit abbé, parle de son monastère de Champagne...

Otto, assis sur une souche, contemple sans le voir le lieu du carnage.

Loup erre parmi les morts, cherchant à reconnaître une robe de nonne, celle de l'épouse de Syagrius, reine malheureuse des Romains. Il se dit aussi que, puisque personne n'a l'air de s'en soucier, il faudra qu'il s'occupe de creuser une tombe pour Gisèle, pour ce qu'il en reste. Il oublie, le sans-dieu, qu'une chrétienne doit être ensevelie en terre consacrée. N'ayant pu trouver le cadavre de la mère, il se dirige donc vers le dolmen où gît celui de la fille.

Il n'y est plus. Le dolmen dégoulinant de sang maintenant figé raconte l'horreur de ce qui s'est passé là. Quelque chose, par terre, attire le regard. Quelque chose de rouge. Le cœur... Loup se sent blêmir. Puis, prenant sur lui, il se baisse, prend le cœur dans ses mains. Il le donnera à Otto, ce sont des choses qui se font.

La tête lui tourne. Il sursaute. Il a entendu parler. Là, sous le dolmen. Il colle l'oreille à terre. Aucun doute, on parle. Des voix de femmes. L'une d'elles gémit. C'est même pour cela qu'il l'a entendue. L'autre parle bas, si bas qu'il ne l'aurait pas perçue, celle-là. Il tâtonne dans l'herbe, distingue une zone plus rase. Il cherche, appuie ici, là... Et voilà ! Un carré d'herbe bascule d'un bloc, c'est une pierre taillée recouverte de terre et de gazon. A la place, il y a un trou. C'est tout noir, là-dedans. Dans ce noir brillent deux paires d'yeux terrorisés. Il regarde mieux et voit, au fond de ce trou, tassées comme dans un terrier de renard, la druidesse blessée et... Non ! Ce n'est pas possible ! Loup rabat vivement pierre et herbe. Mais les voix reprennent. Maintenant, elles appellent.

Bon. Loup de nouveau appuie là où il faut appuyer, la plaque herbue derechef bascule, les deux visages sont là. Les deux mêmes. La druidesse et Gisèle. Gisèle bien vivante. Parfaitement.

C'est d'ailleurs elle qui parle :

– Gwendoline est blessée. A l'épaule. Elle a arraché la flèche, elle ne saigne plus, mais elle a mal.

Les choses vont un peu vite pour Loup. Il secoue la tête :

– Mais... Toi ? Je t'ai bien vue morte, éventrée, ton sang est répandu sur la pierre, et, tiens, j'ai ton cœur, là, dans ma main, tu vois ?

Elle s'impatiente.

– Je t'expliquerai. C'est le cœur d'un cochon. Le sang aussi. Tout était truqué. Vulpus est un imposteur. Gwendoline n'est pas plus druidesse que toi ou moi. Je ne veux pas qu'on la brûle ! Je veux la sauver ! Et d'abord, soigner cette blessure.

– Otto ?

– Oui ? Ah, c'est toi ? Qu'est-ce que tu veux ?

– Euh... Voilà. C'est au sujet de... De Gisèle.

– Il n'y a pas de Gisèle. Gisèle est morte. Il n'y a rien à en dire. Tu veux l'enterrer, peut-être ? Laisse donc les morts pourrir là où ils sont tombés. Fous-leur la paix, aux morts, tu comprends ça ? La paix ! Et à moi aussi.

– Tu me laisses parler ?

– Pour dire des conneries ? Sur Gisèle, on ne peut dire que des conneries, désormais. Gisèle est morte, morte, morte ! Gisèle n'existe pas, n'a jamais existé. Laisse-moi. Va-t'en !

– Je te demande seulement ça : viens. Pas bien loin. Tout près d'ici.

– Merde !

La parole se révélant décidément inopérante, il est temps que Loup se souvienne qu'il est le plus fort des deux. Sans un mot de plus, il se penche, enserre son ami dans une étreinte d'ours, lui immobilise les bras, l'arrache à la souche qui lui sert de siège, le soulève tel un bébé qui fait un caprice et, insensible aux furieux coups de talon qui martèlent ses tibias, l'emporte tranquillement là où il a décidé de l'emporter, c'est-à-dire sur le monticule au dolmen. Abordant le mégalithe par-derrière, il jette au sol le paquet vivant, lui souffle « Chut ! » et fait basculer le carré d'herbe à surprises.

Otto se calme, Otto regarde, Otto voit... Et tombe à la renverse, inanimé. Si bien qu'il n'entend pas une voix indiciblement suave prononcer ces syllabes : « Otto ! » avec une expression qu'il oserait qualifier de ravissement s'il pouvait l'entendre. Mais il ne le peut pas.

Joie des retrouvailles et des résurrections. Et tout de suite les problèmes pratiques, terriblement pressants. D'abord, sortir les filles de ce trou, qui devait servir jadis aux truquages, fantasmagories et miracles divers par quoi les druides stupéfiaient leurs ouailles et s'attribuaient des pouvoirs à eux seuls conférés par les dieux de la forêt.

Or, elles sont nues, les filles, mis à part la robe de lin candide de la druidesse, tachée de son sang et qui la vouerait sans recours au bûcher. Gisèle la blonde reste vêtue de sa seule innocence, offerte en tendre victime prête pour l'immolation, or elle a froid. Otto, d'un geste cavalier, se dépouille pour elle de sa robe de moine. Loup en fait autant pour la druidesse, qu'il nomme Gwendoline, c'est le nom que lui a donné Gisèle. Gwendoline adoucit son rictus de souffrance en une grimace qui veut remercier. Elle ne parle pas, Gwendoline, ce qui étonne Otto, mais ne semble pas surprendre Loup.

Le champ de bataille, de massacre, plutôt, est maintenant dégagé. Les blessés ont été emmenés pour être brûlés en grande liesse, à la réflexion les morts aussi, bien que ce soit moins plaisant à griller parce que ça ne crie pas, mais plus il y a de fumée et d'odeur de cochon rôti, plus le peuple est content. Afin de donner le change, les deux amis ont prêté la main pour balancer les corps dans les tombereaux, à la une, à la deux... On s'est bien un peu étonné de ces moines tonsurés dépourvus de robe, mais ils œuvraient de si bon cœur qu'on a pensé qu'ils avaient trop chaud pour endurer la bure.

Il leur a fallu rattraper Syagrius, entièrement pris par son rôle, qui suivait le mouvement sur une mule sacerdotale, devisant botte à botte avec l'élégant coadjuteur. Rappelé discrètement aux réalités, il avait dû s'excuser auprès de son « collègue », se souvenant brusquement que sa destination était à l'exact opposé de la ville de Chartres. Après moult salutations, protestations et bénédictions, les trois regagnent la clairière sanglante, l'un sur sa mule à pompons, les deux autres à pied, marmonnant des patenôtres à tout hasard. Il n'était que temps : la barbe du vénérable abbé se décolle du côté droit.

Le trou sous le dolmen, pour exigu qu'il soit, n'abrite pas que la druidesse de pacotille et sa pseudo-victime. Vulpus y a emmagasiné certains accessoires utiles pour la pratique du culte, tels que bottes d'herbes fumigènes, feux d'artifice, chandelles spéciales pour halos ou apparitions spectrales, tambours à tonnerre, poudres salpêtrées pour les éclairs, plantes à tisanes qui rendent les victimes souriantes sous le couteau... Et aussi quelques provisions de bouche. On s'assied donc en rond et l'on fait la dînette.

Tout en mastiquant un lambeau de venaison boucanée, Loup pose à Gisèle la question que devrait poser Syagrius :

– Qu'est devenue la reine, ta mère ?

Avec un léger embarras, charmant, du reste, l'enfant royale finit par confier :

– Eh bien, vois-tu, il semblerait que ce Vulpus l'ait prise en grande amitié.

– Tu veux dire qu'il veut en faire l'esclave de sa lubricité de cochon malade ?

– Je veux dire qu'il a pour elle un tendre sentiment.

Dans le silence qui suit, silence peuplé d'images émoustillantes, il faut bien le dire, elle a un sursaut d'orgueil :

– Elle est belle, ma mère, très belle.

Otto rectifie :

– Elle est encore pas mal. Toi, tu es belle.

Loup revient aux choses pratiques :

– Donc, Vulpus ?

– Vulpus a décidé qu'elle serait druidesse, et même druidesse au-dessus de tous autres druides et druidesses.

– Son épouse, en somme ?

– Voilà.

– Pauvre femme ! Nous devons la retrouver, la délivrer ! Avant toute chose !

Gisèle rougit.

– C'est que... Je crois bien que...

Elle glisse un œil vers son père, se décide :

– Qu'elle l'aime aussi.

Loup cesse de mastiquer. Otto également. Ils restent bouche bée. Syagrius ne perd pas un coup de dents. Loup risque, à voix prudente :

– Alors, tous les deux... ?

– Ils ont dormi ensemble, si c'est ce que vous voulez savoir.

Otto, gêné, dit :

– Eh bien...

Loup, songeur, dit :

– Au fait, Vulpus, je ne l'ai pas vu parmi les morts, ni la dame reine, ta mère.

Syagrius ne dit rien.

Gisèle conclut :

– Vulpus est un habile homme. Il connaît les passages secrets que même les autres druides ne connaissent pas... Peut-être rendra-t-il maman heureuse ?

Elle ajoute, après un regard hâtif vers son père :

– Il serait temps.

La blessure de la « druidesse » se révèle légère. Loup et Otto, qui en ont vu bien d'autres, savent comment traiter ces menus ennuis de la vie héroïque. Après avoir nettoyé la plaie, ils la recouvrent d'un emplâtre fait de certaines herbes d'eux connues qu'ils maintiennent en place par un croisillon de lambeaux d'étoffe. Ces lambeaux proviennent des quelques loques qu'ils ont pu prélever subrepticement sur les cadavres lorsqu'ils aidaient à les charger. Ainsi parviennent-ils à vêtir les nudités ravissantes mais dangereuses des jeunes filles, lesquelles peuvent désormais passer, si l'on n'y regarde pas de trop près, pour deux pauvres paysannes gauloises.

Loup, souriant, détaille la « druidesse », allongée sur la mousse, que la confection du pansement a fort malmenée et qui, yeux clos, reprend lentement ses forces. Il donne un coup de coude à Otto, l'arrachant avec peine à la contemplation extatique d'une Gisèle en train de nouer ses blonds cheveux en chignon.

– Qu'est-ce que tu veux ?

– Regarde bien cette fille.

– J'ai mieux à regarder.

– Rien qu'un coup d'œil.

– Bon. Voilà. Alors ?

– Tu ne reconnais personne ?

– Je devrais ?

– Fais un effort. La masure près de Soissons. La fille dans les brancards.

– L'espèce de sauvage qui ne parlait pas ?

– Qui ne parlait que le celtique.

– Admettons. Ensuite ?

– Elle est là, devant toi.

– La druidesse ?

– La druidesse, mon vieux ! Gwendoline ! Il m'avait bien semblé, tandis qu'elle officiait sur la pierre... Mais j'étais tellement horrifié... Maintenant, je suis sûr.

– Mais enfin, souviens-toi ! Ce paquet de crasse, cette tignasse à poux, ce trou du cul merdeux...

– Ôte la crasse, épouille et peigne les cheveux, torche le trou du cul, enfile par là-dessus une belle robe blanche, tu obtiens...

– Une druidesse ! Ça, alors !... C'est pourtant vrai, quand on regarde bien, il y a des détails, les gestes, l'allure...

La fille ouvre les yeux. Otto pâlit.

– Et ces yeux ! Ces yeux surtout ! Ces yeux noirs comme le diable des chrétiens, ces yeux de bête fauve prête à mordre... Tu as raison, c'est bien elle.

Loup fait observer :

– Il semble que ses yeux se font plus sauvages encore quand c'est toi qu'elle regarde. Et, vois, ils ne te quittent plus, ses yeux ! Comme s'il y avait je ne sais quel compte à régler entre elle et toi.

– Figure-toi que j'avais déjà cru remarquer quelque chose comme ça quand nous l'avons délivrée des ruffians. Elle ne me quittait pas des yeux. Et quels yeux ! Ceux d'une louve qui défend son petit. Pourtant, qu'avais-je fait ? Rien d'autre qu'occire ses ignobles bourreaux et lui rendre la liberté, en ta compagnie. Si ces yeux-là avaient pu me tuer d'un regard... Pourquoi tant de haine, je te demande ?

Loup sourit :

– Es-tu sûr que ce soit de la haine ?

– Ce que ça veut dire, ça ?

– Peut-être n'es-tu pas la menace qu'on redoute, mais le louveteau qu'on protège... Ou le loup qu'on convoite. Ce qui revient au même. Louve amoureuse allaite le loup.

– Oh, oh... Tu crois que... ?

– Regarde-la.

– Elle me fait peur.

– Un grand garçon comme ça ? Ose la regarder. Droit dans les yeux. Je suis sûr que tu y trouveras, derrière la sauvagerie, quelque chose d'autre, quelque chose de bien caché... Sauf pour toi, si tu sais voir.

– Il y a mieux à voir.

– Hum... J'ai lu, en mes années studieuses, un aphorisme tiré d'une fable contée par un Grec d'autrefois, un certain Ésope, où il était question d'un loup, ou peut-être d'un renard, qui lâchait la proie pour l'ombre.

– Gisèle n'est pas une ombre, si c'est là ce que ton vieux Grec prétend insinuer. Et l'autre, là, la Gwendoline, n'a rien d'une proie, oh, non ! Ce serait plutôt moi, la proie !

– Pourquoi ne serais-tu pas un peu proie, pour une fois, éternel chasseur ? Je me laisserais bien dévorer, moi !

– Si le cœur t'en dit...

– Ce n'est pas moi qui éveille son appétit.

– Et ce n'est pas elle qui éveille le mien.

– Garde donc tes regards enamourés pour la douce Gisèle. Mais je crois devoir te mettre en garde : ces yeux-là ne sont pas de ceux qu'on dédaigne, surtout pour d'autres. Danger !

– Danger de femelle n'est que giboulée de mars.

Il faut songer à se mettre en route. A la vérité, ni Loup ni Otto ne se sentent aussi exaltés qu'ils le furent par le noble défi de conduire jusqu'en lieu d'asile, contre vents et marées – contre Clovis, surtout –, ce bon père Syagrius qui, lorsqu'il ne mange, dort, et s'accommode fort bien de la perte de son épouse. Les deux preux commencent à se dire que ce gros jouisseur n'a peut-être pas volé ce qui lui arrive et ce qui, hélas, arrive aux malheureux habitants de son royaume. Mais ils ont donné leur parole, et bon, quoi, il n'est plus temps de regretter.

La Loire est quelque part par là, droit au sud. On se guidera au soleil, aux étoiles la nuit, nos deux guerriers savent faire ces choses. On dispose, pour toute monture et bête de somme, d'une mule digne d'un évêque mais, hélas, unique. On la débarrasse de ses pompons et fanfreluches un peu trop voyants, on la débarrasse aussi de Syagrius, qui se l'est tout naturellement appropriée. Elle portera les provisions qu'on a extraites du trou sous le dolmen. Gwendoline, d'un éloquent crachat, exprime son refus d'y monter quand, avec force gestes, on le lui propose, eu égard à l'état de faiblesse consécutif à sa blessure.

Sortis du couvert de la forêt, on aborde le plat pays de Beauce, terre à froment amplement défrichée et semée autour des monastères et de rares fermes isolées.

La gueule hurlante de l'invasion n'a pas – pas encore ! – vomi son souffle empesté sur ces paisibles cantons. La racaille armée ne sillonne pas les chemins, la torche à la main. Les manants vaquent aux travaux des champs, insoucieux de l'orage qui, sur l'autre berge de la Seine, rassemble ses forces pour fondre sur eux. Ils ignorent même qu'ils n'ont plus de roi, ils courbent la tête comme toujours devant le seigneur abbé ou devant le patricien investi localement de la très théorique puissance romaine.

On marche aussi longtemps qu'on le peut. Le soir venu, on s'installe dans une grange solitaire, on se restaure sur le pouce, on s'arrange un nid dans la paille. Il s'agit de ne pas gaspiller le peu d'heures vouées au sommeil, il faut absolument que la Loire soit atteinte et, si possible, franchie, demain.

Dans les derniers feux d'un crépuscule glorieux, Otto et Gisèle échangent des regards où ils entassent tout l'amour qui ravagea le monde depuis qu'il est monde, et aussi tout celui qui le ravagera dans les siècles à venir. Otto se demande s'il ne ficherait pas tout par terre en tentant un baiser – oh, bien chaste ! Ce guerrier, ce suborneur, a soudain de ces timidités ! C'est dans cette interrogation que le surprend le sommeil.

A fatigue pesante, sommeil profond. Un coup de pied de cheval ne réveillerait pas Otto. Une fort légère caresse y réussit du premier coup. Il sent, incrédule, une main, petite main, qui effleure son épaule, et puis glisse vers sa poitrine, y fait se hérisser la toison qui boucle par là. Otto n'a garde de bouger. « Elle ose parce qu'elle me croit endormi. C'est plus fort qu'elle. Elle ne dort pas, elle. Oh, Gisèle... Elle m'aime, elle m'aime ! »

La caresse s'est affermie, se fait précise. La main pétrit, enserre, ne se contrôle plus. Elles sont maintenant deux mains. Et une bouche ! Qui trouve la sienne sans chercher... Quelle fougue ! Qui aurait cru cela de Gisèle la blonde ? Qui donc, ce matin, parlait de louve ? La voilà, la louve, c'est elle, Gisèle !

Otto ne veut plus feindre le sommeil. Et le pourrait-il ? Il est l'homme, à lui l'initiative. Mais il en va tout autrement.

Il est proie, il est gibier, il est objet, il s'abandonne, noyé hilare, dans les puissants effluves de tendresse, dans l'océan de femellité triomphante et douce, dans les odeurs et les moiteurs, les suavités et les morsures, mamelles naissantes, gouffres sans fond...

Deux cris déchirent la nuit. Le sien et l'autre. Otto entend son propre cri. Or jamais Otto ne s'est laissé aller à crier dans l'amour. Il se fût méprisé. Il ne se méprise pas, n'y pense même pas. Il balbutie : « Gisèle... » Elle ne dit rien. Se blottit en lui, cul contre ventre, en petit chien, le pouce dans la bouche. Elle grogne de bonheur puis, comme on meurt, tombe dans le sommeil.

Tout s'est passé sans un mot d'elle, à part ce cri, qui ne ressortissait à aucun langage articulé. Le sommeil le fuit. Il comprend des tas de choses, Otto. Une femme peut donner cela... Il revit l'instant, aurait voulu qu'il dure, encore et encore, qu'il dure sans fin.

Et justement... Une main a repris vie, furtive, comme timide, cette fois. Elle parcourt son dos, à patte d'araignée, prudente éclaireuse. Son dos ?... Tiens donc ! Il explore le corps gracile pelotonné contre son ventre. Sa paume tâtonnante effleure deux petits seins aussi durs dans le sommeil que dans l'action. Elle trouve enfin une main, celle dont le pouce plonge dans la bouche enfantine. Allant à l'opposé, elle découvre l'autre, serrée entre les cuisses jointes. Deux mains. Le compte y est... C'est donc une troisième main qui se promène sur son dos.

Il a un sursaut. Le constatant réveillé, la main nouvelle venue parle. Un souffle. C'est une main qui retient sa voix. Elle murmure :

– Otto ! Otto ! C'est moi.

Elle précise :

– Gisèle.

En même temps une quatrième main se pose, sur sa hanche, celle-là. Des lèvres effleurent sa nuque, douces,

douces... Il dit : « Gisèle ! » Il a failli crier. Les lèvres quittent un instant sa nuque pour susurrer : « Ta Gisèle, Otto. » Il bredouille : « Mais alors... ? »

Mais alors ? Eh, oui, ce n'était pas Gisèle, tout à l'heure. Ce n'est pas Gisèle, là, contre lui, dont les fesses mignonnes voudraient s'enfoncer dans son ventre. Et si ce n'est pas Gisèle... Si ce n'est pas Gisèle, c'est la druidesse, c'est la petite pouilleuse, c'est la paillasse à ravageurs de grand chemin, c'est... Comment, déjà ? Gwendoline, mais oui !

Et maintenant, Gisèle, la vraie ! Gisèle, fleur timide tout juste sortie de l'enfance... Gisèle qui a pris sur elle, qui a osé... Elle est là, dans son dos. Sur sa peau errent ses doigts légers, si légers... Et maintenant – ô Freyia, ô perfide déesse des ruts furieux et des aveux rougissants ! – ce sont deux seins menus qui se caressent à lui, c'est une bouche innocente qui s'écrase sur sa nuque, gémissant son désir d'elle ne sait trop quoi... Et elle sent bon, si bon... Odeur printanière de blonde patricienne... Comment a-t-il pu s'y tromper, tout à l'heure ? Il est vrai que l'autre aussi sent bien bon. Arôme sauvage et dru, fumet de brune à grains de beauté... Les deux fragrances l'assaillent, de devant, de derrière, distinctes et opposées, ennemies acharnées à la conquête du mâle, s'affrontent en un assaut sans merci à qui l'affolera plus fort, et puis se mêlent, se renforcent, s'unissent en une ivresse singulière, violente et tendre, suave et musquée...

Oui, bon, que faire ? La candide Gisèle ne soupçonne rien, ne sait pas qu'il est pris entre deux, entre deux douceurs, entre deux tiédeurs, comme l'oisillon dans la gueule du chat, et la gueule se referme, car Gisèle s'enhardit, se colle à lui, de tout son long, corps à corps, cuisse à cuisse, peau à peau... Otto renonce. Otto ne lutte plus. Otto décide de s'abandonner aux événements.

Les événements sont tels :

Gisèle, croyant qu'il dort à poings fermés et persuadée qu'un duo d'amour exige le face-à-face, saisit Otto aux épaules et pèse pour le retourner. La frêle enfant se révèle plus forte qu'il n'y paraît. Otto ne peut pas prolonger indéfiniment la résistance par l'inertie en feignant le sommeil. Il cède donc, manœuvrant toutefois assez habilement pour ne pas donner l'alarme à la dormeuse, qui se contente d'émettre quelques grognements, en celtique du bon vieux temps, sans doute.

A partir de là, ce qui se passe entre Otto et Gisèle ressemble fort à ce qui se passa entre Otto et Gwendoline, tout au moins quant à l'essentiel. Les nuances, variantes et essais divers, tant dans les préliminaires – hâtivement menés – que dans les différentes phases de l'accomplissement, provenant bien davantage des tempéraments nettement opposés des jeunes personnes de l'élément féminin plutôt que de leur égal désir de bien faire et de leur inexpérience, inexpérience à peu près semblable dans les deux cas. En effet, si Gisèle est authentiquement neuve en ces choses, Gwendoline ne l'est pas moins, nonobstant le petit détail anatomique, car les immondes gougnafiers qui se servaient d'elle comme d'un exutoire à besoins pressants avaient coutume de la défoncer sans se préoccuper de ce qu'elle en pensait, et encore moins de ce qu'elle ressentait.

Rien ne dure, tout a une fin. Otto gît sur le dos, Gisèle sanglote sur sa poitrine – de bonheur, suppose-t-il –, le bras gauche d'Otto l'enserre, protecteur. Il se sent très mâle superbe, Otto. La fatigue du vainqueur lui arrache un bâillement. Il ouvre les yeux, et il voit... Il l'avait oubliée, celle-là !

Les cheveux en broussaille, le visage barbouillé de larmes et de morve, Gwendoline, dans la chiche clarté de la lune déclinante, offre l'image de la guenille à ruffians de la première rencontre. Elle n'a pas un geste de reproche. Elle pleure, c'est tout. Sans un bruit. Ses yeux si noirs brillent, noyés de larmes. Ça coule sur son visage pas lavé en longues dégoulinures sales.

Otto se sent coupable, intensément. Premier mouvement. Le second est : « C'est comme ça, je n'y suis pour rien, moi. » Puisqu'ils sont muets l'un pour l'autre, il s'exprime autrement. Son bras droit est disponible. Il l'étend, large, accueillant. Non, mais, quel culot ! Elle tape du pied. Elle a saisi l'invite. Rage et mépris tordent sa pauvre gueule d'éternel paria. Et puis un sourire se dessine malgré elle, elle hausse les épaules, vient se blottir sur la moitié de poitrine de héros qui reste, occasion à saisir, c'est mieux que rien, profitons-en. Otto a des membres de héron, longs et secs, mais son coffre est large, il y a place pour deux. Le voilà nanti de deux pleureuses symétriques à consoler. L'image même du bonheur.

Loup, toujours premier levé, voudrait bien, comme à l'accoutumée, réveiller Otto d'un fraternel et solide coup de pied appliqué là où ça fait vraiment de l'effet, mais, ce matin, Otto n'offre pas un seul point accessible au pied, il est entre ses femmes comme un ortolan entre ses tranches de lard. Loup se résigne donc à un moyen inhabituel : un filet d'eau qu'on laisse couler sur le nez du dormeur. Otto sursaute, révolté par une telle barbarie, et proteste. Gwendoline sursaute, Gisèle sursaute, intégrées qu'elles sont à l'anatomie d'Otto par deux longs bras dont l'amour fortifie l'étreinte.

Qui est bien surprise, alors ? Gisèle. S'ensuivent des explications assez délicates qui, comme beaucoup d'explications, prennent fin sans qu'une ligne de conduite n'ait été clairement définie. Gisèle pleure, pas de bonheur, cette fois. Gwendoline ne pleure plus.

Cependant la vie va, et ses tâches du jour. Chacun casse une frugale croûte, procède à une toilette succincte consistant à se frotter les yeux du dos des phalanges, car l'eau manque, les dernières gouttes ont servi, un peu inconsidérément, il faut bien le dire, pour le réveil ci-dessus narré.

D'après Loup, compte tenu du chemin parcouru, Orléans serait tout proche. On devrait y être avant la nuit. A Orléans, il y a un pont sur la Loire. Mais Orléans est située sur la rive droite du fleuve, c'est-à-dire du côté où l'on se trouve. Il importe de passer très au large. La ville, bien que non encore occupée par les Francs de Clovis, doit grouiller d'espions, d'assassins et de chasseurs de primes guettant l'éventuel passage de Syagrius pour faire hommage de sa royale tête à Clovis en échange d'un sac de sous d'or. Les ponts, hors les villes, sont rares. Il faudra trouver un passeur. On avisera, le moment venu.

La proximité des terres wisigothes où règne son cher ami Alaric rend à Syagrius le sourire. Là-bas, il sera traité en roi. Déjà, la royauté renaît en lui. Il parle haut, exige de chevaucher la mule, ça ne vaut pas un fringant destrier mais, pour la dignité, c'est quand même mieux qu'à pied. Il n'en est pas question. La mule est, à l'unanimité moins une voix, réservée aux faibles femmes qui, toutes deux, juchées là-dessus, font un peu mieux connaissance. Aimer le même homme, ça rapproche.

Et voilà la Loire, la grande mer d'eau douce, ample, calme, généreuse, étirant sa paresse entre des berges plates qui courent jusqu'à l'horizon et où croissent les osiers, les aulnes et les saules nains, où nichent par milliers poules d'eau, canards, hérons et migrateurs qui soudain s'envolent par colonies entières au passage des voyageurs en poussant des cris éperdus.

Loup crie :

– Cavaliers à main droite !

En effet, un groupe, sans doute surgi d'un bouquet d'arbres où il montait la garde, se rapproche au petit galop.

Des lances le hérissent : gens de guerre. Trop tard pour les éviter. Loup rage. Si près du but!

Il lance à Syagrius :

– Prends la mule. Sauve-toi! Nous allons les retenir aussi longtemps que nous pourrons. Essaie de traverser. Le courant n'est pas très fort. Une mule, ça nage très bien.

Les filles se laissent glisser à bas de la mule, Syagrius saute sur la bête, lui bat les flancs à grands coups de talon. Mais déjà les intrus sont là. Ils ont de bons chevaux, eux. Deux cavaliers s'élancent au galop à la poursuite du fugitif. Les autres entourent le petit groupe.

Loup les examine. Il a d'abord pensé à un détachement d'éclaireurs francs aventuré bien loin en pays ennemi. Il doit admettre que ce ne sont pas des Francs. Des Teutons, certes, mais beaucoup plus avancés en « romanisation » que les Francs. Leur vêtement est un compromis entre le sayon germanique et la tunique romaine, entre la stricte sévérité légionnaire et le goût tudesque pour l'exubérance et le clinquant barbare. Celui qui semble commander lance un ordre :

– Qu'on me fouille ces moines! C'est de la racaille catholique.

Pour Loup, tout s'éclaire. D'abord, il a compris l'ordre : il était donné en tudesque bel et bon, quoique teinté d'un accent qui n'est pas celui des Francs. Et aussi il remarque, parmi les colifichets d'or et d'émaux, certains insignes chrétiens, croix ouvragées, poissons, agneaux dans un ovale en forme d'amande... Tout cela conjugué prend une signification : ariens. Et donc : Wisigoths.

Les deux cavaliers reviennent, encadrant Syagrius sur sa mule. Il fait piteuse mine, le roi de Soissons. Les deux hommes rient. Ils poussent la mule et son fardeau au milieu du cercle que forment leurs camarades.

Avant qu'on ne porte la main sur lui, Loup s'approche du chef et lui dit, en langue wisigothe :

– Tu vas commettre une bêtise. Nous ne sommes pas des moines et celui-ci n'est pas un abbé itinérant.

L'autre s'étonne :

– Tu parles notre langue ? Êtes-vous donc des nôtres ?

– Peu importe ce que nous sommes. Considère-nous comme amis. Nous escortons de présent le roi Syagrius qui vient chercher refuge chez votre roi Alaric.

– Tu veux dire le barbu, là ?

– Le barbu, là.

Syagrius, qui comprend les dialectes germaniques et les parle plus ou moins, se redresse de toute sa taille sur la mule. Arrachant d'un ample mouvement la barbe qui lui sauva la vie, il adresse au chef du détachement ces paroles empreintes d'une hautaine majesté :

– Officier, quel est ton nom ?

L'officier rectifie la position et énonce :

– Geisamund, fils de Rechiamund.

– Eh bien, Geisamund, fils de Rechiamund, va dire à ton maître, le roi Alaric, que l'illustrissime et excellentissime Caïus Afranius Syagrius, roi et proconsul des Gaules, maître des milices pour l'Empire, lui fait l'honneur de lui rendre visite.

– Ce sera fait, seigneur roi. Le seigneur roi Alaric séjourne tout près d'ici. Il connaît tes malheurs. Il t'attend. Il a envoyé des patrouilles le long de la frontière de Loire, sur l'une et l'autre berge, afin de te trouver, t'accueillir et t'aider en cas de difficulté. Nous sommes une de ces patrouilles.

– C'est bien, Geisamund. Çà ! Qu'on me donne un cheval de belle allure, qu'on m'organise une escorte d'honneur et qu'on m'accompagne sans tarder jusqu'à la résidence de mon cousin Alaric.

Se souvenant qu'il a une fille, il se tourne vers elle et ordonne :

– Gisèle, monte la mule. Et tiens-toi à distance, ainsi qu'il sied à une pucelle de bonne éducation.

Mais Gisèle n'est plus là pour l'entendre, et la mule non plus n'est plus là, et pas davantage Gwendoline, ni les deux pseudo-moines. Tout cela court et disparaît dans le lointain, riant à en perdre le souffle.

– C'est pas tout ça, dit Loup. Il faudrait voir maintenant à mener à bien notre véritable mission, celle que nous a confiée le roi Clovis.

Troisième partie

GENEVIÈVE

V

Loup, en comptant sur ses doigts, fait l'inventaire de l'effectif et des ressources :

– Nous sommes cinq bouches à nourrir, dont deux filles et une mule.

Gisèle fait remarquer :

– Tu cites les filles avant la mule. C'est du dernier galant !

– Il est comme ça, dit Otto. Un prince.

Loup poursuit, vrai chef responsable :

– L'une des filles est la propre fille du roi Syagrius, activement recherché, ainsi que toute sa famille – Clovis ne fait pas le détail –, en vue de mise à mort probable, par tout ce qui vendrait père et mère pour le quart d'un sou d'or, c'est-à-dire par tout être humain, ami ou ennemi, Franc, Gaulois, Romain ou mélange d'un peu tout ça qui se tient debout sur deux jambes entre Rhin et Loire.

Gisèle résume, posément, un peu inquiète, tout de même :

– Vous envisagez de me livrer ?

– Réglementairement parlant, c'est notre devoir strict. Qu'en penses-tu, soldat Otto ?

– Le règlement, c'est le règlement, pas à revenir là-dessus. Et le service, c'est le service. Mais, au point où nous en sommes...

– Vu l'entorse majeure que nous avons d'ores et déjà infligée au règlement...

– Il y aurait incohérence de notre part à nous montrer trop excessivement service-service...

– Si vous voyez ce que je veux dire.

Gisèle pose sur la joue d'Otto un gros baiser de ménage. Gwendoline fronce le sourcil. Loup reprend le fil de ses déductions :

– Il s'ensuit que Gisèle, représentant un danger pour chacun d'entre nous, ne doit en aucun cas être reconnue.

– Qui pourrait me reconnaître ? Je ne sortais pour ainsi dire pas du palais, et en tout cas jamais hors de Soissons.

– Mieux vaut ne pas courir le risque. Dès qu'un étranger sera en vue, cache ton visage derrière ton voile, comme fait toute pucelle parfumée de pudeur.

Gisèle rougit. Loup continue :

– Lutèce, ou plutôt Paris, puisque, paraît-il, c'est comme ça qu'on doit dire désormais, se trouve droit au septentrion. Je propose que nous fassions un léger détour par l'orient afin d'éviter de rencontrer les furieux brûleurs de druides et de druidesses qui pourraient bien regarder la nôtre sous le nez d'un peu trop près.

« Si nous marchons bon train, nous pouvons être à Paris en trois jours. Moins si nous trouvons des chevaux en route. En attendant, ne comptons que sur nos jambes et sur celles de la mule, qui portera ta petite famille, Otto.

Gisèle proteste :

– Nous sommes aussi bien que vous capables de marcher, non mais, qu'est-ce que vous croyez ?

– Non, vous n'en êtes pas capables. Et Gwendoline est encore affaiblie par sa blessure. On fera comme ça.

A son tour, Otto, qui a la charge de l'intendance, fait son rapport :

– Il reste de quoi grignoter pour aujourd'hui. Après, il faudra pourvoir.

Gisèle joint les mains :

– Dieu pourvoira.

Elle complète par un gracieux signe de croix.

Tous la regardent, stupéfaits. Otto dit :

– C'est pourtant vrai ! Tu es chrétienne. On aurait tendance à l'oublier.

Gisèle rougit.

– Ça m'a échappé. L'habitude...

Gisèle rougit souvent, ces temps-ci.

Ils marchent. Passé les galets et les sables de la Loire, une forêt s'est présentée, muraille végétale, masse compacte inviolée par la hache, telle, semble-t-il, qu'à la création du monde. Un siècle et demi d'invasions a rendu les forêts à leur sauvagerie première. Les sentiers de chasseurs qu'y avaient pratiqués les Gaulois puis, à leur suite, les Romains, pour leur divertissement, ont disparu, mangés par la ronce, l'ortie, l'églantine et la fougère. On n'y avance qu'à grand'peine, derrière la mule qui, de son poitrail, fraie le chemin. On se guide au soleil, à peine visible derrière le fouillis de rameaux serrés.

La mule soudain dresse les oreilles, frémit des naseaux, tremble, plante ses quatre pieds dans le sol spongieux, refuse d'aller plus loin. Loup et Otto savent que mules et chevaux sentent le danger bien avant qu'on ne puisse le voir. Tous quatre se figent et se taisent, fouillent du regard l'épaisse futaie, ne discernent rien.

Un froissement de fougères écrasées provient de la droite. Quatre paires d'yeux se braquent dans cette direction. La mule ne daigne pas tourner la tête, elle n'a pas besoin de voir, elle sait.

Apparaît un cavalier. Qui se laisse aller au pas pensif d'un grand cheval blanc auquel il s'abandonne, rênes mollement pendantes. C'est un beau jeune homme de haute taille, vêtu et armé en guerre, au moins aussi pensif que son cheval. Il vient de la droite, il va vers la gauche, sans que branches basses ou buissons d'épines ne ralentissent son allure, sans qu'il paraisse avoir perçu la présence des voyageurs.

Le cavalier, livré au nonchaloir de son cheval, va si lentement que Loup a tout le temps de l'examiner bien à son aise. Première certitude : ce n'est pas un Franc. Ni même une autre variété de Teuton : Wisigoth, Saxon... Et que ferait un Teuton solitaire en ce bout du monde? Pas non plus un Romain, ni un Gaulois plus ou moins romanisé. Son vêtement aussi bien que ses armes éveillent pourtant une très ténue réminiscence dans un repli de la mémoire de Loup, quelque chose ayant à voir avec les images peintes qu'il a contemplées dans les grimoires entassés dans les caves du palais de Tournai, au temps où le seigneur Wiomad le faisait initier au savoir.

Avant que n'ait pu se préciser son souvenir, Gwendoline s'est jetée à bas de la mule et a couru droit au cheval blanc dont elle a saisi la bride en criant quelque chose dans son invraisemblable jargon.

Docile, le cheval s'est arrêté sur place. Le cavalier, comme tiré d'un songe, a baissé le regard, a vu Gwendoline, l'a écoutée, a poussé une exclamation d'étonnement ravi, et puis, mais oui, lui a répondu dans ce qui semble bien être le même langage.

C'est alors que Loup se souvient. Ces vêtements hors du temps, ces armes désuètes, il sait où il en a vu de semblables : dans un manuscrit roulé où étaient peints en belles miniatures les guerriers des différents peuples d'antan. Celui-là est un Celte. Mais pas un Gaulois, comme ceux d'ici. Un Celte d'au-delà de la mer des Brumes, un Britton. Voilà pourquoi Gwendoline lui parle et le comprend!

Loup s'approche, s'incline brièvement.

– Seigneur cavalier, comprends-tu le langage des Francs?

Le cavalier fronce le sourcil, empoigne les rênes, met la lance en arrêt. Gwendoline, très vite, lui dit quelque chose. Il sourit, s'incline, articule en un tudesque malhabile :

– Toi pas Saxon. Elle dit. Bon. Si toi Saxon, moi tue. Toi Franc. Francs parlent comme Saxons, pareil pas tout à fait. Si pas Saxon, jour bon, camarade.

– Bonjour, camarade. Pas « jour bon ».

– Ah ? Merci. Je apprende.

– Qui es-tu ? D'où viens-tu ?

– Je ? Sire Lancelot de la Lac. Viens ? De la Brittonie. Camelot château. Chevalier, je. Douze, nous, chevaliers. Roi Arthur, Ronde Table... Connais ?

– Non.

– Ah ? Moi crois ça connu partout.

– Ben, non, tu vois. Et qu'es-tu venu faire ici, en Gaule, et en pleine guerre ?

– Je ? Cherche.

– Tu cherches quoi ?

– Graal.

Il se signe.

– Qu'est-ce que c'est que ça, Graal ?

– Toi pas sais ? Graal. Vase. Sacré. Sacré très beaucoup. Seigneur Christ Jésus, tout ça.

Il se signe.

– Et tu crois le trouver par ici, ce vase ?

– Partout cherche. Monde entier, ici, là. Dedans Graal, éternelle vie, pas meurs jamais. Bon. Très bon.

– Et vous êtes douze comme toi à chercher ?

– Oui. Douze purs. Tout à fait très purs.

Il baisse le nez, comme un gosse qui a mis le doigt dans le pot de confitures.

– Je, pas tout à fait très pur.

– Oh, oh...

– Je, félonie grosse.

– Tiens donc ! On peut savoir, ou bien c'est indiscret ?

– Je aime Guenièvre, femme roi Arthur.

– C'est du propre ! Et tu es admis à chercher, malgré ton impureté ?

– Puni. Roi colère grosse, très beaucoup grosse. Graal lave péchés. Je cherche.

– Bien, bien. A chacun son truc.

Gwendoline se hisse sur la pointe des orteils, tire le chevalier par la manche. Il se baisse à portée d'oreille. Elle lui demande quelque chose. Elle supplie. Il secoue la tête dans le mauvais sens. Il est navré, mais... Elle tourne le dos, déçue. Le chevalier confie à Loup :

– Elle veut moi emmène elle. Elle moi aime. Toutes aiment, naturellement. Mais emmener, peux pas. Autre, derrière, surveille moi. Jalouse. Si elle pas contente, punit moi, envoie moi dans la lac, tout au fond. Eau noire, froid, triste, grenouilles, pouah !

– L'autre ? Quelle autre ?

– Fée. Fée Viviane. Elle là, toujours, toujours. Toujours emmerde moi. Toi vois pas elle ?

Non. Loup voit pas elle. Mais il voit autre chose, quand ses yeux s'y sont faits : un semblant de lueur bleuâtre – oh, si pâle, si ténue – qui semble trembler au-dessus de la croupe du cheval... Loup a un frisson.

Lancelot du Lac se lamente :

– Jalouse... Jalouse... Dommage. Petite salope bien mignonne... Pas comme reine Guenièvre, mais quand même... Dommage, quoi.

Un bruit sec retentit, comme d'une gifle. Lancelot du Lac fait : « Aïe ! » en pur celtique de Brittonie, et puis s'enfonce dans les halliers, au pas pensif de son blanc destrier, en marmonnant : « Dommage... »

La forêt cesse, aussi abruptement qu'elle a commencé. Soudain se déploie la Beauce, verte intensément, hautes tiges serrées se couchant par vagues au caprice des vents, déjà lourdes des promesses d'épis. Loup se dit que, ce blé-là, ce ne sont peut-être pas ceux qui l'ont semé qui le moissonneront.

Où il y a champs cultivés, il y a présence d'hommes. Et d'eau. Et de bâtiments. Cette plaine semble chiche en eau. Et donc en bâtiments, qui doivent se serrer autour des puits. Une alignée de saules bas aux grosses têtes rondes hérissées de branches en bouquets se profile à l'horizon. Qui dit saules dit cours d'eau.

Ils l'atteignent sans avoir rencontré homme ou bête. Là, entre les saules, court un ruisseau aux eaux vives, dans le joyeux concert que donne une volée de merles nichant dans les creux moussus. Tous quatre arrachent d'eux armes et vêtements et plongent dans l'eau glaciale, criant leur joie comme canetons à leur premier bain. La mule en prend sa part. Dans l'eau jusqu'au ventre, elle frappe des quatre pieds, s'étonne de voir l'eau jaillir sous ses sabots. Faute de savon, ils se décrassent avec du sable fin, se frottent mutuellement le dos, s'ébrouent, s'aspergent avec de grands rires. Gwendoline ne rit pas. Quelque chose qui lui sera resté sur le cœur, sans doute.

Quand enfin ils songent à sortir de l'eau, un homme est là, qui les regarde. Sa vêture est d'un croquant gallo-romain. Sa barbe est grise, ses pieds nus. Il porte un bissac sur l'épaule et pose sur les baigneurs un regard placide.

Loup, de bas en haut, l'interpelle en langue latine :

– Frère, sais-tu de quelle ferme dépendent ces champs ? Peut-on y trouver de quoi manger ?

Le paysan rit. Il lui manque quelques dents sur le devant.

– Ces champs-là, ils sont aux moines, tiens donc.

– Où se trouve le monastère ?

Le paysan étend le bras dans la direction vers où s'enfuit l'eau qui coule.

– Par là. Pas loin. Au bord de l'Essonne.

Il pointe l'index vers le bas.

– L'Essonne, c'est cette eau-là. C'est comme ça qu'elle s'appelle.

Soucieux d'exactitude, il précise :

– L'abbé réside à Pithiviers. Une bien belle ville, ma foi.

– Nous nous passerons de l'abbé.

L'homme se gratte le crâne, puis la barbe, puis chaque aisselle. Ne sachant plus quoi gratter, il parle :

– C'est que les moines, ils se sont enfermés.

– Enfermés ? Tu veux dire : dans le monastère ?

– C'est qu'il y a de bons murs autour. Et que la porte est en bon chêne, renforcé de bon fer. Et puis les moines ne sont pas manchots, non plus. De sacrés rudes gaillards, avec de bons arcs, et de bonnes flèches pour aller avec.

– Mais qu'est-ce que tu racontes ? Le monastère serait assiégé ?

Loup soudain s'inquiète. Une pensée lui est venue. Il se tourne vers Otto :

– Les Francs ? Clovis aurait franchi la Seine ?

Le paysan, posément, s'explique.

– Il n'est point assiégé, que non ! Mais les moines ne veulent point que les Frères entrent et emmènent les novices avec eux.

– Les Frères ? Quels Frères ?

– Les Frères de la Grande Confrérie, tiens donc !

– Jamais entendu parler. Qu'est-ce donc que cette confrérie-là ?

– Vous ne savez rien de rien, alors ? La Grande Confrérie du Dieu Souffrant, qui s'en va délivrer Dieu, le vrai, que Satan tient prisonnier là-bas, au diable vauvert, dans le Sinaï, qu'ils appellent ça.

– Mais, si je me rappelle bien, le Sinaï est une montagne, en Orient, par-delà les mers et les déserts.

– C'est ça. C'est tout à fait ça.

– Tu es chrétien ?

La main droite du paysan vole de son front à sa poitrine, puis de son épaule gauche à son épaule droite, traçant dans l'espace un impeccable signe de croix.

– Qui en doute est un menteur ! Chrétien comme le Seigneur Christ Jésus lui-même !

– Eh bien, puisque tu as reçu la Parole, tu sais que le Livre dit, et que l'Église enseigne, comme quoi sur le mont Sinaï la Loi nous fut donnée. Donnée par Dieu à Moïse, et par Jésus rénovée.

– Oui-da ! C'est ce que dit le Livre. Mais il ne dit pas toute la vérité.

– Oh, oh ! Que voilà un bien étrange chrétien !

– Écoute. Il est écrit qu'au commencement des temps, avant que Dieu eût créé l'homme, Il avait créé les anges, qui sont créatures presque parfaites, mais pas tout à fait, quand même. Le plus beau de ces anges s'est révolté contre son Créateur, et il en a entraîné des légions d'autres avec lui. Ça, tu le sais, je pense ?

– Je le sais. Je sais aussi que les mauvais anges ont été battus et précipités en enfer. Ils sont devenus des démons et leur chef est devenu Satan, le grand diable, enchaîné prisonnier dans les profondeurs de la terre où brûle le feu éternel...

– C'est là que tu te trompes ! C'est là que le Livre ment ! Parce que le Livre a été écrit par Satan, et donné à Moïse par Satan !

– Voyez-vous ça !

– Ne ris pas. Lors du grand combat, ce n'est pas Dieu qui a vaincu, mais Satan ! Il a enfermé Dieu en enfer, et c'est lui qui règne sous son nom et en sa place ! Voilà pourquoi le monde va aussi mal. Voilà pourquoi les Huns, les Francs, les Vandales et autres démons à face humaine tuent, violent, pillent et brûlent tout ! Voilà pourquoi notre vie n'est que pleurs et gémissements. Peux-tu donc croire qu'un Dieu juste, bon, aimant sa créature, nous laisserait endurer cette existence de labeur sans fin, de maladie, de souffrance et d'épouvante, avec la mort assurée au bout ?

– Eh bien...

– Non, non ! Il ne ferait pas cela ! Seul un monstre peut faire cela. Le Monstre, le Mal, l'Horreur pure, qui se complaît à voir souffrir, se repaît de sang et de larmes. Satan a gagné, Satan règne. Nous devons le démasquer. Et d'abord, délivrer Dieu.

– Tu sais où on le trouve ?

– Sous cette montagne que tu dis : le Sinaï. C'est là qu'il gémit, gardé par les démons.

– Tu me parlais d'une confrérie...

– Nous y voilà tout droit. Ce que je viens de t'expliquer, un homme l'a compris. Il a beaucoup pensé, longtemps. Dieu l'a inspiré, trompant la vigilance de l'Autre. Dieu s'est glissé dans le cœur de cet homme. Il lui a crié de venir le délivrer afin que la Terre redevienne le Paradis qu'Il avait voulu qu'elle soit, le vert Paradis du jardin d'Éden. Alors cet homme s'est mis à prêcher dans les campagnes et sur les forums des villes dévastées, partout où les gens dépouillés et battus par les barbares errent, sans toit, sans famille, sans rien à manger. Et ces pauvres gens ont compris d'où venaient leurs malheurs, et ils se sont mis en route, tous ensemble, pour aller délivrer Dieu. Or leur nombre s'accroît sans cesse. Ils sont maintenant une armée.

– Mais pourquoi le monastère... ?

– Parce qu'il est sur leur chemin, en plein.

– Ils vont passer par ici ?

– Tout juste.

– Et toi ?

– Je les attends, pardi ! Pour me joindre à eux. D'ailleurs, les voici. Les entends-tu ?

Loup prête l'oreille. Portées par la brise, des bouffées d'une rumeur encore lointaine semblent provenir d'au-delà de l'horizon, droit au septentrion. Loup remarque :

– Pour un laboureur, tu me parais bien calé en la science des choses divines.

L'homme sourit, soulève son bonnet. Une tonsure monacale dénude le sommet d'un crâne fort pointu.

– J'appartenais au monastère. Je me suis enfui à temps. Je veux moi aussi aller délivrer Dieu.

Il a prononcé ces derniers mots avec exaltation, les yeux perdus dans le bleu du ciel.

Otto s'impatiente. Il voudrait bien savoir de quoi il retourne. Gisèle sait déjà : son latin y a suffi. Gwendoline s'en fout. La mule aussi.

Pendant que Loup, en paroles succinctes, résume pour Otto l'essentiel du discours du paysan-moine, la rumeur enfle et se précise. C'est un cantique.

Otto a écouté l'explication, le front plissé par l'attention. Il hoche la tête.

– Et leur Seigneur Christ Jésus, dans tout ça ?

– C'est pourtant vrai...

Loup pose la question au défroqué, qui répond sans se faire prier :

– Le Seigneur Christ Jésus (il se signe) est le Fils bien-aimé du vrai Dieu, lequel, trompant la vigilance du démon, a réussi à transmettre sa divine semence à une vierge sans tache afin qu'il Lui naisse un Fils qui révélerait au monde la vérité. Mais les Juifs, qui ne sont autres que des démons incarnés, l'ont fait périr ignominieusement sur la croix et se servent de Sa divine Parole afin de tromper les hommes en leur faisant croire que plus ils souffrent et supportent en cette vallée de larmes, plus ils seront heureux ensuite, après l'avoir quittée par la mort... C'est pourquoi il faut détruire les Juifs, suppôts de Satan, menteurs et suborneurs, assassins du Christ, adorateurs de Satan et de son cousin Belzébuth.

Loup traduit. Otto, après avoir écouté, émet ce commentaire sagace :

– C'est décidément la série des fous de Dieu ! On n'échappe à une bande de dingues mystiques que pour tomber sur une autre !

– La guerre, Otto, la guerre ! Elle apporte la peur, la ruine, le désespoir. Les pauvres gens se raccrochent aux billevesées qui les aident à supporter l'horreur.

– Et font le bonheur des marchands de billevesées.

Le cantique, maintenant, emplit l'espace, hurlé plus que chanté, cacophonie tonitruante d'où ne peuvent se discerner les paroles. Un foisonnement d'objets pointus à long manche hérisse soudain la colline qui barre l'horizon, puis se montrent les têtes et enfin les corps des porteurs de ces objets homicides.

Ce sont de pauvres hères, paysans gaulois, esclaves marqués au fer, hommes et femmes mêlés, beaucoup d'entre elles portant ou traînant des enfants malingres. S'y voient quelques gens de guerre dépenaillés, par-ci par-là la robe souillée d'un moine, d'une nonne, tout cela gris de poussière et plein d'allant, horde pitoyable que transporte l'enthousiasme. Une extase leur fait à tous des traits de martyrs, une détermination farouche leur fait des yeux de loups.

Les voilà tout près. Le vacarme submerge tout. En tête soufflent à pleines joues deux cornemuseux flanqués d'une demi-douzaine de colosses portant le tablier de cuir des forgerons qui tapent de tout leur cœur sur des tonneaux vides montés sur des roues de fortune. Par bribes, Loup finit par reconstituer le sens de l'hymne :

Dieu de Lumière,
Ô Dieu souffrant,
Tu gis sous la terre,
Vaincu par Satan.

Horreur et misère
Pleurent tes enfants.
Déclarons la guerre,
La guerre à Satan!

Marchons, marchons, enfants du vrai Dieu!
Mort à Satan! Mort à ses diables!
En avant! Soyons implacables!
Mort à Satan! Vive le Roi des cieux!

Derrière les musiciens, un groupe serré d'échappés de monastères, tonsurés ou non selon qu'ils furent moines catholiques ou ariens, fraternellement unis dans leur nouvelle foi et dans leur croisade, entourent un personnage qui les dépasse tous de la tête, pour la bonne raison qu'il est le seul à chevaucher un âne. C'est une sombre figure, aux joues creuses, à la peau grise, aux yeux perdus dans l'ombre d'un vaste capuchon. Au-dessus de sa tête flotte le labarum, la bannière sacrée de Constantin, un X inscrit dans une couronne que soulignent ces mots : *« IN HOC SIGNO VINCES ».* Un gros père rubicond tient à deux mains la hampe du labarum.

Le paysan court droit au sombre personnage, se laisse choir sur les genoux, bêlant :

– Me voici, Maître! Fais de moi ce que tu veux!

L'âne, modérément surpris, s'est arrêté de lui-même. Du capuchon tombent ces seuls mots :

– Où sont tes frères? Tu devais amener le monastère au complet.

L'autre baisse la tête.

– Ils se sont moqués. M'ont chassé. Se sont barricadés. Ont mis le monastère en état de siège.

– Imbécile... Ôte-toi de mon chemin.

– Maître, je ne viens pas les mains vides. Il y a ceux-là.

Il a un mouvement de la tête vers le groupe des deux gars et de la mule avec deux femmes dessus. Le capuchon se tourne dans la direction indiquée. Otto, muet mais attentif, croit discerner dans ce mouvement un sujet d'inquiétude.

– Hé là ! Qu'est-ce qu'il raconte ?

Loup porte la main à sa hache, seule arme qu'il ait pu sauver. Cela suffit à Otto comme traduction. Il noue les deux mains autour du solide gourdin qu'il s'était taillé, en prévision... Loup s'adresse au capuchon :

– Il y a erreur. Nous ne sommes pas des vôtres. Nous sommes des voyageurs. Passez votre chemin, nous passerons le nôtre.

L'âne s'étant arrêté, tout s'est arrêté. La croisade marque le pas. Le chant s'est tu après une brève agonie. L'accompagnement aussi. Dans ce silence, l'ombre du capuchon émet cette sentence :

– Qui n'est avec nous est contre nous.

C'est cet instant décisif que choisit le gros père rougeaud qui porte haut l'enseigne sacrée, le labarum de Constantin, pour pousser un cri sans rapport avec la situation, quitter son poste derrière l'âne et courir, labarum au vent, vers Loup et Otto, riant, hoquetant :

– Salut à toi, Loup, fils de Bouzil le Hun ! Salut à toi, Hun blond ! Et à toi aussi, Otto, fils de Sunno ! Vous ne me reconnaissez pas ? Je n'ai quand même pas tellement changé, par le Christ ! Hermann, fils de Gottfried, du clan de la Sambre... Ça y est ? Enfin, quoi, Loup, tu n'as pas oublié le bon temps, les guerres d'Armorique sous Childéric, les Saxons, tout ça, quoi ? Tu n'as quand même pas oublié quand tu as liquidé le gros Alaman qui voulait m'achever, j'avais déjà la lame sur la gorge, et même un peu dedans, tiens, tu vois la cicatrice ?

Il plante la hampe du labarum dans l'herbe et, à deux mains, écarte son col crasseux. Loup, le front plissé comme lorsqu'on cherche à se souvenir, dit :

– L'Alaman ? Oui, il me semble... C'était sur les bords de la Meuse, non ?

– Ah, tu vois ? Mais c'était la Moselle. Campagne de Moselle. Quand Alamans et Thuringiens s'étaient acoquinés avec les Ripuaires du Haut-Rhin pour nous tomber dessus. Ah, ils ont été reçus ! Et quand tu m'as ramené dans nos lignes sur ton dos, sous une pluie de flèches, comme dit le poète, c'était aux marches d'Armorique, même que – je te dis ça entre nous, hein, ne le prends pas mal – ça t'a bien protégé des flèches, c'est moi qui ai tout pris. Tu veux voir les cicatrices ? Non ? Tu t'en fous. Enfin, quoi, c'est des choses qui s'oublient, ça ?

Il se tait. Loup profite de l'accalmie :

– J'en ai quand même reçu une dans le gras de la fesse. Tu bougeais tout le temps.

Cet échange ayant eu lieu en francique, Otto en a pris sa part. Il rit de bon cœur. Ce que voyant, le vétéran des guerres franques se tourne vers lui :

– Et toi, Otto, tu ne vas pas me dire que tu ne te rappelles pas le sac de cette villa, près de Cologne, et toutes ces belles petites... Ah, nom de Dieu !

Otto préfère couper court à la nostalgie :

– Tu as l'air d'être copain-copain avec le chef de meute, là ?

Hermann, fils de Gottfried, redevient grave :

– Lui, c'est le Prophète. Quasiment le Seigneur Christ Jésus revenu parmi nous pour délivrer son Père. Tu vois, il monte un âne, comme pour l'entrée à Jérusalem. Car l'âne est bête trois fois sainte. Il guérit les malades. Il ressuscite les morts. Remarque, ça, je l'ai pas vu, mais les malades, oui. Sa spécialité, c'est les hémorroïdes, et aussi chasser les démons.

– Vous allez vraiment au mont Sinaï ?

– Tout droit de ce pas. C'est plein sud, et puis on tourne à main gauche.

Il semble que le nouveau Seigneur Christ ait décidé de profiter de l'occasion, de l'herbe tendre, de l'onde claire, pour accorder à ses disciples une petite halte. Tandis que tous s'affalent ou, à grands cris, entrent dans l'eau, il s'approche, au pas balancé de son âne. Deux femmes, jeunes et bien pourvues en tout ce qui, chez une femme, loue son Créateur, tiennent avec respect la bride de l'âne, une à droite, l'autre à gauche. Leurs yeux ne quittent pas la personne du Fils de Dieu revenu. Une extase les transfigure.

Hermann tombe à genoux. Le Prophète parle :

– Pas de façons entre nous, mon bon Pierre.

Pierre ? Loup va pour s'étonner. Hermann devance la question :

– En religion, je suis Pierre. Ces deux-là sont Suzanne et Marie-Madeleine.

– Je présume que, dans le troupeau, il y a Jean, Jacques, Judas...

– Pas Judas. Mais, pour les autres, c'est ma foi vrai ! Comment as-tu deviné ?

La voix du divin Maître tombe des profondeurs du capuchon :

– Joignez-vous à moi, et vous serez sauvés.

Loup répond, la main sur la hache :

– Je ne charge nul autre que moi d'assurer mon salut en cette vie. S'il en est une autre, on y pourvoira, le moment venu.

– Blasphème !

– Je le prends sur moi. Mais, dis-moi, comment comptez-vous battre Satan ?

Cette fois, c'est la voix d'un prêcheur inspiré qui vole hors du capuchon, avec des résonances de rhéteur de forum :

– La force de Satan est tout entière dans celle de ses démons, qu'on appelle aussi les diables. Ils ont pris des corps d'hommes, mais n'ont pu avoir la peau tout à fait blanche comme l'ont les vrais enfants de Dieu. Sachez les reconnaître, enfants du Dieu de lumière ! Tout ce qui porte peau foncée est un diable déguisé en être humain. Tout ce qui porte cheveux noirs et nez crochu est un diable qui hait Dieu et la glorieuse Croix. Nous en avons tué déjà beaucoup, nous les tuerons tous ! Et nous tuerons Satan, et nous délivrerons Dieu !

Il s'est animé en parlant, sa voix a pris de l'ampleur. La foule, alentour, est tombée à genoux. Tous se relèvent d'un coup, brandissant leurs meurtrières ferrailles et hurlant :

– Vive Dieu ! Mort à Satan !

Ça tourne à la grande exaltation en commun.

Otto pousse Loup du coude :

– Cette voix...

Loup, d'une inclinaison de tête, acquiesce. Puis, s'adressant au Prophète :

– Je crois bien que ta voix ne m'est pas inconnue. Si tu parles encore, cela va me revenir tout à fait.

Rien ne sort du capuchon. L'Élu de Dieu lève le bras. L'âne tourne bride, pieusement guidé par une Suzanne aux seins affolants et par une Marie-Madeleine aux hanches prometteuses de délices.

Les disciples vêtent en hâte leurs nippes, l'armée en guenilles se reforme cahin-caha, le labarum pend en majesté au-dessus de l'auguste capuchon, les jambes se mettent en branle, les cornemuses couinent, les tonneaux tonnent, le cantique redémarre, épouvantant les oiseaux :

Marchons, marchons, enfants du vrai Dieu !
Mort à Satan, vive le roi des Cieux !

Au passage, le bon gros Hermann a pour ses anciens camarades un sourire navré.

Il est encore loin, le Sinaï.

Ils ont descendu le cours tortillant de l'Essonne, sont passés sous les murs crénelés du monastère hermétiquement clos, ont, à tout hasard, heurté à l'huis, pour s'entendre crier :

– Passez votre chemin, racaille ! Pas de pain ici pour les hérétiques, mais des flèches belles et bonnes !

Un peu plus loin, une barque large et plate se balançait à l'attache, sans doute celle du moine pêcheur qui procurait grasses carpes et croquante friture de rivière aux bons pères pour leurs repas maigres du vendredi.

Ils s'y sont installés sans vergogne aucune. La mule aussi aurait bien aimé naviguer, sensation nouvelle pour une mule avide d'aventures, mais il n'en était pas question. Une longue corde tressée de bon chanvre reposait, enroulée, au fond de la barque. Elle servit à atteler la mule qui, cheminant sur la berge, tire maintenant l'esquif qu'Otto et Loup, munis de longues perches, tiennent à distance du bord.

De méandre en méandre, l'Essonne peu à peu s'élargit, et finit par se jeter dans le grand fleuve de Seine en un endroit où se trouve une bourgade qu'on leur dit s'appeler Corbeil.

Ils voient là, foulant la grève autour d'un débarcadère fait de troncs bien assemblés, un grand rassemblement de peuple. Ayant demandé ce qu'il en est, il leur est répondu que l'on attend la venue de la sainte femme Geneviève, que les armées du roi Clovis tiennent assiégée dans sa ville de Paris mais qui s'en est échappée par l'effet d'un miracle, car elle est aimée de Dieu, et maintenant elle remonte le cours du fleuve à la tête d'une flotte de chalands et de barges qu'elle a su rassembler pour venir acheter du blé et de la viande, car les Parisii, paraît-il, meurent de faim et tombent comme mouches dans les rues.

Voilà plusieurs jours qu'on l'attend, mais elle navigue fort lentement à cause des nombreux barrages de gros rochers entremêlés de troncs d'arbres qu'ont dressés les Francs en travers du fleuve afin de parfaire le blocus de la ville. Démolir ces barrages l'un après l'autre, ça prend du temps.

Les gens d'ici se rongent d'impatience et d'inquiétude. Ils voudraient tant sauver ces pauvres Parisii de la famine ! Ils voudraient bien, aussi, leur vendre un bon prix leur blé, leurs moutons et leurs vins car, la guerre ayant supprimé le transport par l'eau, les récoltes sont restées dans les greniers à régaler les charançons, les moutons sont dévorés par les loups sortis du fond des bois aux premiers chocs des épées, le vin tourne vinaigre dans les tonneaux qu'il faudra vider à la rivière pour y loger la vendange prochaine...

Otto prend Loup à part.

– Ça ne te semble pas bizarre ?

– Quoi donc ?

– Clovis fait le siège de Paris. Bon. Il dispose des troupes tout autour, construit des fortins, complète l'encerclement en barrant soigneusement les accès par l'eau, très bien, tactique classique, rien à dire... Et voilà que cette Geneviève se permet de remonter tranquillement le fleuve avec une flottille de ravitaillement, faisant sauter les barrages l'un après l'autre sans, apparemment, que personne l'en empêche... Ça ne te choque pas ?

– J'ai même entendu dire qu'elle a formé une armée avec les nautes de Paris, lesquels sont gaillards fort nombreux et aguerris, et qu'elle tient tête aux garnisons franques, voire les bat, c'est arrivé.

– De mieux en mieux ! Les Francs seraient-ils devenus des lavettes et Clovis un bon à rien ?

– Les Francs obéissent aux ordres et Clovis est peut-être plus rusé renard encore qu'on ne l'avait jugé.

– Nous sommes en la possession d'une barque et d'une mule. Gagnerons-nous Paris par terre ou par eau ?

– Il existe une troisième voie, la plus agréable. Qu'allons-nous faire à Paris ? Rencontrer la prophétesse Geneviève. Or il se trouve que cette Geneviève n'est en ce moment pas à Paris, mais sur l'eau. Et elle va où ? Ici même, où nous nous trouvons de présent. Si donc nous persistons à gagner Paris, non sans fatigue et périls, nous y apprendrons à notre arrivée que Geneviève est à Corbeil. Chaque pas de mule ou chaque coup de rame de notre part se sera ajouté aux coups de rame des bateliers de Geneviève allant en sens inverse pour augmenter implacablement la distance nous séparant.

– A moins que nous ne nous soyons rencontrés à mi-chemin.

– Mais puisqu'elle vient à nous...

– ... laissons-la venir !

Et justement, la voilà ! Elle se dresse à la proue d'un chaland pansu, petite bonne femme sans épaisseur, blanche silhouette, déjà statue.

Le vent contraire n'a pas permis de déployer la grande voile carrée. C'est un attelage de deux puissants chevaux aux pieds chevelus qui tire à contre-courant le lourd bâtiment. D'autres chalands suivent. « Onze ! » dénombre la foule en délire.

Les chariots débordants de grains arrivent de toute part au pas lent des bœufs. Des troupeaux s'amassent sur la grève, meuglent, bêlent, poussés, tassés, effarés, battus par les jeunes brutes qui les mènent, mordus par leurs chiens... On roule des tonneaux, on entasse des sacs de fèves, de pois, d'oignons, de raves, de pruneaux... Des passerelles de planches sont jetées au-dessus de l'eau, le va-et-vient du chargement s'organise.

Geneviève a débarqué, entourée de ses nautes, gaillards au vaste torse portant fièrement le bonnet de laine de la corporation. Un petit clerc tonsuré trottine à son côté, l'étui à écrire en bandoulière.

Loup s'affale sur la paille, accablé.

– Impossible de l'approcher. Tous les mal foutus de la ville et de bien loin à la ronde étaient là, autour d'elle, la pressant, gueulant, gémissant, suppliant, se bousculant, se montant dessus, se piétinant, pour seulement toucher sa robe du bout des doigts. Les boiteux cognaient avec leurs béquilles, les culs-de-jatte sur leur planche à roulettes mordaient les autres aux couilles, les paralytiques se hissaient sur les épaules des aveugles, et parfois le contraire, dans la confusion, les mourants glissaient à bas de leur civière, les bigleux biglaient, les goitreux goitraient, les galeux se grattaient, les chiasseux se vidaient, et ça toussait, ça crachait, ça morvait, ça appelait « Maman ! », ça rendait le dernier soupir... Par-dessus tout, ça puait, couilles de Thor, ça puait les trente-six mille tombereaux de merde de cochon, mais, pire que tout, ça puait le pauvre. Rien ne pue comme le malheur, comme la vie de pauvre...

– Et elle ?

– Souveraine. Un sourire. Pas un grand large sourire, non, un sourire à peine, si tu vois. Mais juste le sourire qu'il fallait. Ce sourire qu'elle avait quand j'étais gosse, pour moi, pour ma mère, pour tous. En même temps, un chef. Elle se laissait approcher, toucher, presser, elle guérissait à tour de bras, trouvait un mot pour chacun, juste le mot qu'il fallait, et on sentait qu'elle avait décidé que, pour aujourd'hui, ce serait cela. Rien d'autre. Les pauvres gens. Demain, la politique, la guerre, les alliances, les marchandages... Et elle y sera aussi dure qu'elle a été douce aujourd'hui. Derrière ce sourire, il y a une tête, une tête qui me fait peur comme elle me faisait peur autrefois.

– Dors. Tu dois prendre des forces, pour demain.

Otto dort sur la paille, couché sur le côté droit. Gisèle lui tourne le dos, étroitement encastrée en lui par-devant, les fesses enfoncées dans son estomac. Il est lui-même non moins étroitement encastré par-derrière dans l'estomac de Gwendoline. Les trois corps forment un assemblage sans interstice.

Quand Otto, dans son sommeil, se tourne pour changer de côté, tout le monde en fait autant, par suite les positions sont inversées, l'assemblage reste parfait. Otto le solitaire s'est, à son propre étonnement, si bien fait à ce double encastrage qu'il n'imagine plus pouvoir dormir autrement. Tout changement dans l'ordre des choses l'inquiète et le réveille.

Ce qui vient de le réveiller est une sensation insolite dans son dos. Une sensation de manque. Or, dans son dos, étant donné qu'il repose sur le côté droit, il y a – il devrait y avoir – Gwendoline. Son dos a froid. Gwendoline a déserté. Il l'entend glisser sur la paille. Il ouvre un œil. Il la voit, vague forme plus sombre que la nuit, qui se déplace, sur les genoux, sur les mains. Il reconnaît la tignasse sauvage. Elle ne va pas loin. Pas plus loin que le coin où Loup a creusé son lit dans la paille. Elle s'y glisse, du côté où se trouve le ventre, se force dans le pli entre cuisses et estomac un creux pour ses fesses, se pousse du cul contre l'homme, tout contre, très fort, fourre son pouce dans sa bouche, grogne, s'endort.

Le sale pincement dans la poitrine d'Otto ne lâche pas prise tout de suite. Ça fait mal, couilles de Thor, même si c'était prévu et, tout au fond, souhaité ! Otto sait que ça devait arriver, qu'il fallait que ça arrive, eh bien, voilà, c'est fait. Il change de côté. Sans se réveiller, Gisèle s'adapte aux nouvelles données, passe du ventre au dos, se colle à lui le plus hermétiquement possible, comme si elle sentait le manque à combler.

Otto soupire :

– Elle y a mis le temps !

Elle se tient assise, le dos bien droit, sur un tabouret à traire les vaches, à même le bois rugueux. Elle a refusé le coussin qu'on lui présentait comme elle refuse tout ce qui est adoucissement aux rudesses de la vie. Chacun de ses instants doit être une ascèse, une souffrance même. Elle dort sur une couche de terre et de cailloux qu'elle a étalée sur les dalles de sa cellule. Elle ne tolère aucun feu. Aucun volet de bois n'obture sa lucarne, même par les pires froids des pires hivers. Elle n'y met nulle ostentation, pourtant ces choses se savent et font plus, peut-être, pour la vénération des foules, que ses miracles, ses guérisons, sa prescience des choses futures.

Elle est vêtue de bure grossière. Un crucifix de bois noir pend sur sa maigre poitrine ainsi qu'une plaque de fer ajourée où se détache le monogramme du Christ.

Elle a échangé avec Loup le baiser de paix, et maintenant elle le contemple, émue plus qu'elle n'aurait cru pouvoir l'être. Elle lui désigne le billot lui faisant face.

– Assieds-toi. Ainsi, Clovis m'envoie le fils de Waldrude ! Délicate attention... Je t'aurais reconnu, tu sais, même si tu ne t'étais nommé. On n'oublie pas aussi légèrement ceux qu'on a aidés à naître. Car je t'ai mis au monde, Loup, tu le sais ?

– Comment pourrais-je l'ignorer ? Comment pourrais-je t'oublier, oublier ma petite enfance parmi les nonnes, qui toutes me choyaient comme l'enfant qu'elles n'auraient jamais ?

– Elles avaient choisi la meilleure part, celle qui ouvre les portes du Royaume.

Geneviève marque un temps. Une dureté passe, furtive, dans ses yeux.

– Ce fut pour moi une terrible déception quand Waldrude t'enleva à moi afin que je ne t'amène pas au Seigneur Christ Jésus (elle se signe). Ton intelligence était vive, je misais beaucoup sur toi. Et puis j'ai compris que c'était là une punition que Dieu m'infligeait pour mon manquement à l'humilité chrétienne. Je m'étais montrée trop présomptueuse en prétendant te baptiser et te catéchiser de force, contre le désir de ta mère selon la chair. Je m'en suis punie jusqu'à ce que le Seigneur Christ m'ait fait comprendre que j'étais absoute.

« Je ne te demande pas comment se porte ma très chère Waldrude. Rien de ce qui se passe dans l'entourage du roi Clovis n'est ignoré de moi. Sache que je l'aime autant qu'on puisse aimer créature terrestre, chose qui m'est ardue à comprendre et qui est peut-être bien un péché, car elle est restée païenne, et païenne enragée.

« Je sais ce que tu penses des faux dieux, ce qui serait louable si tu ne rejetais également le seul vrai parmi les faux. Tu es ce que les anciens Grecs désignaient par le mot " athée ", qui signifie " sans dieu ", et c'est là péché plus abominable même que celui de ceux qui se donnent au démon... Je devrais te haïr et fuir ton approche, car il y a grand danger de contagion, et c'est bien téméraire à moi de me croire assez forte pour l'affronter. Cependant, vois-tu, tu es là, et ce m'est bien douce chose, mon fils.

– Mère, je n'ai nullement le désir de lutter en théologie avec toi. Je te suis envoyé par le roi mon maître afin de connaître tes intentions. Je m'en tiendrai à ma mission.

Geneviève hoche la tête. L'émotion qui, l'espace d'un instant, a fait rosir ses traits émaciés, laisse la place à l'immuable sourire. L'entrevue entre dans sa phase officielle. En avant la diplomatie !

Loup commence :

– Mère, ton influence est grande dans les Gaules. Ton renom va au-delà des limites qui furent celles de l'Empire, puisque de sages et influents personnages, tel ce Siméon qui vécut, par mortification, quarante ans en haut d'une colonne, près d'Antioche en Asie, t'envoyait des messagers, que les rois et l'empereur de Constantinople lui-même sollicitent tes avis et tes présages, que Burgondes et Wisigoths traitent avec toi de puissance à puissance...

« Ne proteste pas, Mère, l'humilité n'a rien à faire ici, ce sont faits avérés.

« Tu règnes sur Paris plus que roi couronné. Tu règnes, en fait, sur tout ce pays romain entre Somme et Loire que Syagrius appelait son “ royaume ”. Syagrius n'était roi que par ta permission. Tu n'aurais qu'un mot à dire, le menu peuple chrétien prendrait les armes. Les Francs sont trop peu nombreux pour faire face à une rébellion. Or Clovis – je ne t'apprends rien – veut achever la conquête du pays jusqu'à la Loire.

Loup se tait. A Geneviève de compléter par ce qu'il sous-entend. Quand enfin elle parle, c'est d'une voix sans émotion :

– Le roi Clovis, prenant la suite de son père Childéric, assiège et affame Paris depuis dix années, c'est-à-dire longtemps avant que nous ne fussions en guerre ouverte, et cela en plein territoire appartenant à Syagrius. Childéric se prétendait mon ami très cher. Clovis en fait autant. Que dois-je comprendre ?

Loup la regarde bien en face. Il n'a pas envie de finasser.

– Un siège, dis-tu ? Tu es ici, Mère, à Corbeil, bien loin de Paris. Les Francs ne t'ont pas arrêtée, ils ne t'ont pas empêchée de détruire leurs barrages. Si j'en juge par l'état des bateaux et de leurs équipages, il n'y a pas eu de combats. Tu vas rentrer à Paris avec tes onze chalands croulant sous les vivres. Crois-tu vraiment que, si Clovis s'y était opposé, toi et tes chalands seriez passés ? Alors, je te le demande, peut-on appeler cela un siège ? Et maintenant : que peut bien signifier une pareille attitude ?

– Peut-être Clovis veut-il me donner quelque chose à comprendre ?

– Il semble bien. Et tu comprends ce « quelque chose » ?

– Je pensais que tu étais venu pour m'éclairer.

– Je ne suis pas très doué pour décrypter les rébus. S'il faut tout te dire, je suis venu afin de te sonder. Je suis censé faire cela habilement, mais il faut croire que je ne suis pas non plus fort expert en habiletés. Tu en sais davantage sur les intentions de Clovis que je n'en ai jamais su moi-même.

« Je suis un soldat, non un diplomate de cour. Je vais donc parler brutalement. Je suis chargé d'apporter au roi Clovis l'assurance que les Gallo-Romains d'entre Seine et Loire se tiendront cois et tranquilles lorsque les Francs passeront en masse la Seine et annexeront ce qui reste du royaume de Syagrius.

– Et c'est à moi que Clovis demande cela ? En quoi cela me concerne-t-il ?

– Ne te fais pas moindre que tu n'es. Et, je t'en prie, Mère, ne me traite pas en pauvre d'esprit.

– Toi, mon Loup ? Certainement pas. Je te connais trop bien pour tenter de lutter de finesse avec toi.

– En ce cas, ne perdons pas de temps en bavardages. Veuille répondre à ma question.

La sainte femme Geneviève joint le bout des doigts, comme qui se recueille avant d'exposer un cas complexe. Elle lève les yeux.

– Loup, mon petit, c'est l'avenir du monde qui se joue en ce moment. Or, s'il est une chose certaine, c'est celle-ci : cet avenir appartient à ceux que nous appelons « barbares ». N'y vois nulle injure. Ne suis-je pas moi-même d'ascendance franque ? Avant de succomber sous les coups des peuples païens venus du Nord, l'Empire a eu le temps de recevoir la divine Lumière. Les peuples romains, qu'ils soient d'Italie, des Gaules ou des Espagnes, se sont donnés au Seigneur Christ Jésus, sont tous devenus des chrétiens fervents. Vous ne pourrez changer cela. L'empereur renégat Julien, qui avait tout pour réussir à chasser le Christ, à commencer par la puissance romaine alors intacte, s'y est cassé les dents et y a laissé la vie...

– Je croyais qu'il avait été tué par la flèche d'un Perse, lors d'une guerre lointaine.

– La divine Providence a plus d'une corde à son arc, si j'ose dire.

– Un calembour, Mère ? Fi donc !

Geneviève rosit, esquisse bien vite un signe de croix.

– C'est qu'aussi il était trop tentant !... Ne m'interromps plus. Vous ne pourrez faire abjurer le peuple chrétien. Francs, Goths, Burgondes, Lombards ou autres, tous tant que vous êtes, vous avez conquis et soumis des peuples que vous pouvez dépouiller, réduire en esclavage et même tuer, ils subiront docilement tout cela, travailleront pour vous, vous nourriront, vous enrichiront, se prosterneront devant les pieds de vos chevaux, à une condition : que vous ne prétendiez pas leur ôter leur foi.

« Les Wisigoths, les Burgondes et les Vandales ont fini par se résoudre au baptême, hélas leur stupide orgueil les a fait tomber dans la voie maudite de l'hérésie afin de n'être pas confondus avec les peuples qu'ils avaient vaincus. Là où le barbare conquérant est arien, il méprise et persécute le menu peuple catholique. Alaric et ses Wisigoths massacrent ou chassent nos évêques et les remplacent par des évêques ariens, qui n'obéissent donc pas au pape mais au seul roi Alaric. Les soldats goths ariens brûlent nos églises, souvent avec les fidèles dedans. Ils forcent les portes des couvents, font violence aux vierges consacrées, épouses du Seigneur Christ, puis les jettent dans leurs lupanars... Le roi Gondebaud agit de même en pays burgonde. N'a-t-il pas été jusqu'à égorger de sa main ses propres frères, Gondemar et Chilpéric, qui s'étaient convertis au vrai christianisme, et noyé la femme de Chilpéric ? Il a épargné, on ne sait pourquoi, leurs deux filles, Chrona et Clotilde, qui ont pu trouver asile chez les Alamans...

Geneviève s'interrompt. Son regard se perd dans une rêverie, ses traits se figent. « Son visage de prophétesse », se rappelle Loup, que submerge une foule de souvenirs enfouis depuis l'enfance. Elle parle, comme pour elle seule :

– Ce sont deux enfants fort douées. Autant que je me souvienne, Chrona s'est donnée à Dieu, mais Clotilde... Il faut que je creuse, là. J'en parlerai à Remi.

Elle médite un assez long moment, semble enfin reprendre pied sur terre. Loup en profite pour placer un plaidoyer en faveur de son employeur, après tout il est là en ambassadeur, quelques fleurs de louange ne coûtent pas cher et ne peuvent pas nuire.

– Rends au roi Clovis cette justice, Mère, qu'il ne persécute pas les catholiques – non plus que les ariens, d'ailleurs – et que Childéric, son père, montrait la même bienveillance.

– Bienveillance qui allait jusqu'à engrosser leurs femmes, leurs filles et leurs nonnes... Mais ne soyons pas mesquins ! Ce que tu viens de me dire nous amène au cœur du problème.

– Qui est ?

– Plutôt un roi païen qu'un roi chrétien mais arien.

– Donc ?

– Il faut vraiment tout te dire ?

– Je ne comprends pas les allusions à demi-mot. Dis-moi tout, ou ne me dis rien.

– Clovis savait ce qu'il faisait en t'envoyant à moi. Je ne peux rien te refuser.

– Alors, Mère ?

– Alors ? Plutôt un Franc encore sauvage qu'un Wisigoth ou un Burgonde hérétique ! Plutôt Clovis qu'Alaric ou Gondebaud ! Est-ce assez clair ?

– Un moindre mal, en somme ?

Le sourire s'accentue, à peine :

– En somme, oui. Et peut-être pas seulement cela.

– Tu veux dire que Clovis... ?

– Qui sait ? Remi est son ami, et même son conseiller. Je puis l'être aussi.

Loup réfléchit.

– Il est vrai, puisque tu m'y fais penser, qu'il est fort entouré d'évêques, comme par hasard tous catholiques... Dis-moi si je t'ai bien comprise : tu nourris l'espoir d'amener Clovis au baptême ?

– Et quand cela serait ? Un chrétien n'a pas le droit de laisser son prochain croupir dans l'ignorance du Vrai Dieu et se damner en adorant les arbres, le tonnerre ou des idoles de bois qui ne sont que démons travestis.

– Si Clovis faisait cela, les Francs le massacreraient.

– Crois-tu ? Enfin, ce n'est pas notre problème du moment. Récite-moi plutôt ce que tu vas dire à ton Clovis.

– Voici. Les paysans gaulois ainsi que les légions romaines qui se trouvent sur le territoire entre Seine et Loire ne s'opposeront pas, par les armes ou autrement, à la prise de possession du pays par les armées de Clovis. Quelles sont les conditions ?

– Les armées franques s'abstiendront du sac des villes et villages, du massacre des paysans, de la destruction des récoltes sur pied, du bétail et des arbres fruitiers.

– C'est l'impossible que tu demandes là ! Sans l'espérance du pillage, du stupre et du massacre, d'un peu de bon temps, quoi, le troupier ne marche pas !

– Alors, disons : le moins possible.

– Une ville par-ci, par-là. Un paysan de temps en temps. Quant aux filles, ça...

– On ne peut guère l'empêcher. Il faut que je pense à faire agrandir les orphelinats pour enfants trouvés.

Elle lève saintement les yeux au ciel. Il dit :

– Eh bien, voilà. Nous en avons fait le tour.

– Pas tout à fait.

– Ah, non ?

– Il y a la question des hérétiques.

– Cela te regarde. Envoie-leur des prédicateurs.

– Si vous devez absolument brûler un petit peu des églises, massacrer des curés, torturer des évêques...

– La moindre des choses, c'est entendu.

– ... faites en sorte que ce soient des églises, des curés, des évêques ariens.

– Je vois. Protéger cathos, persécuter ariens. C'est noté. Ah, j'allais oublier...

– Quoi donc ?

– Le siège de Paris. Qu'en fait-on ?

– Eh bien, vois-tu, je pense que je vais encourager les Parisii à continuer la lutte. Ils ne comprendraient pas que dix années de famine et d'héroïsme se terminent en eau de boudin. D'ailleurs, quand ils vont me voir rentrer en ville avec mes onze gros bateaux chargés de victuailles à ras bord, ils seront pris d'un tel enthousiasme qu'ils vont exiger qu'on fasse une sortie en armes pour massacrer quelques garnisons franques. Je ne pourrai pas leur refuser ça. Dis-le bien à Clovis, afin qu'il n'y voie pas traîtrise.

– Compris. Ne pas lever le siège tout de suite. Sacrifier deux ou trois fortins et leurs garnisons. On y mettra des légionnaires à Syagrius qui ont tourné casaque. De toute façon, ils ne sont pas sûrs. Cette fois, nous y sommes ?

– Parfait. Tu vas galoper jusqu'à Soissons, le plus vite que tu pourras. Pars tout de suite.

– Je n'ai pas de cheval.

– Je t'en ferai donner un.

– Il m'en faut quatre. J'ai mon escorte.

– Tu appelles ça une escorte ? Ton lupanar ambulant, tu veux dire !

– Quatre chevaux. Des bons.

– Ils t'attendent déjà.

– Ton Seigneur Christ Jésus sera-t-il jaloux si je te serre dans mes bras ?

– Ne blasphème pas !

– Un athée ne saurait blasphémer. Et moi, j'ai envie de te serrer dans mes bras. Ah, si seulement tu m'avais fait moins peur, quand j'étais petit...

– Tu aurais... ?

– Sait-on jamais ?

Avec un grand rire, Loup enserre de ses bras d'ours la taille diaphane, soulève Geneviève et fait claquer un baiser en coup de fouet de charretier sur chacune des joues vénérables.

Comme il s'éloigne à grands pas, elle lui crie :

– Au triple galop ! Je sais de source sûre qu'Alaric masse ses Wisigoths autour d'Orléans et tout le long de la Loire. L'attaque serait imminente. C'est l'effet de la colère de Syagrius, qui a réussi à s'enfuir, s'est jeté dans les bras d'Alaric et l'excite à la reconquête... Comme si Alaric, s'il réussissait à chasser les Francs, allait gentiment rendre son bout de royaume à ce pauvre idiot !

Loup, tout en courant, digère ces dernières paroles. « Elle sait déjà que Syagrius a passé la Loire et rejoint Alaric ! Donc, Clovis le sait aussi... Connaît-il les détails de l'affaire ? Bof, on verra bien ! »

Le temps de rameuter Otto et les deux filles, les chevaux sont là, harnachés et équipés, piaffant de s'élancer sur le dallage sonore de la voie romaine.

Geneviève aussi est là. Elle s'assure du regard qu'on a veillé à tout. Peut-être aussi, sous ce pieux prétexte, s'accorde-t-elle la douce faveur de contempler une dernière fois cet enfant qu'elle aida à naître parmi les glaires et les caillots, elle, l'immaculée, cet enfant qui fut presque sien. Elle se punira de ce petit plaisir profane par un redoublement d'austérité... Elle se tient sur le seuil d'une écurie. Deux petits clercs aux joues roses sont debout à ses côtés, ouvrant grands les yeux sur ces cavaliers intrépides qui partent courir le vaste monde si plein de dangers, si plein de merveilles, sur ces amazones aux blanches cuisses dont l'image hantera leurs nuits solitaires.

Le regard de Geneviève se pose sur Gisèle, s'y arrête, s'étonne, s'effare. Gisèle, au même instant, levant les yeux, voit Geneviève. Elle sait qui est Geneviève, reçue plus d'une fois en hôte vénéré au palais du roi son père. Syagrius vouait à la sainte prophétesse le même culte fervent que lui voue tout le peuple chrétien. Il sollicitait ses avis en matière de foi, mais surtout de politique.

Tout est paré. Loup lève le bras et va pour crier « En avant ! ». Son geste se fige en l'air, sa bouche ouverte retient le cri. Il voit, stupéfait, Gisèle descendre de cheval, marcher jusqu'à Geneviève, se laisser tomber à genoux à ses pieds, esquisser le signe de la croix, puis rester là, tête basse, sans un mot.

Geneviève la contemple, son visage ne reflète ni étonnement ni réprobation. Elle dit enfin, et sa voix n'est que compassion :

– Pourquoi t'abaisses-tu ?

Gisèle tend vers elle son visage. Alors se voient les pleurs qui l'inondent :

– Je ne m'abaisse pas. Si je pleure, c'est de rage. De rage contre moi. Cela s'est fait sans ma volonté. Une main m'a courbée, m'a forcée à mettre pied à terre, à m'agenouiller devant toi. Oh, je voudrais tant oublier tout cela, ne plus être ce qu'ont fait de moi, depuis mon enfance, ces prêtres partout présents, et toi-même, Mère ! Je ne le puis, hélas, je suis chrétienne jusqu'au fond de la tripe, et je me hais pour cela, et je vous hais. Vous m'avez fabriquée, vous avez violé mon âme, je sais tout cela, je sais que votre Christ n'est qu'un dieu comme tous les dieux, c'est-à-dire une chimère consolatrice pour les petits, un instrument de puissance pour les grands, et vois : je suis à tes pieds, implorante, déchirée.

Geneviève, du menton, désigne Loup et Otto.

– Ce sont ceux-là qui t'ont troublée par leurs propos impies ?

– Eux ? Non, oh non ! Ils ne croient pas mais respectent la foi de ceux qui croient.

– Qui a la foi ne respecte que sa foi. Qui ne l'a pas respecte tout.

– Ils n'ont rien à voir dans mon malheur. Depuis longtemps je ne crois plus, et je ne parviens pas à décroire.

– Alors, le démon est en toi.

– Je ne crois pas au démon. Un dieu bon ne peut pas avoir permis le démon.

– Tu juges Dieu ?

– Mère, je suis malheureuse. Je sais que la vie, la vraie vie, est avec ces deux-là. Je sais qu'ils ont raison de laisser aux dieux, s'ils existent, le soin de s'occuper des affaires des dieux. J'ai vécu auprès d'eux des jours de peur, de souffrance et de joie qui valent mille fois toutes les années que j'ai pu vivre auparavant, pourtant... pourtant... Je ne sais plus. Je me traîne, implorant de toi je ne sais quoi... Le malheur est en moi, je ne puis y échapper, c'est un poison que vous, chrétiens, y avez mis.

– Pauvre enfant... La foi n'est pas un poison. Le poison, c'est ta résistance à la foi. Laisse-toi aller, ne lutte pas...

Les chevaux, gorgés d'avoine, tapent du pied. Otto voudrait bien savoir de quoi il retourne, tout cela s'est dit en latin, langue qu'il ne comprend pas. Il adresse à Loup une mimique fort éloquente dans le genre interrogatif. Loup répond seulement : « Chut ! »

Les deux petits clercs aux bonnes joues s'étonnent aussi. Des garçons d'écurie commencent à s'amasser. Geneviève, de la main, chasse tout ce petit monde. Elle dit :

– Relève-toi. Je sais qui tu es. Je te connais assez. Je ne prononcerai pas ton nom. Sache que tu es en grand danger. Ne retourne pas chez les Francs, à aucun prix.

Otto, qui en a assez d'attendre et de ne pas savoir ce qui se passe, Otto qui subodore je ne sais quoi de funeste, Otto s'impatiente :

– Gisèle, il est grand temps. Partons !

Geneviève dit :

– Je ne puis t'admettre parmi les épouses du Seigneur.

– Je suis vierge !

– Par celui qui sonde les reins et les cœurs, et aussi le ventre des femmes, tu en as menti ! Pucelle, tu ne l'es plus, je le vois. Je vois aussi le fruit de tes débauches qui mûrit en ton sein.

Gisèle tressaille, baisse la tête.

– Qui est le père ?

Gisèle a un mouvement de la tête qui désigne tout à la fois Loup et Otto. Geneviève demeure impassible.

– Je puis t'admettre parmi les pécheresses repenties. Tu auras les tâches les plus rudes, les plus repoussantes. Tu dormiras à même le sol, te nourriras d'un brouet clair. Tu te coucheras exténuée pour te relever plus exténuée encore. Tu sera battue. Tu prieras. Ainsi te sera rendue la paix de l'âme.

VI

La grande salle de réception du palais qui fut celui de Syagrius n'a plus grand'chose de la sobre et majestueuse élégance romaine. Un roi des Francs est encore par bien des côtés un chef de clan de pasteurs nomades, pillards orgueilleux de leur butin et qui aiment l'étaler en trophées proclamant leur vaillance, sans trop se soucier d'esthétique. Lits à banqueter de bois précieux ornés de sphinx de cuivre doré, coffres sculptés et incrustés d'émaux de couleur, lampes à plusieurs becs taillées dans des pierres rares, marbre blanc des statues gesticulant dans tous les sens, une clepsydre, horloge à eau terriblement compliquée, cadeau diplomatique de l'empereur Zénon, à laquelle on n'a jamais pu faire dire l'heure, un lion empaillé, gueule menaçante, offert par un roi des Vandales d'Afrique, on ne sait plus trop lequel... Tout un bric-à-brac censé valoir cher.

Assise sur une chaise curule garnie de coussins de soie aux broderies étranges, une grande jeune femme à l'abondante chevelure brune dont les boucles cascadent sur ses épaules, aux yeux immenses couleur d'eau dormante, essaie de fourrer le mamelon de son sein dénudé dans la bouche d'un bébé braillard qui n'en veut pas. Un beau sein gonflé, une large aréole violette, note Otto, dont l'œil ne chôme jamais... Mais où est le roi ?

– Par ici ! crie une voix encombrée de moustaches.

Ils découvrent enfin le roi Clovis, immergé jusqu'aux yeux dans l'eau fumante d'une baignoire creusée dans une espèce de marbre rouge qui est peut-être bien du porphyre, après tout.

Loup se faufile, suivi d'Otto, zigzaguant dans les dédales du somptueux capharnaüm jusqu'à la baignoire d'où s'élèvent, paresseuses, de lourdes volutes de buée. Une esclave gauloise, entièrement nue, verse avec précaution l'eau chaude contenue dans un seau de bois que se passent de main en main une ribambelle d'autres esclaves faisant la chaîne, toutes fort jeunes, toutes non moins nues. C'est qu'il fait chaud dans la cave où bout la grande marmite !

– Vous avez vu mon fils ? Du premier coup, un fils ! Et un beau ! Une bonne pouliche, Hermangarde, toute princesse qu'elle est. Elle est princesse, vous saviez ça ?

Loup demande, car cela se fait :

– Comment s'appelle-t-il ?

– Théoderic. Mais entre nous nous disons « Thierry ». N'est-ce pas qu'il est beau, mon Thierry ?

Loup, toujours courtois, approuve avec chaleur. Otto tourne un compliment qui pourrait s'adresser aussi bien à la mère qu'à l'enfant. La princesse aux aréoles violettes bat des cils.

Clovis coupe court :

– Bon. Hermangarde, emmène le gosse hurler ailleurs. Et vous, les petites, l'eau est assez chaude, vous allez me brûler ce qui me sert à enfourner de beaux petits Thierry là où ça s'enfourne. Foutez-moi le camp, on doit parler entre hommes. Allez, allez !

Il frappe dans ses mains, claque une fesse rose, elles s'éparpillent en riant, volée de moineaux insoucieux.

– Vous y avez mis le temps, mes gaillards.

– Seigneur roi, la prophétesse Geneviève avait quitté

Paris. Par l'eau. Nous l'avons trouvée et rejointe assez loin en amont du fleuve, en un lieu nommé Corbeil.

Loup précise, guettant l'effet de ses paroles sur le visage de Clovis :

– Elle et ses Parisii armés avaient forcé tes barrages. Onze gros chalands ont pu remonter la Seine, s'approvisionner dans les entrepôts de Corbeil et des environs puis, chargés de nourriture, rentrer dans Paris de la même façon.

S'il croyait surprendre, il est déçu. Le roi rit dans sa moustache et cligne de l'œil.

– Je sais tout cela, qu'est-ce que tu crois ?

– Je rapporte ce que j'ai pu voir, c'est tout.

– C'est bien. Vois, rapporte, et ne cherche pas à comprendre.

Le conquérant contemple ses doigts de pied, qu'il fait gigoter dans l'eau. Il apprécie :

– Ces Romains ! Ça savait vivre... C'est-à-dire, ça savait vivre à la romaine. Faut aimer. Rester des heures dans l'eau chaude, se faire masser, raser, épiler, passer à la pierre ponce, friser, parfumer... C'est amusant, d'accord. Une fois. Un instant... Mais moi, j'en ai déjà assez. Tout ce que tu peux faire dans une baignoire, c'est être dans la baignoire. J'ai besoin d'autre chose. Et puis, ça ramollit la peau. C'est pourquoi la moindre ferraille un peu pointue pénètre si facilement dans la viandasse romaine.

Il rit.

– Je ne suis pas encore assez romain, sans doute.

Il empoigne les bords de la baignoire, s'arrache d'un coup à l'eau tiède, se dresse debout, enjambe le porphyre poli ou je ne sais quelle pierre rouge, inondant le dallage sous des cascades parfumées. Il frappe dans ses mains. Deux des petites drôlesses de tout à l'heure accourent, elles devaient se tenir tout près, et se mettent à éponger le corps trapu du royal baigneur, l'une par-derrière, l'autre par-devant. Clovis ronronne comme un gros chat.

– Plus fort, petites ! Je ne sens rien.

Elles s'activent, serrent entre leurs dents un bout de langue rose. Clovis bande. Celle de par-devant rit, empoigne l'auguste membre. Clovis ferme les yeux, laisse échapper un soupir. Il se reprend :

– Ce n'est pas le moment. Allons, ça va comme ça. Sauvez-vous !

Clovis, roi barbare et fier de l'être, n'a pas – pas encore ! – adopté la coutume romaine qui veut qu'un dignitaire sortant du bain se laisse envelopper dans une vaste et confortable toge de laine blanche – bordée d'un rang de pourpre s'il appartient au Sénat – que lui tend un patricien de rang suffisamment élevé dans la hiérarchie impériale. Ça lui viendra bien assez tôt, et le goût de la pourpre aussi ! Pour l'instant, il enfile en voltige la tunique franque et les braies, entrecroise sur ses mollets les traditionnelles bandes de cuir qui maintiennent l'étoffe contre la jambe, passe ses souples bottines de peau brute, rejette en arrière des deux mains sa formidable toison fauve, insigne et gage de sa royauté. Le voilà prêt pour les affaires sérieuses.

Affalé sur un lit romain aux ornements d'ivoire qui dut contempler plus d'une orgie et plier sous maints ébats passionnés ou ingénieux – Syagrius, la chose est notoire, aimait plus que de raison les plaisirs épicés –, Clovis fait signe aux deux compères de s'arranger pour trouver des sièges qui veuillent bien les accueillir. Loup finit par s'accommoder du petit bout de banc de marbre que condescend à lui abandonner l'adorable mais encombrante statue d'une de ces déesses d'autrefois, une Diane, peut-être bien, ou une Minerve, va savoir, échappée au massacre pieux – Syagrius est chrétien, certes, mais plus encore amateur de belles choses. Otto, quant à lui, a déjà aménagé un nid pour ses fesses dans la soie bariolée du coussin garnissant la chaise curule où la princesse aux yeux pers et aux tétons mauves allaitait son glorieux fils. Il lui suffit de bouger le séant, à peine à peine, pour qu'une bouffée du parfum émanant de cette inoubliable créature, resté prisonnier du coussin, s'évade et monte consoler Otto, qui en a bien besoin.

Clovis commence :

– Vous avez donc rencontré mon amie Geneviève. Racontez-moi ça.

Loup cherche ses mots. C'est qu'il s'agit de haute politique, où les choses sont plus souvent suggérées ou sous-entendues qu'énoncées tout de go.

– Seigneur roi, je crois pouvoir affirmer que, quelles que soient les apparences, tu as en Geneviève une alliée fidèle.

– Elle te l'a dit ? En propres termes ? Cela m'étonnerait fort !

– Ses paroles exactes sont : « Plutôt un roi païen qu'un arien. Plutôt Clovis qu'Alaric ou Gondebaud. »

– Les évêques ?

– Seigneur roi, je crois pouvoir supposer que Geneviève n'aurait pas avancé cela si elle n'avait connu la position du clergé des Gaules et si elle ne s'était trouvée en accord avec elle.

– Tu peux même dire que les évêques prennent avant tout l'avis de Geneviève.

– Elle loue beaucoup l'évêque de Reims, Remi.

– Remi est mon ami. Il m'a écrit récemment. Tout est en ordre de ce côté. As-tu pu sonder le menu peuple gaulois ?

– Il ne bougera pas, surtout si les Francs n'exagèrent pas trop. Il ne souhaite qu'une chose : la paix que donne un pouvoir fort. A condition, bien sûr, que l'oppression reste dans les limites de l'acceptable. Il savait, depuis la chute définitive de l'Empire, que l'enclave romaine entre Somme et Loire est une proie prise en tenaille entre deux puissants fauves, que Syagrius n'était qu'un pantin bien incapable de la défendre et que la seule incertitude était de savoir par quel ogre elle serait dévorée : Wisigoths d'Euric puis d'Alaric ou Burgondes de Gondebaud, les uns et les autres hérétiques ariens, persécuteurs enragés de catholiques. Toi, et ton père avant toi, êtes réputés n'avoir jamais persécuté quiconque pour faits de religion. Mais tu étais jusqu'ici trop petit personnage, ton armée trop peu crédible. En franchissant la Somme, en écrasant les légions de Syagrius, tu as révélé ta puissance. Désormais, les Francs ne sont plus un petit peuple à demi sauvage perdu dans ses marécages lointains. Il faut compter avec eux. Les Gaulois t'accueilleront, non comme un libérateur, mais comme le moins détestable des tyrans auxquels ils ne peuvent pas échapper. La place étant occupée, Wisigoths ni Burgondes n'y pourront plus prétendre.

– C'est tout ?

– Seigneur roi, Geneviève m'a laissé entendre qu'elle ne te tiendrait pas excessive rigueur si tu n'attardais pas trop ton regard sur quelques petites misères que pourraient subir les ariens.

– Tiens donc ! Et que devient cette belle tolérance religieuse que tu viens à juste titre de porter à mon crédit ?

– Je ne fais que transmettre.

– Geneviève ne donne rien pour rien. C'est de bonne guerre.

– Seigneur roi, il y a encore la question du siège de Paris. Que fait-on ?

– Le siège, eh ? Oh, rien ne presse. Laissons la petite mère Geneviève sauver encore un peu la patrie. Les Parisii adorent nous faire la nique. Ça ne mange pas de pain, et ça lui fait tellement plaisir... Chère Geneviève !

– Mais Paris commande la haute Seine, et ses ponts nous seraient fort utiles.

– Laisse donc. Nous le contournerons.

Il semble que tout ait été dit. Pourtant Clovis, si impatient d'habitude, si peu capable de rester en place plus d'un instant, ne se décide pas à lever la séance. Loup et Otto attendent ce qu'il va dire, car il va dire quelque chose, quelque chose qui le tracasse, ça crève les yeux : il mâchonne sa moustache, une contradiction plisse son front, signes inquiétants. Enfin :

– Vous ne me demandez pas ce qu'il en est de Syagrius ?

Loup reçoit le choc, impassible. Du moins, il espère l'avoir paru. Otto, pour canaliser la tension, change de fesse. Une bouffée d'odeurs femelles monte à ses narines, toute chargée d'évocations charmantes. Il n'y prête guère attention. Ils se regardent l'un l'autre, haussent les épaules en gens qui, s'étant consultés par la mimique, concluent qu'ils n'ont vraiment rien à dire concernant le problème. Loup parle pour les deux :

– Syagrius ? Il n'est donc pas mort ?

Clovis tarde à répondre. Les deux amis voient avec étonnement la rage prendre possession du conquérant déçu, lui crisper les poings, gagner le visage, lui sortir des yeux en éclairs.

Soudain Clovis explose :

– Non, il n'est pas mort !

Soupçonneux :

– Comme si vous ne le saviez pas !

– Et comment l'aurions-nous appris ? Nous avons couru les routes et les sentiers, nous faisant invisibles, selon tes ordres...

Otto vient à la rescousse :

– Comment peux-tu en être sûr ?

– Il est en ce moment même à Toulouse, à se goberger chez Alaric, sans doute avec toute sa famille. Il m'a écrit. Il m'accuse de traîtrise et félonie, me somme de quitter son royaume – son « royaume » ! – et soumet le cas à l'empereur, à Constantinople.

– Constantinople est loin !

– Mais les Wisigoths, non ! Alaric masse des armées tout le long de la Loire, je suis même étonné qu'il n'ait pas encore attaqué. Peut-être me croit-il plus fort que je ne suis... Comprenez-vous ? Syagrius vivant, tout est possible, et d'abord le pire. Il est la légitimité romaine. La ruée wisigothe pour – soi-disant – lui restituer ses territoires ne s'arrêterait pas à la Seine, ni à la Somme, pas même peut-être au Rhin ! Avec maintenant les Ostrogoths de Théodoric installés en Italie, ce serait toute l'Europe aux Goths !

Clovis frappe du poing une harpe d'or et d'ivoire, qui pleure un long sanglot riche en harmoniques. Loup profite du répit :

– Il est une circonstance dont tu oublies de tenir compte, seigneur roi.

– Ah, oui ? On peut savoir ?

– Alaric et ses Wisigoths n'ont pas l'amitié de Geneviève, de Remi, ni l'acquiescement du menu peuple catholique.

– Ils n'ont rien de tout ça non plus dans leurs Aquitaines et leurs Espagnes, et semblent s'en accommoder fort bien.

– Il n'y a pas de Geneviève, dans ces pays.

Clovis le regarde, bouche bée.

– Voilà le point ! Tu as raison. Eux, on les redoute. Moi, on m'attend. Ils sont la peste noire, je suis un petit rhume pas méchant...

« Dès demain, on attaque partout. Et je somme Alaric de cesser de donner asile à un vaincu, à un vulgaire prisonnier de guerre, à bien regarder, qui m'appartient de plein droit comme faisant partie de mon butin légitime, et qu'il me vole donc au mépris du droit du vainqueur, ce qui est un... un *casus...* Comment dit-on, déjà ?

– *Casus belli.*

– Voilà. Eh bien, c'est décidé.

Le roi Clovis est rasséréné. Il a pris une décision, c'est toujours bon pour le moral. Les deux compagnons de fortune se lèvent. Il passe chacun de ses bras autour de leurs viriles – et loyales ! – épaules.

– Allez vous reposer, mes preux. Vous l'avez bien gagné. Moi, je dois me rendre dare-dare en la cité de Verdun, en grand équipage, tout le tralala... Figurez-vous que les croquants de là-bas font chanter un *Te Deum* en mon honneur, avec grand'messe, procession, bannières, évêque en tête... Tout ça pour me remercier d'avoir saccagé leur ville, violé leurs femmes et dépucelé leurs morveuses, sans trop foutre le feu, toutefois !... Je ne sais d'ailleurs pas pourquoi. Il devait pleuvoir, l'amadou ne s'allumait pas... Vous savez quoi ? Je me suis fait faire une couronne, comme les empereurs. Je vais l'étrenner. Je serai le premier roi à avoir fait ça.

Loup donne un coup de pied dans un tronçon d'épée croûteux de sang séché, témoin qu'il se passa ici des choses abruptes.

– Crois-tu vraiment que ce Syagrius valait tout le mal qu'on s'est donné ?

– Sincèrement, je me le demande...

Ils suivent un corridor encombré où errent des esclaves inoccupés et débouchent dans une cour intérieure telle que les affectionnaient les riches Romains, avec tout autour un péristyle à la grecque, des colonnes cannelées aux chapiteaux plus corinthiens qu'à Corinthe, et au milieu une vasque circulaire où ne danse plus dans le soleil le coquin jet d'eau craché par quatre tritons joufflus sur une Vénus centrale désormais privée de tête et de bras – la pudibonderie chrétienne est passée par là –, mais non de ses fesses parfaites, qui n'offraient sans doute pas la même facilité d'action au marteau purificateur, ni de ses seins insolents, ni de son jeune ventre bombé que souligne un adorable pli, ni de son pubis rasé plongeant vers les abîmes de délices, conservant enfin, malgré les outrages sacrilèges, l'essentiel de ses appas de perdition, ce que ne manque pas de remarquer Otto, pourtant préoccupé par tout autre chose.

– Où est passée Gwendoline ? Elle devait nous attendre ici.

– Les femmes, tu sais... De vraies anguilles. Surtout druidesses !

Otto tend l'oreille.

– Écoute !

Ce qu'il y a à entendre, ce sont, ni plus ni moins, des rires. Des fous rires de fillettes qui font les fofolles. Cela provient d'un soupirail à ras de pavé. Tous deux se penchent, mais il fait trop noir, là-dedans. Ils avisent dans un coin retiré une porte basse, toute modeste, certainement vouée à quelque humble transport domestique, celui du bois de chauffage, par exemple. Otto la pousse. Les rires les assaillent de plein fouet. Ils s'engagent à quatre pattes sur le plan incliné qui fait suite à l'ouverture et sur lequel on jette les bûches afin qu'elles roulent jusqu'en bas. Ils se trouvent – mais ils ne le savent pas – dans l'hypocauste, ce lieu souterrain où brûle un feu constant destiné à chauffer l'air que des conduits de maçonnerie répandent dans toutes les pièces de l'habitation, et aussi à maintenir à température l'eau pour les bains et ablutions diverses.

Leurs yeux s'accoutumant à la pénombre, ils voient s'agiter et bondir des fantômes blancs fort criards, qui deviennent bien vite des adolescentes nues, les petites porteuses de seaux de tout à l'heure, mais oui, en train de jouer à se flanquer de pleines seillées d'eau à la figure. La plus enragée n'est-elle pas Gwendoline ? Gwendoline, la bête à misère et à plaisir, Gwendoline la battue, Gwendoline la piétinée, Gwendoline aux lèvres scellées, Gwendoline que nul, jamais, n'a vue sourire... Gwendoline qui n'a pas eu d'enfance et qui s'en improvise une à toute vitesse, il n'est jamais trop tard pour apprendre à rire.

Elles sont à ce point empoignées par le jeu qu'elles n'ont pas pris garde aux deux hommes qui s'emplissent les yeux de cette vision charmante, échantillonnage de toutes les adolescences. Certaines ont encore un pied dans l'enfance, d'autres sont déjà femmes. Femmes en boutons, en promesses, en fleurs... Et Gwendoline, la Celte râblée, tannée par les soleils et les bourrasques, tignasse hirsute, toison sauvage, chèvre folle dansant sa liberté, un lambeau de haillon que l'eau plaque sur ses jeunes seins...

Ils sortent du palais par la cour des écuries. Des esclaves palefreniers s'activent à étriller et harnacher des bêtes piaffantes que leurs cavaliers attendent en faisant les cent pas d'un air bravache, avec grands effets de moustaches matamores. La chevauchée éclair de Corbeil à Soissons a éveillé chez Gwendoline une passion inattendue pour le cheval et révélé une science innée de la monte. Ses yeux brillent. Elle arrête Otto par le bras :

– Cheval ?

Le seul mot de francique qu'elle ait retenu.

– Eh bien... Nos chevaux sont fourbus... Eux fatigués beaucoup... Eux panser, dormir... Non, je n'y arrive pas ! Explique-lui, toi, Loup.

Loup rassemble ses trois mots de celtique, colmate les trous par une mimique qu'il veut éloquente. Elle semble avoir compris, plus ou moins : pas de cheval. Elle est déçue. Loup, les deux mains jointes à plat sous la joue couchée, fait le signe « dodo », puis, serrant les guides imaginaires, fait « tagada ». Elle se rassérène, consent à les suivre à pied, considérant que ce n'est là qu'une manière toute provisoire de se déplacer.

La nouvelle du retour des émissaires royaux a couru plus vite qu'eux. Dans l'enclos devant la maison de Gunther, toute la famille est là. Sassa, les poings aux hanches, regarde d'un œil critique s'approcher les deux héros fatigués, gris de poussière, traînant la jambe, zébrés de quelques cicatrices fraîches ici ou là... et encadrant une espèce de mal peignée quasiment nue qui mord dans un navet cru et regarde tout un chacun avec une tranquille insolence.

Elle n'y va pas par quatre chemins, Sassa. Désignant du menton la sauvageonne :

– C'est ta part de butin, Loup ? Tu aurais dû choisir autre chose. Je n'en ai pas l'emploi.

Otto s'empresse de conjurer l'orage :

– Elle est à moi. J'avais besoin d'une esclave... Pour mon linge... Et puis, j'en ai assez de manger froid... Et puis, ...

Le navet se révèle fibreux. Cela arrive souvent en cette saison. Gwendoline recrache au sol le morceau mal plaisant à la bouche, se torche d'un revers de poignet et, affectueuse comme un chaton, se tourne vers Loup, lui jette les bras autour du cou, appuie sa joue contre sa joue, colle son ventre à son ventre, voulant atténuer par ces câlineries l'amertume d'un accueil que, sans en comprendre la raison, elle estime manquer de chaleur.

Galswinthe éclate de rire. Helminthe applaudit. Ingwinthe dit : « Encore ! » Waldrude dit : « Ce n'est pas un spectacle pour des jeunes filles ! » Gunther ôte sa main de sous la courte tunique de l'esclave slavonne. L'esclave slavonne regarde la nouvelle venue de l'œil de quelqu'un qui sent se pointer la concurrence. Otto, sur son élan, termine sa phrase :

– ... j'ai froid aux pieds la nuit et je m'enrhume.

Sassa attend que son mari se soit, non sans mal mais sans vexer personne, dépêtré de son problème et dit :

– Si je comprends bien, Otto te la prête, de temps en temps. Ou alors, vous vous êtes mis en société pour l'acheter à fonds communs, et justement c'est aujourd'hui ton tour. Ça tombe mal.

Gunther se propose pour arrondir les angles :

– Ces peuples sauvages ont des manières qui peuvent sembler curieuses, au premier abord...

Otto saisit l'occasion :

– C'est tout à fait ça ! Elle est à moi, tout à fait à moi, je l'ai achetée avec mes sous, mais elle est comme les chiots. Elle lèche tout ce qu'elle voit. Ça lui passera. Question de dressage.

Sassa remarque, pleine de sagacité :

– Elle ne m'a pas léchée, moi. Ni personne d'autre ici que mon – ptui ! – mari. Et d'abord, sauvage, c'est vite dit. D'où ça sort, ça ?

– D'Armorique. C'est une... euh... Armoricaine brittone, on peut dire ça comme ça. Elle ne comprend que le britton, qui est une langue peu commune. Voilà, voilà...

Gwendoline alors se rend compte qu'une des personnes de l'assistance est noire comme... comme quelque chose de très noir. Elle n'a jamais rien vu de tel. Un être humain n'est pas noir. Il y a des blonds, des bruns, et même des roux – elle est payée pour le savoir : tout ça lui est passé sur le ventre, une fois ou l'autre –, mais des tout noirs, non. Gwendoline ne demande qu'à s'instruire.

Elle s'approche de Sassa, qui ouvrait la bouche pour émettre une opinion bien sentie, sans doute à propos de Brittons et de va-nu-pieds, et qui du coup la referme, remettant à plus tard son apport à la discussion. Gwendoline avance sa petite main sale, touche du bout des doigts la joue d'ébène, appuie, frotte, crache dans la paume de son autre main et frotte derechef, bien à plat, puis regarde sa main : rien. Cela tient. Gwendoline rit, ravie de son propre étonnement. Maintenant qu'elle a appris à rire, celle-là, elle n'arrête plus. Puisqu'elle ne peut parler, elle a trouvé ça pour s'exprimer : le rire. Elle baragouine avec feu une phrase brittone qui peut avoir pour signification « C'est du solide ! Bonne camelote ! » ou bien « Ça, alors ! Et elle est comme ça dans toute l'épaisseur de la bête ? », au choix, ça dépend où l'on place l'accent tonique.

Sassa est noire, c'est indéniable. Elle fut suffisamment longtemps un objet de curiosité, de stupéfaction, voire de scandale, pour ces Francs aux cheveux de filasse, à la peau de cochon de lait, au teint de crème fraîche et de roses pompon. Le temps aidant, et aussi le poing du Hun blond et sa faveur auprès de la famille régnante, la petite cour qui gravitait autour de Childéric, et maintenant autour de son fils Clovis, s'y était accoutumée, plus ou moins. Il arrive encore que des visiteurs étrangers, surtout ecclésiastiques, s'évanouissent au détour d'un couloir pour s'être trouvés soudain nez à nez avec la superbe créature un peu trop couleur de démon, mais depuis longtemps on a cessé de porter à son compte les fausses couches, les épidémies de charbon du mouton et les idées noires qui viennent aux femmes à la lune nouvelle... Enfin, bon, Sassa mène la vie d'une épouse franque et est habituée à ce qu'on la considère comme une personne normale, c'est-à-dire blanche de peau, ou du moins à ce qu'on fasse comme si. Et voilà ce souillon ramassé dans je ne sais quelles Armoriques ou Brittonies – où ça se trouve, seulement ? – qui, d'entrée de jeu, la traite en phénomène à exhiber en fin de banquet. Mais voilà que Gwendoline remarque le petit Émeric, qui s'est attiré son attention en riant à pleines joues et bruyants éclats devant l'ébahissement de la drôle de petite bonne femme si sale et si mal peignée. Émeric est au moins aussi foncé que sa mère, avec, plaqué là-dessus, le faciès mongol de son grand-père, le Hun Bouzil.

Gwendoline se penche, regarde attentivement le garçonnet. Sassa trouve que ça commence à bien faire, et le dit :

– Otto, ta femelle sauvage, là – si toutefois elle est bien ta propriété –, arrange-toi pour lui faire comprendre que si elle ne cesse pas sur-le-champ de nous dévisager et de nous palper, moi et ma famille, comme des bêtes curieuses, je vais lui casser mon balai sur le dos, moi, c'est un plaisir que j'ai bien envie de m'offrir ! Loup te dédommagera pour les dégâts, il peut bien m'offrir ça, sur sa part de butin.

La femelle sauvage dit quelque chose en particulier à Loup, le seul à la comprendre peu ou prou, quelque chose d'admiratif, à en juger par son air ravi. Loup en donne la traduction immédiate, avant que Sassa n'ait formulé le « Pas de messes basses chez moi [1] ! » prêt à jaillir.

– Elle me dit que c'est très beau. Bien plus beau que le blanc. Elle dit qu'elle voudrait être comme ça. Que tous les êtres humains devraient être comme ça. Elle demande si vous êtes des dieux et, sinon, ce qu'il faut faire pour devenir comme vous.

Sassa ravale l'invective prête à jaillir. Un sourire court sur ses lèvres, s'épanouit, explose en un irrésistible rire... Le rire de Sassa !

La voyant rire, Gwendoline rit aussi, et aussi Loup, de soulagement, et aussi Otto, heureux du succès que se taille sa propriété privée, et aussi Gunther, qui a remis sa main là où elle se plaisait tant, et aussi la petite esclave venue des steppes, qui aime bien que cette main se trouve là et se dit que pendant qu'elle est là elle n'est pas ailleurs, et aussi Waldrude, qui n'a rien vu de cette main, et aussi Galswinthe, Helminthe et Ingwinthe qui, elles, ont tout vu et sont à cet âge où ces choses font ricaner les filles en se donnant des coups de coude, et aussi Émeric, il n'y a pas de raison, et aussi le bébé dans son berceau taillé à la hache par grand-papa Gunther dans un tronc de merisier sauvage et

1. C'est là, bien entendu, une interprétation fort libre, puisque nous nous trouvons chez des païens de la variété agnostique. Ne connaissant pas l'expression franque familière correspondant à cette tournure bien de chez nous, j'ai pris le risque.

décoré au fer rougi au feu de motifs runiques par le même Gunther.

Rire ensemble vaut bénédiction. Gwendoline est adoptée. Et maintenant les « Hoch ! » de l'heureux retour peuvent tonner, la bière mousseuse peut couler à flots, les mâchoires broyer les viandes rôties sur la broche, les baisers claquer sur les museaux, prélude à des effusions plus intimes qui attendront la nuit.

On eût aimé s'ébahir et s'émouvoir au récit des péripéties pleines de périls de la grande chevauchée, hélas la mission était secrète, par définition on n'en doit rien confier, pas le plus infime détail, ce qui englobe bien à propos certains épisodes où une épouse suspicieuse – ne le sont-elles pas toutes ? – pourrait trouver à redire.

C'est la saison des cerises. Le roi Clovis raffole des cerises, surtout bien fermes et croquantes sous la dent. Tout en marchant et en devisant, il puise dans un grand panier que lui tend la mignonne esclave qui marche devant lui, à reculons, cela va de soi. Clovis trouve encore meilleures les cerises quand la grâce féminine les met en valeur. L'esclave est fort brune, les cerises sont bien rouges, cela fait un contraste très joli, surtout souligné qu'il est par l'éclatante blancheur de la tunique de lin sous laquelle les seins menus de l'esclave sautent comme des cabris à chacun de ses pas à l'envers. Clovis est fier d'être sensible à tant de beauté. Il pense : « Un esthète, voilà ce que je suis. » C'est un mot grec dont il a connu le sens voici peu.

Le roi Clovis est un roi heureux. Il explique pourquoi au fier guerrier qui marche à son côté, apparemment sans avoir droit aux cerises. Le roi Clovis serait-il un roi égoïste ?

– Vois-tu, Hun blond, mon ami, ton ambassade auprès de Geneviève a mis les choses au net. Chacun sachant quoi attendre de l'autre et quoi lui céder, nous avons gagné un temps considérable et épargné bien des vies d'hommes. D'hommes à moi, je veux dire.

« Les cités d'entre Seine et Loire se sont laissé cueillir comme des fruits mûrs... Tiens, comme ces délicieuses cerises ! Les évêques sont venus en personne nous ouvrir les portes, en procession et chantant des cantiques. Il faut reconnaître que leur Christ est une chose bien utile, surtout celui des catholiques : l'évêque parle, les ouailles disent " Amen " et obéissent. Et comme ils s'étaient tous donné le mot, les évêques, chapitrés par la petite mère Geneviève et son compère Remi, tout s'est passé à merveille.

Notre Hun blond écoute, essayant de prendre l'air attentif aux paroles tombant de la bouche auguste de son roi, mais tout cela, il le connaît par cœur, il pourrait même expliquer à Clovis certains aspects de la chose qu'il a préféré garder pour lui... Et puis, les cerises le distraient, il en a l'eau à la bouche... Il y a aussi ces petits fripons, juste au-dessus, qui gigotent sous le lin blanc... Clovis se rend-il compte que son auditoire lui échappe ? Toujours est-il qu'il décide de changer de sujet. Abruptement, il questionne :

– Parles-tu le baragouin des croquants d'Armorique ?

– Heu... D'Armorique, seigneur roi ? Le celtique des Brittons, tu veux dire ?

– Appelle ça comme tu voudras, je veux dire ce que parlent ces sauvages venus de l'autre côté de l'eau salée, qui se sont taillé un territoire au fin bout du bout du monde et, depuis, ont toujours fait la nique à tout et à tous. Ægidius, Paulus et Syagrius s'y sont cassé les dents, sans notre aide ils ne les auraient jamais repoussés. Ces pirates se sont souvent alliés aux Saxons pour nous faire du mal. Je dis « nous » parce que désormais nous sommes chez nous jusqu'à la Loire. Mais voilà qu'aujourd'hui leur ville de Nantes est tombée aux pattes des Saxons, ces cannibales qui ne connaissent ami ni ennemi, et même tout l'estuaire de la

Loire... Tu comprends, c'est comme si ces Saxons s'assuraient des arrières solides avant de se lancer dans une grande aventure. Comme aventure, je ne vois que nos territoires conquis de frais et pas encore tout à fait pacifiés. Peut-être aussi y a-t-il un micmac avec les Wisigoths... Syagrius...

Clovis se fige sur place. Une colère soudaine lui bleuit la face. Il crache un noyau de cerise, en plein dans l'œil de l'esclave – les esclaves, c'est fait pour ça –, serre les poings, frappe du pied, rugit :

– Ach, Syagrius, Syagrius ! Tu es derrière tous mes ennuis, je le sais bien ! Si seulement je tenais le traître qui t'a fait évader !

Loup aimerait bien qu'on parle d'autre chose... Justement, effrayée par la crise de rage du roi, la petite porteuse de cerises, toujours marchant les fesses en avant au lieu des yeux, ce qui est une façon de se déplacer à laquelle l'anatomie humaine est mal adaptée, a heurté un caillou, a trébuché, est tombée. La voilà répandue à terre parmi ses cerises. C'est une diversion. Que Loup saisit aux oreilles. Il se plie, relève gentiment la petite, l'époussette d'une main légère, la remet debout, juste à bonne portée du poing du roi, qu'elle reçoit en plein sur l'œil, pas celui du noyau de cerise, l'autre. Elle repart à la renverse. Clovis dit à Loup, d'un ton qui signifie « Mêle-toi de tes oignons » :

– Elle est très bien par terre. Qu'elle y reste. Les cerises, c'est bon, mais ça me donne la colique.

La petite y reste. Elle pleure, sans bruit. Un esclave bruyant ne fait pas de vieux os. C'est la fille d'un ex-sénateur romain, ex-gouverneur d'une province. Elle a vite appris le métier.

Clovis se caresse la moustache. La crise est passée. Il reprend sa promenade.

– Qu'est-ce que je te disais ? Ah, oui : l'Armorique. Parles-tu le patois des gens de là-bas ?

– Quelques mots, seigneur roi. Mais je peux m'y mettre.

– Ach ! Tu me déçois, Loup. Je croyais que tu connaissais toutes les langues du monde, vivantes ou mortes. T'y mettre ? Non. Pas le temps. Tu cours là-bas. Tu te démerdes. S'agit de faire comprendre à ces gars-là que leur cause et notre cause sont communes. Dur. Ce n'est pas évident. Pas du tout, même. De moi à toi, ils auraient plutôt intérêt à s'allier aux Saxons et même, le cas échéant, aux Wisigoths pour nous dévorer tout crus et s'envoyer la Normandie comme part de butin, ça étendrait leur front de mer pour accueillir les centaines de milliers d'entre eux encore coincés en Brittonie où les Angles, les Saxons et les Danois les massacrent comme à l'abattoir. L'épuration, qu'ils appellent ça... A toi de les persuader du contraire. Promets-leur, et même par écrit, s'ils savent lire, que les Francs respecteront toujours leur indépendance et leur langue, que moi, Clovis, je leur propose personnellement une alliance éternelle contre quiconque voudrait les annexer et que, pour commencer, j'envoie une armée délivrer Nantes et la leur rendre. C'est pas beau, ça ?

– Je pars à l'instant, seigneur roi.

– Emmène Otto.

– D'autant plus qu'il possède une esclave brittone qui parle le langage des Armoricains.

– Que ne le disais-tu ? Tout est parfait, dans ce cas.

– C'est que...

– C'est que ?

– Elle ne parle pas notre langue, ni aucune langue que je connaisse.

– Évidemment, ça complique un peu. Bah, tel que je te connais, je suis sûr que tu trouveras toujours moyen. Va prendre congé de ta famille.

Sassa fait la grimace :

– Te revoilà sur les chemins ? A peine rentré, tu repars !

– Service du roi.

– Otto part avec toi, je suppose ?

– Tu supposes bien. Gwendoline vient aussi.

Quatre cris fusent, qui n'en font qu'un :

– Oh, non ! Pas Gwendoline !

Émeric et les trois sœurs se sont pris de grande affection pour l'étrange fille. Elle rit tout le temps, ne parle pas, s'exprime par des signes qui sont des galipettes et des mimiques qui sont des grimaces, chante des airs qui donnent froid dans le dos, leur fait des niches, dévore leur part en plus de la sienne, les lèche et les tripote, gamine sevrée de tendresse autant que de pain et qui n'arrivera jamais à rattraper le temps perdu, lèche et tripote aussi tout ce qui se laisse faire, par exemple grand-papa Gunther. Cela commence à donner des doutes à Waldrude et fait verdir la petite Slavonne, qui, elle, en est aux certitudes... On ne peut pas plaire à tout le monde.

Plutôt que de suivre l'aimable rive de Loire, trop menacée par les bandes d'éclaireurs wisigoths qui ne se gênent guère pour franchir le fleuve et pousser des incursions de reconnaissance et de pillage en ce pays latin qu'ils envahiront peut-être demain, les messagers ont choisi de galoper sur les voies romaines encore à peu près en état qui passent par l'intérieur des Armoriques. Là, ils ont trouvé des campagnes paisibles, des villes et des bourgades déjà occupées par des garnisons franques ou résignées à les accueillir.

Voyage sans histoire. Ils sont parvenus à Rennes, ou réside Eusèbe, l'actuel roi des Brittons d'Armorique. Eusèbe les a reçus avec les égards mitigés qu'on réserve aux envoyés d'un roitelet jusque-là considéré comme quantité négligeable et qui se révèle soudain un conquérant de haut parage dont les armées camperont demain à votre porte. Il a souri aux propositions d'alliance perpétuelle de Clovis, tellement il se sent inexpugnable dans son bout du monde armoricain et assuré qu'il est de ne jamais manquer de combattants tant l'afflux des immigrants brittons fuyant avec armes et bagages leur île brumeuse se fait de jour en jour plus important.

Il a prêté une attention moins distraite à l'offre de l'aider à reprendre Nantes. Car Nantes, c'est l'immense estuaire de la Loire, c'est la porte de l'Océan, mais c'est aussi le débouché de la grande route par l'eau des marchandises et des armées vers le centre de la Gaule, la clef de l'Armorique aussi bien que celle de l'Aquitaine wisigothe et des provinces du Nord nouvellement conquises par Clovis.

Or, qui s'est rendu maître de Nantes ? Les Saxons ! Toujours eux. Ils sont partout. L'aïeul du roi Eusèbe, Conan, les a vaillamment combattus sur la grande île. Vaincu, pourchassé, il s'est embarqué par une nuit de tempête, a pris pied sur le continent, sur la côte d'Armor, avec ses guerriers survivants, puis, à son tour, a mis en déroute les légions romaines qui prétendaient traiter les Brittons en réfugiés et les parquer comme des prisonniers. S'étant attri bué le titre de roi, il a chassé de ses terres les Celtes latinisés et a réintroduit un parler celtique qui, pour être quelque peu différent du celtique local d'avant la romanisation, n'en est pas moins une langue parente du vieux gaulois des Gaules.

Les Saxons qui ont pris Nantes sont des aventuriers, des flottilles de pirates indépendants, ravageant pour leur propre compte, sans liaison tactique aucune avec les formidables armées des envahisseurs qui, pied à pied, se rendent maîtres de la totalité du sol de la grande île brittone. Ce n'en sont pas moins des Saxons, race féroce, barbares redoutés des barbares mêmes, engeance haïe des actuels occupants de l'Armorique, et tout particulièrement du roi

Eusèbe. Ce point des propositions de Clovis ne pouvait que le séduire. Il hait les Saxons, redoute leur ambition, mesure quels dangers futurs recèle leur présence à Nantes, mais aussi il se sait incapable, réduit à ses seules forces, de les en déloger. Les puissantes armées de Clovis, portées par la victoire et renforcées des débris des légions de Syagrius ramassées en route, permettent d'envisager de tout autres perspectives.

Tout ceci mûrement pesé, et sous la condition préalable que Clovis chassera les Saxons de Nantes, le roi Eusèbe consent à tout ce qu'on veut. Clovis lui garantit l'indépendance de l'Armorique et lui permet d'y accueillir tous les Brittons fugitifs venus de la grande île ? Il le prend au mot, et même stipule que la flotte d'invasion amassée par les Saxons dans l'estuaire de la Loire lui sera attribuée en légitime butin. Elle lui servivra à établir un va-et-vient de sauvetage entre la Brittonie et l'Armorique.

A part cela, Eusèbe fait le serment solennel que jamais les Brittons d'Armorique ne prendront part à une entreprise de guerre contre les Francs et que leurs frontières resteront fixées à jamais entre la rivière de Couesnon, au septentrion, et celle de l'Erdre, au midi.

L'aide de Gwendoline s'est révélée superflue. Un vieil esclave, prisonnier de guerre franc capturé jadis lors d'une de ces expéditions menées de front par Childéric et Ægidius, avait tenu le rôle d'interprète, ému aux larmes de cette occasion de parler sa langue maternelle. Heureusement, car les leçons de langue franque opiniâtrement prodiguées par Loup aux étapes n'avaient donné que de bien maigres résultats. Gwendoline n'avait décidément pas la tête faite pour les études. Elle en convenait sans vergogne, expliquant par le jeu de ses index et de ses oreilles que « ça rentrait par là, ça ressortait par là ». Ce qui ne manquait pas de la faire rire, de faire rire l'amoureux Otto, puis de faire rire, par contagion quoique à regret, le professeur impuissant.

Au palais de Rennes, tandis que s'enlaçaient en volutes gracieuses les subtilités de la diplomatie, trouvant la chose ennuyeuse elle avait quitté les lieux, avait gagné en dansant la forêt proche et en avait rapporté une brassée de fougères et de fleurs sauvages aux couleurs joliment mariées qu'elle était allée offrir, genou à terre, à la reine Abellia, laquelle, assise dans un coin retiré de la salle de conférences, filait en silence sa quenouille, un petit chien sur les genoux.

Et puis, tandis qu'une esclave accourue disposait les fleurs dans un vase de terre cuite, elle avait sans façon, après avoir ôté le petit chien, posé sa joue sur les cuisses jointes de la reine et s'était mise à chanter à voix contenue quelque chose d'infiniment doux et d'infiniment triste, une déclaration d'amour à la mort que la reine reprit avec elle, et les larmes, à toutes deux, leur coulaient, et elles paraissaient heureuses au-delà du bonheur.

Otto voyait cela, et il pensait : « Quelles gens sont-ce là ? Ils ont plaisir à souffrir, à se faire peur, à évoquer la mort ! » Car point n'était besoin de comprendre les paroles pour entendre qu'elles chantaient la mort.

Elles étaient restées longtemps ainsi, la reine et Gwendoline, sans plus chanter, sans rien dire, comme si elles prolongeaient la douce mélancolie du chant jusqu'à sa plus ténue résonance.

Cependant, l'entretien prenait fin. Loup et Otto, jusqu'alors agenouillés devant le roi, sur un signe de lui s'étaient relevés. On échangeait les formules de congé. La reine proposa, presque timidement, quelque chose à Gwendoline, qui, comme sortant d'un rêve, leva la tête et répondit ce qu'à sa mimique navrée il n'était pas difficile d'interpréter comme un refus.

Quand ils sont sur la route du retour, après avoir échangé avec le roi Eusèbe, au nom du roi Clovis, le baiser de paix et les serments d'éternelle alliance, Otto ne peut se tenir de chercher la clef de cette agaçante énigme : que s'étaient dit la reine et Gwendoline ?

Ici s'interpose le problème de l'incommunicabilité par le langage oral. Otto décide d'employer celui des signes. Otto est fort expert en gesticulations, mimiques et grimaces. Se dépensant sans regarder à sa peine, il produit un numéro somptueux. Gwendoline observe avec attention chaque phase de la démonstration, approuve de la tête, en conclusion est prise d'un de ces fous rires comme elle seule sait les produire. A-t-elle compris ? Va savoir... Elle se tord, elle se plie, se roule dans l'herbe. Otto est heureux d'être la cause de tant de joie, mais il n'a pas sa réponse.

Loup décide de s'en mêler. Otto lui ayant expliqué ce dont il s'agit, il attend le dernier spasme – long à venir – du fou rire, prend Gwendoline aux épaules, la force à lui faire face et, rassemblant ses douze mots de celtique, se gardant bien de mimer afin de ne pas déclencher une nouvelle crise, il articule :

– Dame roi parler toi. Quoi ?

Elle essuie ses larmes, sur son élan hoquette deux ou trois fois, semble réfléchir, dit enfin :

– Elle vouloir moi rester avec elle.

Elle a prononcé cela en petit nègre celtique, puisque c'est ce que semble vouloir Loup. Du coup, ça la fait rire. Et c'est reparti ! Attendons que ça se passe. Ça y est. Loup reprend :

– Toi dire quoi ?

– Moi dire pas rester. Moi partir. Avec toi, avec toi.

En prononçant ces derniers mots, elle a désigné successivement Otto et Loup. Et puis elle a ri, bien sûr. Moins follement, toutefois. Elle commence à s'habituer. Les deux amis sont émus. Otto serait plus ému encore si elle n'avait désigné que lui.

Ils parcourent comme en promenade quelques lieues de chemin entre d'épaisses haies vives où s'égosillent les merles. Vient à eux, chevauchant à contresens, un cavalier dont la tournure éveille en eux certains souvenirs. C'est un jeune homme blond, de haute taille et de belle prestance, au visage à ce point resplendissant de beauté qu'il illumine l'espace autour de lui. Il est fort pâle, ce qui ajoute encore je ne sais quoi d'irrésistible à son attrait. Son regard d'azur profond se perd dans d'inaccessibles lointains. Ce cavalier, courtoisement, arrête son cheval, le fait se ranger pour laisser le passage. Comme ils sont à se frôler, Loup sent se préciser ses souvenirs. Il s'écrie :

– Le chevalier d'outre-mer !

– Mais bien sûr, par Thor ! Comment s'appelle-t-il, déjà ? Quel est ton nom, seigneur cavalier ?

– Aoh ! Je dire à vous l'autre fois. Je, sire Lancelot de la Lac.

– Lancelot du Lac, c'est cela ! Tu étais à la quête de quelque chose, la dernière fois que nous nous sommes vus... Attends, ça me revient... Une coupe, un vase, un truc dans ce genre-là. En tout cas, une chose magique et de grande importance pour toi, si je me souviens bien. L'as-tu trouvée ?

– Le Graal très saint, toi vouloir dire ? Non, trouvé je n'ai pas. Peut-être je ne jamais trouver ? Alors, punition finir jamais. Gros péché rester sur je. Je, impur dans éternité des siècles des siècles. Je, maudit. Pas bon.

– Hum... Si ton machin, là...

– Graal.

– Si ton Graal se trouvait quelque part dans les pays par où sont passées les armées du roi Clovis, tu peux tenir pour certain qu'à l'heure qu'il est il gît au fond du sac d'un guerrier franc, en compagnie du reste de son butin, et que ce gars-là va en faire cadeau à sa légitime pour se faire pardonner tout ce qu'on peut avoir à se faire pardonner quand on rentre de campagne.

– Alors, je cherche après chaque guerrier du roi Clovis. Je vais dans familles, je demande, je regarde vaisselle, coupes, vases, assiettes, gobelets, cruches, bassines, pots de fleurs, pots de chambre... Tout bien, jusqu'à je trouve Graal très saint.

– Comment le reconnaîtras-tu?

– Graal magique. Seulement chevalier de la Ronde Table peut reconnaître. Graal parle à lui.

– Comme ça, évidemment... Mais vous êtes douze à chercher, m'as-tu dit. Si un autre le trouve avant toi?

– Je tue.

– Bien sûr, suis-je bête! Mais ce n'est pas très loyal, dis donc.

– Graal, c'est vie éternelle. C'est jeunesse éternelle. C'est amour, c'est toutes les femmes, c'est... Aïe!

Loup, aussi bien qu'Otto, avait oublié l'inquiétante, la presque indécelable lueur bleue dansant au-dessus de la croupe du destrier. Il semble bien qu'elle ait lui – oh, bien brièvement –, en même temps que le bruit d'une gifle claquait dans l'air serein. Otto demande :

– Viviane?

– Oui. Fée Viviane. Jalouse, toujours. Si elle vraiment trop beaucoup pas contente...

– Elle t'enchaîne au fond du lac. C'est bien ça?

Lancelot laisse échapper un gros soupir :

– Tout à fait.

Loup, toujours à l'affût de l'incongru, remarque :

– Tu vas dans la mauvaise direction, camarade. Les armées du roi Clovis se trouvent à l'orient d'ici, en plein dans l'autre sens. Tu leur tournes le dos. Par là, c'est l'Armorique du roi Eusèbe.

Sur les traits parfaits de sire Lancelot se joue un sourire plein de condescendance.

– Je savoir où je être et où je aller. Dans Armorique, Brocéliande forêt. Grande forêt. Magique forêt. Là, enchanteur Merlin.

Loup se frotte le menton et, pensif, dit :

– Ça me rappelle quelque chose. Merlin l'enchanteur, la forêt de Brocéliande, tout ça...

– Merlin, lui magicien très beaucoup savant, très beaucoup puissant. Moi, fatigué. Lui fait boire à moi magique médecine très beaucoup bon. Donne forces, et aussi courage. Toujours chercher Graal, toujours, toujours... Comment vous dire ?

– Emmerdant ?

– Voilà. Oh, très bien ! Emmerdant très beaucoup. Besoin reposer temps en temps, changer idées, boire magique médecine, faire massage épaules. Massage épaules très beaucoup bon.

Loup réfléchit à tout ça.

– Il me semble bien avoir lu, dans un antique grimoire fort rongé des rats, que la fée Viviane est la compagne bien-aimée de Merlin l'enchanteur. Comment peut-il la laisser courir le monde avec toi, en croupe sur ton cheval ?

Un demi-sourire soulève un coin de la blonde moustache :

– Grand enchanteur Merlin enfermé dans maison de le verre, au fond de la lac, dans Brocéliande forêt. Aime fée Viviane tellement beaucoup fort, veut prouver amour, alors lui enfermer lui dans maison de le verre, et pas jamais sortir dehors : fée Viviane emporter clef. Ça chose d'amour très beaucoup grande, très beaucoup belle. Merlin aimer Viviane très très beaucoup. Viviane aimer amour encore plus.

– Et l'amour, c'est toi.

Sire Lancelot rougit avec modestie.

– Toutes aiment moi, naturellement.

– Bon. Eh bien, camarade chevalier, ce n'est pas qu'on s'ennuie, mais tu sais ce que c'est... Allons, bonne route, bon massage, et tout ce qui peut te faire plaisir. Gwendoline ! Tu viens ? Où est-elle passée ?

Où elle est passée, qui le dira jamais ? En un endroit où il y a de l'eau, en tout cas. Car elle tient à deux mains, rempli à ras bord, un beau bonnet de feutre orné de tortillons de peluche pour faire joli dont lui a fait cadeau la reine d'Armorique au moment des adieux. Elle se dirige d'un pas décidé vers le destrier de sire Lancelot, côté croupe, balance posément son récipient de fortune, à la une, à la deux, et en projette avec force et précision le contenu, c'est-à-dire trois pintes d'eau de mare et une grenouille indignée, à l'endroit où se trouverait le visage d'un être humain de sexe féminin normalement proportionné qui serait assis en croupe. L'immatérielle lueur bleue brille soudain, comme surprise, puis, avec un grésillement, s'éteint. Définitivement. Une fée qui n'éclaire plus est sans défense. Gwendoline se baisse vivement, empoigne deux chevilles invisibles, tire dessus sans vaine douceur, cela fait le bruit mat d'un fessier s'écrasant dans la boue. Gwendoline saute en croupe, donne du talon, le destrier s'ébranle.

Bonne fille, au fond, elle se tourne vers Otto, et, tandis que le cheval l'emporte et s'éloigne, elle fait des deux mains ouvertes, paumes en l'air, le geste qui partout veut dire : « Navrée, mon amour. C'est le destin, on n'y échappe pas. »

Otto regarde Loup. Loup regarde Otto. Dans les yeux de l'un s'amassent les larmes d'un gros chagrin. Loup se sent obligé de dire ce que tout imbécile dirait, parce que, qu'on le veuille ou non, il n'y a que les mots imbéciles qui s'imposent, dans ces cas-là :

– Allons, mon frère. Ce n'est qu'une fille. Un oiseau qui passe, qui se pose, qui s'envole. Une de perdue, dix de retrouvées.

– Oui, mais, là, ça fait deux de perdues, vingt à retrouver... Je me sens bien fatigué, tout à coup.

Quatrième partie

CLOTILDE

VII

C'est un soir de bataille. Dans le crépuscule d'été qui, nonchalamment, déroule ses pourpres et ses ors, les vainqueurs, sans vaine hâte, dépouillent les morts et achèvent les blessés afin de les dépouiller à l'aise. Un blessé, ça ne sait pas se tenir tranquille. Ça bouge, ça gueule, va me dépouiller ça, toi !

Loup et Otto, dans un coin à l'écart, boivent un coup et pansent leurs blessures, d'ailleurs légères. Loup s'apitoie :

– Ces Burgondes ! Tous équipés comme des princes ! Tellement superbes qu'ils avaient peur de salir leurs beaux habits, d'ébrécher leurs épées à poignée d'or ! Ça ne leur réussit pas, le dieu-cadavre ! On a écrasé ça comme des groseilles bien mûres : entre deux doigts.

– Je vais te confier une chose. Je n'ai écrasé aucune groseille.

– Je vais t'en confier une autre : moi non plus.

– Pourtant, te voilà tout en nage, et saignant de partout.

– J'ai paré les coups. Quelques-uns ont fait mouche, quand même.

– Moi, pareil. N'empêche, même sans tuer, se battre, ça donne soif.

– Dis-moi, toi qui sais les choses. Tu peux m'expliquer ce qui a pris à ces Burgondes de nous sauter dessus, comme ça, sans prévenir ? Qu'est-ce qu'ils croyaient donc ?

– Voilà ce que j'ai cru comprendre, d'après ce que j'ai entendu à droite à gauche. Quand Gondebaud, leur roi, a vu les Francs se jeter sur le royaume de Syagrius et s'installer, pour ainsi dire sans combattre, sur la plus belle moitié de la Gaule, ça l'a vexé, cet homme. Sans doute qu'il mijotait depuis longtemps de le faire lui-même, il attendait le moment propice, il attendait, attendait, et à force d'attendre voilà qu'il s'est fait damer le pion par Clovis.

– A sa place, moi aussi je serais vexé.

– Alors, histoire de ramasser quelques miettes, il a envoyé un messager à Clovis pour lui faire savoir que si lui, Gondebaud, qui était plus ou moins allié à son cher ami Syagrius, était entré dans la danse, Clovis et ses Francs au nez sale n'auraient certes pas eu la partie aussi aisée et que, même, ils auraient fort bien pu mordre la poussière. En récompense pour sa bienveillante neutralité, il demandait qu'on lui fasse cadeau des villes de Troyes et de Sens, avec le pays alentour, car tout ça est proche de la frontière du pays burgonde.

– Ça ne coûtait rien de demander.

– Clovis a éclaté de rire et a planté sa pantoufle fourrée dans les fesses du messager.

– Ça vaut déclaration de guerre, ça.

– Et c'est bien ainsi que Gondebaud l'a compris. Aussitôt le messager rentré et le message décrypté, l'armée burgonde a passé l'Yonne et la Saône et s'est mise à ravager ce que les Francs avaient laissé debout. Mais Clovis avait prévu le coup, si même il ne l'avait pas provoqué. Comme il venait de faire ami-ami avec Geneviève et se trouvait débarrassé du siège de Paris, il a pu jeter assez de bons bougres sur ces prétentieux pour leur flanquer une pâtée dont ils seront longs à se remettre, comme tu as pu le constater.

– On va leur courir sus, tu crois ?

– Les ordres sont de poursuivre jusqu'à Auxerre et de prendre la ville, si possible sans trop l'abîmer. A mon avis, Clovis veut s'offrir ce petit bijou-là.

– Eh oui, c'est la guerre. Quand on ne gagne pas, on perd. Qui croit prendre les villes du voisin, bien souvent perd les siennes.

– Moralité : Gondebaud aurait mieux fait de rester tranquille.

– Et nous serions en train de prendre un peu de bon temps en famille.

Otto soupire :

– Oh, moi, tu sais, du bon temps... Depuis qu'elles m'ont quitté, j'aime autant me démener tout le jour jusqu'à ce que je tombe comme un bœuf, assommé de fatigue.

– Celle qui doit venir viendra. Bientôt. Tu es mûr pour elle. Plus tôt aurait été trop tôt.

– Qu'elle se dépêche ! Je ne sais même pas si je la reconnaîtrais. Vois-tu, je n'ai plus goût aux femmes. Je ne les regarde plus. Si j'étais chrétien, je me ferais moine.

– Mais tu ne l'es pas, heureusement. Tout chagrin passe. Tout bonheur perdu n'est que l'attente d'un bonheur plus grand.

– Et toute ta philosophie, tu sais où tu peux te la mettre ?

– J'y songerai.

La Cure est une verdoyante petite rivière du bas Morvan, qui se jette dans l'Yonne et marque les limites respectives du territoire des Burgondes et de l'ex-royaume de Syagrius. C'est là que Clovis et Gondebaud ont décidé de se rencontrer pour discuter du traité de paix. Clovis, vainqueur de cette guerre qui ne fut qu'une escarmouche, entend bien retirer le plus grand profit de sa facile victoire, et d'abord la cité d'Auxerre avec son diocèse. De son côté, Gondebaud, fort dépité de s'être lancé inconsidérément dans l'aventure, espère se montrer assez bon diplomate pour limiter les dégâts.

Ainsi qu'il est de coutume en ces temps de trahisons et d'assassinats, la rencontre a lieu sur un radeau solidement amarré au beau milieu de l'eau, à égale distance des deux berges, sur chacune desquelles se tient, prêt à intervenir, un gros d'archers et de cavaliers supérieurement armés.

Pas de banquet collectif. Le soir venu, on soupe chacun chez soi, sur son versant de berge, entouré de ses hommes d'armes. Le poison est d'une telle facilité d'emploi ! Un esclave goûte chaque mets. S'il tombe raide, on se félicite à grand bruit de la précaution prise et l'on coupe la tête à tout le personnel des cuisines, inutile de perdre son temps à enquêter.

Clovis mange de grand appétit. Il est content. Il aura Auxerre. Et, en prime, l'alliance de Gondebaud, trop heureux de s'en tirer à si bon compte. Nul n'est dupe. On sait ce qu'il en est des alliances conclues sous la contrainte, surtout quand elles ne sont pas garanties par un échange d'otages pris dans la famille des souverains ou parmi les enfants des grands de chaque royaume. Mais Clovis se veut conciliant, il proclame bien haut sa foi totale en la parole de Gondebaud, roi chrétien de la variété arienne, qui a juré sur les Évangiles. C'est qu'il a une idée en tête, Clovis. Il s'en ouvre à Loup, plus tard, seul à seul :

– Je suis désormais le maître de la moitié de la Gaule. De la meilleure moitié, la fertile, la riche en blé, en bœufs, en moutons laineux, en rivières porteuses de chalands dont les droits de péage rapportent gros... Et, vois-tu, je reste le petit roi des Francs saliens. Un petit roi qui a réussi un joli coup, certes, mais rien de plus qu'un aventurier parvenu, un petit merdeux sans ancêtres avouables. Auprès des prestigieuses dynasties wisigothe, ostrogothe ou burgonde, je fais bien pâle figure. Ces prétentieux me toisent de leur haut. Ce Gondebaud à qui je viens de flanquer la fessée s'estime malgré tout infiniment plus que moi, car il descend d'une race depuis longtemps fameuse, celle du grand Gundichaire. La race d'Alaric remonte encore plus loin, jusqu'au terrible Alaric, celui-là même qui, le premier, osa mettre Rome à sac. Cet Alaric est son ancêtre, et aussi la fameuse Galla Placidia, qui fut mère d'un empereur et régna elle-même sur Rome.

« Je veux pouvoir parler d'égal à égal avec ces puissances, avant de les détruire une à une. Pour cela, un seul moyen : m'allier à elles par le mariage. Ainsi mes fils pourront-ils exhiber une ascendance plus flatteuse que celle de mon grand-père Mérovée, bien qu'on le dise engendré par un dieu des eaux jailli du Rhin. Je veux planter des conquérants dans des ventres aristocratiques. Sortis de pareilles femelles, mes fils pourront cracher à la figure des rois avant de les écraser.

Clovis marque un temps. Il va sortir des généralités, aborder du concret. Après avoir marché quelques instants en rond, mains au dos, il fait face à Loup, l'empoigne par l'échancrure de sa tunique de peau.

– Écoute-moi bien attentivement. Cette vieille carne de Gondebaud a une nièce. Il en a même deux, mais une est au couvent. Elles sont, paraît-il, très jolies. Enfin, en ce qui concerne la nonne, c'est de la beauté perdue, à moins que leur dieu-cadavre ne soit sensible à ces choses terrestres. Celle qui reste disponible – Attends que je me rappelle son nom... Chro... Clo... Clodehilde... Clotilde ! Voilà : Clotilde –, eh bien, cette Clotilde, d'après ce qu'on m'en a dit, ferait tout à fait mon affaire. Elle est orpheline, donc pas d'emmerdements du côté de la famille. L'oncle Gondebaud a tué le père de Clotilde, son frère à lui, donc, de sa propre main : il lui a passé son épée à travers le corps. Ça ne pardonne pas. D'autant que, pour être bien sûr du résultat, il la lui a passée encore une bonne douzaine de fois. Un garçon consciencieux. Pendant qu'il y était, il en a fait autant à son autre frère, Gondemar – T'ai-je dit que le premier avait nom Chilpéric ? –, puis il a attaché une meule de moulin au cou de la mère de Clotilde et est allé la flanquer à l'eau. Un sacré gaillard ! C'est ainsi qu'on se retrouve seul roi des Burgondes.

Les deux petites filles avaient quatre ou cinq ans. Il les a laissées vivre, va savoir pourquoi. Un attendrissement... Ça peut arriver aux meilleurs d'entre nous.

Clovis s'arrête, semble attendre l'avis de Loup.

– Seigneur roi, mettre au monde plus d'un fils, c'est vouer les autres à l'assassinat.

– Oui, mais si tu n'en as qu'un et qu'il meure tout seul, à qui va l'héritage ? Et puis, comment savoir si un ventre plein va accoucher d'un fils ou d'une fille ? Et puis, comment empêcher une femme de concevoir ? A moins de s'abstenir, une fois le fils obtenu ? Oui, bien sûr, mais il y faudrait une femme bien repoussante.

– Seigneur roi, tu as déjà un fils de cette femme, cette princesse rhénane que tu épousas selon les rites des Francs.

– Certes ! Mon Thierry. Il me donne de grandes satisfactions, mais sa mère ne m'apporte aucun prestige.

– Donc...

– Donc j'envisage très sérieusement d'épouser la nièce de Gondebaud, cette Chro... Cno...

– Clotilde, seigneur roi.

– Comme tu dis. J'en ai glissé un mot, comme ça, mine de rien, au Gondebaud. Histoire de tâter le terrain, si tu vois. Il a accusé le coup. M'a tout de suite objecté que la petite est chrétienne, et même chrétienne de l'hérésie catholique, ainsi que l'étaient ses père et mère, alors que l'usage chez les Burgondes est plutôt ce que mon ami Remi appelle « l'exécrable hérésie d'Arius ». L'hérétique, c'est toujours l'autre. Il m'a expliqué cela les yeux au ciel, la mine douloureuse mais résolue, comme s'il voulait donner à penser que la liquidation de sa famille fut un accès d'indignation religieuse. Tu parles ! Il a simplifié le partage, et c'est bien compréhensible. Qui n'en aurait fait autant ? Mais ce vieux sournois veut se donner le mérite du justicier pour la foi. C'est ce christianisme qui les rend hypocrites, vois-tu. Ils agissent comme lorsqu'ils étaient païens, ni plus ni moins, mais il faut que ça ait l'air moral, convenable et bien élevé.

– Seigneur roi, si je puis me permettre...

– Permets-toi, permets-toi!

– Eh bien, si cette fille est chrétienne, et chrétienne fervente, le mariage avec un païen, fût-il roi, doit lui être en horreur. D'ailleurs, ce genre de mariage n'est-il pas formellement condamné par l'Église?

– Cela pose problème, en effet. Seulement... « Fût-il roi », as-tu dit? Là est la solution. Tu peux effacer « fût-il roi ». Car, tu t'en doutes un peu, être roi permet bien des accommodements. Leur saint Paul n'a-t-il pas écrit : « Le mari incroyant est sanctifié par la femme qui suit la voie juste »? Qu'est-ce que tu veux redire à ça?

– Tu cites saint Paul, seigneur roi?

– C'est Remi qui m'a lu ça. Il l'a trouvé dans une de ses épîtres, je ne sais plus laquelle. Je te rappelle que Remi est évêque. Il s'y connaît en ces choses.

– Seigneur roi, l'affaire est donc tellement avancée? L'évêque Remi est au courant?

– C'est même lui qui m'a signalé la fille. Son attention avait été attirée sur elle par Geneviève.

– Oh, oh! Ma Geneviève?

– Ta Geneviève. Et la mienne aussi, car nous sommes devenus fort amis, sais-tu, depuis ton ambassade.

– J'aurais dû me douter qu'il y avait de la Geneviève, là-dessous.

– Elle ne veut que mon bien.

– Je n'en doute pas. Maintenant, seigneur roi, je suppose que, si tu m'as honoré de tes confidences et de tes projets, c'est que tu as besoin de mes services.

– Tu supposes juste, Hun blond. Je ne connais pas la fille. On la dit belle, bien faite, douce, douée de jolies manières. C'est ce qu'on dit toujours d'une fille à marier. Moi, je n'achète pas chat en poche. Tu vas donc aller te rendre compte de la chose. Tu seras mes yeux et mes oreilles.

« Emmène Otto. Il a l'œil en ce qui touche aux femmes. Qu'il n'aille pas tomber amoureux, surtout ! Je me verrais obligé de lui faire couper le cou pour avoir posé son œil sur la fiancée de son roi, et aussi à la belle enfant pour avoir reçu le regard de cet œil. Tu sais comment je suis : pas le mauvais bougre, au fond, mais quand la colère me prend, je ne me connais plus. Quitte à regretter, après, mais le mal est fait.

« J'ai eu tort d'éveiller la méfiance de Gondebaud. Je me croyais habile, il a tout deviné. Pourtant, quoi de plus normal que de s'intéresser à une fille à marier, quand justement on en cherche une ? Ce Gondebaud s'estime-t-il donc trop grand seigneur pour s'allier à Clovis, fils de Childéric ? Ou peut-être se garde-t-il le tendron pour son propre usage, le vieux satyre ?

« Quoi qu'il en soit, soyez discrets. Approchez-vous de la petite, parlez-lui de moi, parlez-lui pour moi, dites-lui mes victoires et mes biens, plaidez, soyez convaincants.

« Mais avant tout, examinez-la bien. Voyez son teint. S'il est trop pâle, n'insistez pas : son sang est trop pauvre, son lait serait maigre, elle me ferait des fils malingres. S'il est trop rouge, ce n'est pas bon signe non plus : son sang est trop épais, l'enfant téterait du beurre, ça nous donnerait un gras abbé, pas un roi des Francs.

« Examinez attentivement ses dents, comme à un cheval. Je les veux blanches et sans un manque, surtout sur le devant. Comptez-les. Humez son haleine. Une haleine fétide est un très mauvais présage, au moins pour celui qui la respire... Enfin, voyez tout ce qu'il y a à voir, devinez ce qu'on ne peut pas voir et imaginez le reste. Surtout – surtout ! – qu'elle soit bien douce et bien soumise, ne se mêle pas de politique ni des affaires d'hommes. Un agneau, voilà ce qu'il me faut, un agneau qui vient quand on l'appelle et qui s'en va quand on lui dit : “ Va-t'en ! ”

« Je compte sur vous. Allez. Et revenez vite me dire ce qu'il en aura été. Je crois que je vais être amoureux.

– Seigneur roi, partirons-nous d'ici ?

– Mais bien sûr. Nous sommes sur la frontière de Burgondie. C'est déjà un bon bout de chemin qui n'est plus à faire.

– Tu ne nous as pas dit où nous trouverons la princesse.

– C'est vrai. Elle séjourne en ce moment à Genève, dans le monastère que dirige sa sœur.

Dans un faubourg de la cité de Genève, ville de pêcheurs et de mariniers qui mire ses tours dans les eaux limpides du lac immense d'où jaillit l'impétueux fleuve Rhône, deux cavaliers, un long, un trapu, mettent pied à terre devant le portail du monastère dédié à saint Victor. Genève est située en terre burgonde. Le monastère fut fondé, il y a peu, par Chrona – en religion sœur Saedeleuba –, très sainte fille issue de Chilpéric, frère du roi Gondebaud.

Une poignée de bois pend au bout d'une corde de chanvre tressé. Le cavalier trapu tire dessus, un peu roidement, peut-être. Une cloche s'affole quelque part derrière les murs. Un guichet minuscule se démasque dans l'épais panneau de chêne, un œil noir y paraît, une voix s'enquiert :

– Le Seigneur soit avec vous. Qui êtes-vous ? Que désirez-vous ?

– Nous sommes deux cavaliers qui désirent voir la révérende mère.

– C'est ici un monastère de filles. Les hommes n'y sont pas admis. Passez votre chemin.

– S'il ne nous est pas permis d'entrer, du moins n'est-il pas interdit à la révérende mère de venir jusqu'ici. Va lui dire que deux messagers envoyés à elle par Geneviève, celle de Paris, doivent absolument lui parler. Qu'elle daigne venir jusqu'au portail.

– Vous êtes envoyés par Geneviève ?

La petite novice a dit cela d'un ton que l'extase faisait chavirer.

– Je vais la prévenir tout de suite !

Des socques de bois claquent sur le pavage en une course précipitée.

Après un temps, d'autres socques claquent, à une cadence plus sereine. Le judas s'entrouvre, un œil s'y encadre, bleu, celui-là. Une voix au timbre émouvant questionne :

– Vous m'êtes vraiment envoyés par notre chère Geneviève ?

– Es-tu la révérende mère Chrona ?

– Sœur Saedeleuba, ici.

– Ce que nous avons à te confier ne peut se dire à travers ce guichet.

– Si vous étiez prêtres, à la rigueur... Êtes-vous prêtres ? Au moins l'un de vous ?

Loup regarde Otto, qui le lui rend bien. Là, ce serait plus qu'un mensonge : un sacrilège. Ils ne peuvent pas se permettre d'aller aussi loin. S'ils sont incroyants, celle qu'ils viennent voir ne l'est certes pas. Elle se fermerait à tout jamais, les ferait chasser, ferait prévenir le roi Gondebaud, peut-être. Otto doit reconnaître, assez piteux :

– Non, nous n'avons pas reçu les saints ordres. N'y a-t-il donc pas un moyen de se parler ailleurs qu'entre les murs du monastère ?

De l'autre côté de l'huis, on réfléchit. Une question filtre du judas :

– Geneviève ne vous a pas remis un écrit ? Ce serait plus simple.

– Pas d'écrit. Trop dangereux. Secret d'État.

De l'autre côté, on hésite. Enfin :

– Bien. Je vais arranger quelque chose. Mais ma sœur sera avec moi. Nous n'avons pas de secrets l'une pour l'autre.

– Ta sœur, révérende mère ?

– Clotilde.

Loup et Otto concentrent toutes leurs forces pour faire en sorte que leurs visages ne trahissent pas leur jubilation.

– Attendez-nous un peu à l'écart. Il n'est pas bien que l'on voie des hommes, des laïcs, se tenir ainsi à notre porte.

Ils attendent.

Pas trop longtemps. Une poterne ménagée dans l'un des imposants vantaux s'entrouvre avec parcimonie, une silhouette féminine qu'un ample et épais manteau enveloppe tout entière, capuchon rabattu, se faufile au-dehors. Une deuxième silhouette, semblablement emmitouflée, la suit de près et tire sans bruit la porte derrière elle.

La première constate :

– Ah, vous avez vos chevaux ? Qu'allons-nous en faire ?

Loup réplique, logique comme feu Aristote :

– Monter dessus.

Il ajoute :

– Nous allons loin ?

– Pas très. Ma sœur possède une petite maison hors la ville, au bord du lac, où elle loge notre chère vieille nourrice, celle-là même qui nous a fait échapper, jadis, et nous a sauvées du massacre où périt toute notre famille.

La voix égale de la religieuse a buté sur ces derniers mots. Plus que l'horreur ou le chagrin, c'est une implacable férocité qui en altère le timbre. Loup note cela.

Les deux femmes sautent lestement en croupe, négligeant les mains tendues des cavaliers.

Otto apprécie :

– Eh bien, révérende mère, pour une nonne...

– Nonne je suis, certes. Je n'en ai pas moins vingt ans.

C'est une petite maison de boue étayée de bois, couverte en chaume, qu'enveloppent de mystère les brumes montant du lac tandis que descend le soir. Un maigre jardinet l'entoure, bordé par une haie vive. Ce jardin de pauvresse vient mollement finir en pente douce dans l'eau clapotante, parmi les roseaux serrés d'où s'envolent en criant des couples de canards. Les grenouilles ne s'arrêtent pas de coasser pour si peu.

Les deux amis sont surpris. Ils s'attendaient à une vieillarde. La femme qui les accueille accuse une allègre maturité, svelte encore, bien en chair mais sans rien de trop. A la réflexion, puisqu'elle a nourri les deux sœurs au berceau, la « chère vieille nourrice » peut n'avoir guère dépassé la quarantaine, si même elle l'a atteinte.

Grande est l'affection que lui portent ses deux « petites », si l'on en juge d'après l'intensité et la durée des cris de joie, transports et embrassades. Elle se montre assez surprise de la survenue de ces deux cavaliers, visiblement arrivant de loin et dont la rusticité de la tenue dénonce des Francs. Mais, puisqu'ils lui sont amenés par ses petites, elle leur fait gracieux visage, les invite à s'asseoir sur les bancs dégrossis à la hache et pose devant eux sur la table rugueuse la cruche de bière de ménage débordante de mousse ainsi que trois épais gobelets de terre cuite. La nonne se récrie :

– Et moi, alors ? Je n'y ai pas droit ?

– Tes vœux, ma Crocro...

– Mes vœux m'obligent à la chasteté, qui est déjà une bien amère privation. Ils ne me contraignent pas à mourir de soif.

– Tu veux de l'eau ? J'en ai de la bien fraîche.

– De l'eau que tu puises dans le lac ? Moitié eau, moitié pisse de grenouille ! Pouah... Je veux de la bière, Nounou !

– Bien, bien. Mais je pense que c'est péché.

– Je le prends sur moi.

L'accorte nourrice se signe, grommelle, pose un gobelet devant sa rétive nourrissonne, se signe derechef et s'éloigne, toujours grommelant, pour rejoindre son rouet à filer. Otto la suit du regard, par habitude, une occasion de se réjouir l'œil sur une agréable silhouette féminine ne se laisse pas perdre, mais il ramène bien vite cet œil, et même les deux, vers un sujet de contemplation autrement captivant : le visage de la princesse Clotilde.

Il fait bon dans la chaumine. La nourrice a jeté quelques rameaux de bois mort glanés dans la forêt proche sur le feu qui pétille dans l'enceinte du foyer central. La fumée s'élève, mince et droite, et s'échappe par le trou du toit. La révérende mère se débarrasse de l'encombrant manteau. Sa sœur Clotilde en fait autant. Apparaissent, dans la rouge et dansante lueur des flammes, deux filles sorties d'un moule unique. Et quel moule ! Et quelles filles !

Otto est à ce point fasciné par ce qu'il voit qu'il demeure bouche bée, mâchoire pendante. Loup se voit obligé, d'un coup de coude sans tendresse, de le rappeler sur cette terre où l'attend une mission qui nécessite toute sa présence d'esprit.

C'est aussi qu'elles sont bien belles, les deux sœurs ! Toutes deux blondes, comme il se doit chez des filles de pure race nordique, toutes deux merveilleusement faites, autant que le laissent deviner leurs longues robes tombantes, de bure grossière pour la nonne, de laine blanche finement tissée pour sa sœur. Toutes deux fort dissemblables de visage, et pourtant unies par un air de famille qu'on peut décrire comme une vivacité dans le regard, une mobilité des traits, une bouche prompte au sourire et à la moquerie. La principale dissonance résidant dans une irrésistible propension à la douceur chez Clotilde, une ostensible résolution, un besoin d'agir et de commander, chez Chrona.

La révérende mère pose son gobelet en le faisant sonner sur la table, laisse échapper un somptueux « Ah ! » de plaisir et, de but en blanc, attaque dans le vif :

– Eh bien, beaux cavaliers étrangers, peut-être pourriez-vous me dire, maintenant, quel est ce mystérieux message dont veut me faire part ma mère Geneviève et qui vous fait accourir de si loin ?

Loup commence :

– Eh bien...

Au même moment, Otto, l'œil rivé à Clotilde, se lance .

– Voilà...

Tous deux en restent là, tous deux se regardent. Les filles rient de bon cœur. Chrona prend les choses en main :

– Toi, là, l'homme au visage de Hun qui se serait décoloré les cheveux à la potasse – pour les yeux, je ne vois pas comment tu as pu faire, tu m'expliqueras –, tu parais moins ahuri que ton compagnon. Vas-y.

– Révérende mère...

– Nous sommes entre nous. Les amis de Geneviève sont nos amis. Appelle-moi Chrona.

– Eh bien, euh... Chrona, tout d'abord, nous ne sommes pas envoyés vers toi par Geneviève.

– Bon début ! Vous êtes des imposteurs, et vous le reconnaissez. C'est déjà un point d'acquis.

Elle plonge la main dans l'échancrure de sa robe, en tire un poignard fort pointu et, apparemment, aiguisé de frais, le pose sur la table, à portée de sa main droite.

– Si vous faites le moindre geste un peu brusque... Vous m'avez comprise. Je m'en sers très bien et j'ai plus de force qu'il n'y paraît. Reprenons. Vous n'êtes donc pas envoyés par Geneviève. Vous avez usé de ce prétexte pour pouvoir m'approcher afin de me parler. Ou de m'enlever. Ou de m'assassiner. C'est chose courante, par ces temps... Non, Nounou, ne te dérange pas, et laisse cette hache. Il n'y a rien là que je ne puisse régler seule.

Elle se tourne vers Loup. Son visage n'est plus aimable du tout.

– J'attends tes explications.

– D'abord, il me faut te dire que, si je me suis servi du nom vénéré de Geneviève, c'est parce que je sais qu'elle ne me désavouera pas, quand elle viendra à le savoir. Vois-tu,

Geneviève m'a mis au monde et a veillé sur mon enfance. Je puis dire qu'elle m'aime comme un fils et a toute confiance en moi.

– Attends...

Chrona scrute avec grand soin le visage de Loup.

– Mais oui, bien sûr ! Tu es ce Hun blond dont il est tant parlé. Tu es un des leudes du roi Clovis, et donc un païen.

– Tu dis vrai. Je me suis servi du nom de Geneviève, non comme tromperie, mais comme caution. En fait, je suis bien chargé d'une mission, non par elle, mais par le roi Clovis, mon maître. Cette mission est secrète. En t'en faisant part, je la trahis, et je trahis le roi Clovis.

– Trahir ta mission ? Pourquoi ferais-tu cela ?

– Parce qu'elle ne me plaît pas.

– Voyez-vous ça ! Et en quoi suis-je concernée, là-dedans ?

– Tu n'es pas concernée. Ta sœur l'est. Elle séjourne au monastère. Pour la joindre, nous avons dû passer par toi.

– On avance, on avance ! Continuons. En quoi ma sœur intéresse-t-elle les envoyés du roi Clovis ?

– En ceci que le roi a l'intention de la demander en mariage et qu'il nous a envoyés en éclaireurs, voir un peu la bête de près.

– Et cela ne te convient pas ?

– Je ne suis pas maquignon en femmes à vendre. Au lieu d'examiner discrètement, d'espionner, en somme, ainsi qu'il m'était prescrit, j'ai jugé préférable d'attaquer la chose de front, d'obtenir un rendez-vous – qui doit rester secret, cela va de soi – avec Clotilde, de lui dire tout de go ce qu'il en est, et de savoir ce qu'elle en pense.

– Car tu donnes de l'importance à son avis ?

– C'est elle qu'on veut marier. Elle a son mot à dire, il me semble.

– Eh bien, demandons-le-lui.

L'abbesse se tourne vers sa sœur.

– Clotilde, ma chérie, tu as suivi la conversation. Je ne vais donc pas te la répéter. Veux-tu, ne veux-tu pas, épouser Clovis, roi des Francs ?

Le moins qu'on puisse dire est que la jeune fille ne saute pas de joie. Elle hausse les épaules :

– C'est de la politique. Tout ce qu'ils font est de la politique. Une quelconque combinaison du roi Gondebaud, notre oncle, en vue de je ne sais quel projet d'alliance militaire... Il ne nous laissera donc jamais en paix, celui-là ?

Loup juge bon d'intervenir :

– Princesse, je puis t'assurer que le roi Gondebaud n'y est pour rien. Je pense même qu'il serait plutôt opposé à l'idée de te marier au roi Clovis. Ne tiens pas compte de lui. Interroge-toi. Sache si, du fond du cœur, tu souhaites cette union. C'est cela que je veux savoir, plutôt que l'état et le nombre de tes dents, qui d'ailleurs sont parfaites.

Clotilde empoigne à deux mains ses cheveux que le chignon, défait, a laissés retomber en une masse d'or liquide sur ses épaules. D'un ample geste des bras, elle les rejette en arrière et les noue de nouveau, serrant l'épingle entre ses dents. Otto ne laisse rien perdre de l'élégance du mouvement.

Ayant planté l'épingle là où ça se plante, Clotilde se tourne soudain vers Loup.

– Du fond du cœur, dis-tu ? Veux-tu que je te fasse voir ce qu'il y a, au fond de mon cœur ? Il y a ce que je sais de ton roi Clovis. C'est en vérité peu de chose, mais ça me suffit. D'abord, c'est un horrible païen. Il offre des sacrifices, parfois humains, dit-on, à des arbres, à la lune, à des idoles de bois. Il n'a jamais consenti à écouter la parole du Sauveur, malgré les sages objurgations des évêques Remi et Avit ou les prières de la sainte femme Geneviève. Il est né des monstrueux accouplements du roi libidineux Childéric avec la femelle en chaleur Basine, légitime épouse de ce roi de Thuringe qui l'avait recueilli et sauvé quand, de par les conséquences de sa luxure, il était en grand péril de mort.

« On le dit cruel, sauvage, violent, vindicatif, n'oubliant jamais une injure, et excessif dans ses vengeances. Une peccadille vaut la mort, qu'il aime donner de ses propres mains.

« Il aime la guerre pour la guerre, pour l'odeur du sang répandu, et aussi pour le pillage, car c'est un avare en même temps qu'un ambitieux insatiable.

« Je sais aussi qu'il a déjà un fils, né d'une fille d'un roi des Francs du Rhin, laquelle vit auprès de lui, sans parler des concubines qu'il entretient, très chichement, d'ailleurs.

« Voilà ce qu'il y a, au fond de mon cœur, concernant ton roi Clovis.

Elle s'interrompt, haletante pour s'être échauffée à ses propres paroles. Elle conclut, criant presque :

– Je n'ai jamais eu au cœur aucun amour terrestre, si ce n'est pour ma sœur bien-aimée et pour la nourrice qui nous a arrachées à la mort et nous a entourées de sa tendresse. Je m'efforce, car je suis chrétienne, de ne pas haïr Gondebaud, cet oncle qui assassina de sa main mon père, ma mère et toute ma famille. J'avoue que j'y parviens mal et dois fréquemment me confesser de ce que, la nuit, il m'arrive de m'éveiller, terrorisée, en pleurs, appelant sur Gondebaud la plus horrible des morts.

« Je ne sais si j'éprouverai un jour pour un homme ce que les poètes appellent “ amour ”. Si cela ne m'est pas donné, alors je me vouerai au Seigneur Christ Jésus, comme a fait ma sœur. En tout cas, sache bien que jamais, jamais, je n'épouserai ton Clovis ! Jamais !

Elle se tait. Tant de véhémence dans la répulsion surprend Loup. Après tout, Clovis est puant, certes, mais ne le sont-ils pas tous, les puissants, à commencer par cet épouvantable Gondebaud, qui pourtant est chrétien ? Il dit :

– Eh bien, voilà qui est net. J'ai été bien inspiré de venir te demander quel est ton sentiment.

Otto se gratte la tête, signe d'embarras. Il objecte :

– Très bien. Et maintenant, qu'allons-nous rapporter à Clovis, nous autres ?

Chrona a l'air de bien s'amuser. Elle en rajoute :

– Oui. Qu'allez-vous lui raconter, à votre roi amoureux ?

– Oh, je ne sais pas, moi. Il faut y penser.

Otto propose, tout frétillant :

– On va lui dire que sa Clotilde n'est pas du tout la perle annoncée !

– Qu'elle boite !

– Qu'il lui manque des tas de dents sur le devant ! Il paraît tenir beaucoup aux dents, surtout sur le devant.

– Qu'elle a l'haleine fétide !

– Qu'elle va le tarabuster jusqu'à ce qu'il se fasse chrétien !

Chrona, depuis un instant songeuse, intervient :

– J'en veux bien, moi, de votre ours mal léché.

Silence brutal. Passé le premier ébahissement, Otto objecte, bêtement :

– Mais... Ce n'est pas toi qu'il veut. C'est Clotilde.

– A-t-il vu Clotilde ? Non. Je m'appellerai Clotilde.

Clotilde s'écrie :

– Tes vœux ?

– Le pape est mon cousin.

Loup fait remarquer :

– Ce serait mettre le pape dans le secret.

– Tu as raison. Pas de pape. Tout en famille. Eh bien, ma Clotilde, dès cet instant tu es Chrona, tu es sœur Saedeleuba, tu diriges ce monastère, rien de changé apparemment. Les nonnes ne te verront que voilée. Où est le problème ?

Clotilde manque visiblement d'enthousiasme.

– Le problème ? Il est en ceci que je n'ai nulle vocation à mener des nonnes, et que ce serait commettre un sacrilège horrible car, ne l'oublie pas, tu es l'épouse du Seigneur Christ et tu commettrais à son égard un adultère gravissime.

Otto pouffe :

– Le dieu-cadavre cocu ! C'est la meilleure !

La chose à ne pas dire... Les deux sœurs se signent, tombent à genoux et se mettent à prier à toute vitesse, avec grande contrition et force coups de poing sur la poitrine. La nounou, dans son coin, en fait autant. Les deux sans-dieu demeurent seuls assis à la table, tout marris d'avoir déclenché cette avalanche de patenôtres. Et que faire en un gîte lorsque l'on est marri ? Finir la bière qui tiédit dans la cruche. Ce qu'ils font en attendant que ça se passe. Otto, qui jette de-ci de-là quelques coups de sonde furtifs, n'ose croire ses yeux qui lui disent que la révérende mère retient sous cape un furieux fou rire.

Tout a une fin. Les deux pénitentes se relèvent, époussettent leurs genoux du plat de la main. La nounou, cela va de soi, en fait autant. Clotilde garde un visage sévère, mais on sent qu'elle se force. Chrona, elle, n'y va pas par quatre chemins. La voilà qui remet ça :

– Savez-vous que j'y tiens, à mon idée ? Plus j'y pense, plus ça me tente. Fonder un monastère de filles, ici, en plein pays arien, ça avait de la gueule. Il a fallu se battre, persuader la hiérarchie, trouver des sous, surveiller la construction des bâtiments, former des novices... J'aimais bien. Mais, une fois lancée, la chose court toute seule. Être la supérieure d'un troupeaux d'ouailles bêlantes, tant pis si je blasphème, c'est vite fastidieux.

« Voyez-vous, ce Clovis à l'état brut m'intéresse furieusement. Un fauve à dompter, une puissance formidable à diriger où l'on veut, ici, là... Et d'abord, en faire un chrétien ! Ça, c'est un but ! Un chrétien catholique, naturellement. Le premier roi barbare catholique... Tous les peuples se donneront à lui ! Le monde sera à lui, à nous ! Nous n'aurons qu'à le cueillir.

Loup écoute, médusé par l'énergie de cette fille si jeune. Il croit devoir doucher son enthousiasme :

– Clovis ne pourrait se laisser baptiser sans que les Francs ne se révoltent et ne le massacrent. Les Francs sont encore très proches de l'état nomade des Ancêtres venus du Septentrion. Les prêtres et les augures des dieux du Walhalla sauraient ameuter la nation.

– Cela ne fait jamais qu'un obstacle de plus à surmonter, voilà tout ! J'aime la difficulté, j'aime me battre quand ça en vaut la peine... Et puis, songe, ma Clotilde, tenir en laisse ce fauve superbe, cette bête carnassière, et la lâcher sur l'infâme Gondebaud... Quelle revanche !

Clotilde ne s'est pas laissé gagner par cette exaltation. Calmement, elle objecte :

– Dieu interdit la vengeance.

– La Loi dit : « Œil pour œil, dent pour dent. »

– Mais le Seigneur Christ Jésus a changé la Loi. N'a-t-il pas dit : « Si ton ennemi te donne une gifle, tends-lui l'autre joue » ?

– Bref, Clotilde, tu me laisses tomber ? Tant pis. Je me débrouillerai seule. Je te demande seulement de garder le secret.

Otto a tiré Loup à l'écart.

– Sais-tu que ça ne me déplairait pas, à moi, de jouer ce bon tour au Clovis ?

– J'y pensais, figure-toi. C'est tentant. Mais pas couru d'avance, pas du tout ! Or il y a là-dedans péril de mort affreuse pour bien du monde.

– A commencer par nous.

– Et tous ceux que nous aimons.

– Mais ça donne envie, non ? Pousser cette mégère dominatrice dans les griffes du petit prétentieux qui s'attend à voir arriver un doux agneau bien docile qui lui pondrait dans la main des portées de louveteaux aux crocs dévorants et puis retournerait gentiment filer sa quenouille dans son coin... La bonne blague ! Elle le dévorerait tout cru, en ferait sa chose...

– Hum... Il conquerrait et tuerait pour elle, écraserait ses voisins, lui offrirait le monde sur un plateau... A la réflexion, je ne suis pas sûr que ce soit une bonne idée. Il est déjà bien assez méchant comme ça.

– Mais non ! Mais pas du tout ! Tu oublies qu'elle est chrétienne ! Chrétienne fanatique. Elle prend conseil de Geneviève. Je te parie qu'en moins de deux elle le retourne, le fait plonger dans leur eau magique par Remi ou par n'importe quel autre de ces évêques, ce n'est pas ce qui manque, et voilà la bête féroce devenue elle-même agneau. Car, tu ne l'ignores pas, le dieu-cadavre, le Christ, comme ils disent, défend le meurtre et interdit formellement la guerre.

– *Ecclesia abhorret a sanguine.*

– Ce qui veut dire ?

– L'Église a horreur du sang répandu. C'est très beau, en principe. Seulement... Tous les grands despotes teutons sont baptisés et vont très dévotement à la messe, ce qui ne les dissuade nullement d'assassiner à tour de bras frères, sœurs, cousins, neveux, et même père et mère, quand ils les gênent, et d'entreprendre des guerres épouvantables, de faire ravager et massacrer des populations entières pour un bout de province ou quelques chariots de butin.

– Ceux-là sont tous des ariens ! C'est la mauvaise espèce. Leur christianisme n'est pas le bon. Il ne vaut rien, et la preuve. Clotilde – enfin, celle qui serait désormais Clotilde – ferait de son Clovis un catholique bien léché. Ceux-là sont doux.

– Je vois que tu as encore des illusions à perdre. C'est signe de jeunesse... Tout, hélas, nous donne à voir que l'homme reste homme, c'est-à-dire une bête de proie livrée à ses instincts de stupre, de rapine et de meurtre, qu'il adore les dieux de l'Olympe, ceux du Walhalla ou bien ton empalé arrivé d'Orient dans les bagages des Hébreux chassés de Palestine.

– Crucifié.
– Tu dis ?
– Pas empalé. Crucifié.
– Quelle différence ? Empalé, crucifié, pendu, écartelé... Tu crois qu'ils répugneraient à adorer un dieu empalé ?
– Crucifié, ça donne au condamné une attitude pleine de noblesse, tu vois : les bras larges ouverts, la tête penchée sur le côté, l'air de dire « Venez à moi »... Empalé, tu imagines ? Jamais ils n'auraient osé planter ça en haut de leurs temples ! La croix fait un bel emblème, qui porte aux idées élevées, alors que le pal, qu'on le veuille ou non, évoque immanquablement l'endroit par où la pointe pénètre, endroit qui non seulement manque de noblesse, mais prête à rire. Va fonder une religion sur un dieu empalé, toi !
– C'est pourtant vrai. Ce que c'est que le hasard, quand même ! Si les Huns l'avaient pris, au lieu des Romains, il n'y aurait pas de christianisme. Les Romains auraient dû y songer, quand ils l'ont condamné.
– Eh oui ! On ne saurait penser à tout.

Tandis que les deux amis menaient cette discussion d'une haute spiritualité, les deux sœurs sont parvenues à une décision. L'énergique Chrona est présentement en train de dépouiller Clotilde la douce de son aristocratique robe de fine laine blanche, tandis qu'elle-même a laissé tomber à ses pieds la bure rugueuse. Elle n'apporte à l'opération nul excès de délicatesse. Clotilde pleurniche « Tu me tires les cheveux ! ». Chrona n'en a cure.

Pendant un laps de temps hélas trop court mais néanmoins bon à prendre pour le connaisseur averti, les deux corps virginaux s'agitent, nus, dans la diabolique lumière rouge du foyer. Otto tombe à genoux, mains jointes, foudroyé par tant de beauté, ne sachant à laquelle des deux vouer son adoration, se décidant enfin pour Clotilde, disons pour celle qui fut Clotilde et ne le sera plus.

Chrona, enfin, l'ex-Chrona, enfin, bon, la nouvelle Clotilde – appelons-la une bonne fois Clotilde et n'en parlons plus –, Clotilde, donc, annonce aux personnes concernées :

– Vous pouvez aller rendre témoignage à votre maître le roi Clovis que la princesse Clotilde, fille de Chilpéric, apparentée à Alaric, roi des Wisigoths, par son ancêtre l'illustrissime Athanaric, est en tout point digne de sa couche.

« Garantissez-lui qu'en aucun endroit de son visage ou de son corps parfait ne se montrent les hideux stigmates de la lèpre, de la petite vérole ou de toute autre vilaine maladie cachée, ainsi que vous l'avez pu constater bien à votre aise, mes cochons. (Ils rougissent, mais approuvent.) Dites au roi qu'elle n'est ni bossue, ni bancale, ni branlante, ni borgnesse, ni manchote, ni morveuse, ni pisseuse sous elle. Dites-lui qu'elle a les plus beaux yeux du monde et la tendre peau d'un enfantelet, surtout à l'intérieur des cuisses, tout en haut, là où c'est si doux. Touchez, si si, touchez ! (Ils touchent, rougissent, font oui de la tête.) Dites-lui qu'elle a des cheveux à ne savoir où les mettre et soyeux à damner un ange. Dites-lui que ses dents sont saines (elle les montre) et qu'il n'en manque pas une au total. Voulez-vous compter ? (Ils font courtoisement signe qu'ils s'en remettent à sa probité.) Ah, j'oubliais : dites-lui encore que la princesse Clotilde a, par des indiscrétions, entendu mentionner ses vues matrimoniales concernant sa précieuse personne et qu'elle est chastement soumise à son désir, prête à devenir son épouse fidèle, douce, bien obéissante et pondeuse de fils en veux-tu en voilà.

« C'est dit, mes drôles. Eh bien, qu'attendez-vous ? Sautez à cheval ! La route est longue.

Ils s'entreregardent, un peu clignotants des yeux. Les événements vont si vite... C'est alors que l'ex-Clotilde, tout en se grattant furieusement car la bure râpeuse la démange, fait entendre sa douce voix :

– Et moi, dans tout ça ?

L'autre Clotilde – la nouvelle ! – la toise :

– Toi, ma chérie ? Eh bien, tu vas prendre ma place comme j'ai pris la tienne, c'est tout simple. Tu es dorénavant la mère supérieure de ce monastère. Te voilà d'ailleurs déjà en tenue.

Clotilde – l'ex : elle n'a pas encore accepté l'échange des noms – ne l'entend pas de cette oreille. De sa voix toujours aussi douce, elle profère ces étonnantes paroles :

– Je ne serai pas une révérende mère. Je ne serai pas une nonne. Je crois de tout mon cœur en notre glorieux Sauveur, le Seigneur Christ Jésus, mort sur la croix pour nos péchés (elle se signe), mais je ne me sens pas prête pour entrer dans la sainte cohorte des vierges consacrées, Ses épouses.

– Qui, alors, prendra en main le monastère ?

– Ça, c'est ton problème, ma chérie. Ce ne sera pas moi, en tout cas.

La presque fiancée du roi Clovis hausse les épaules.

– Je me débrouillerai. Je me débrouille toujours. Mais toi, que deviendras-tu ? Où iras-tu ? Tu seras un danger pour moi, si l'on découvre...

– Et les dangers, dans notre famille, on sait comment les supprimer, n'est-ce pas ? Mais je te rassure. Tu n'auras rien à craindre. Notre oncle Gondebaud, notre tuteur (elle crache à terre), nous a vues pour la dernière fois quand nous avions six ans. Seule, Nounou... Tu ne crains pas Nounou, quand même ?

Tous les regards se tournent vers la nourrice, oubliée dans son coin. Elle pleure, sans bruit, sans cesser de filer sa quenouillée de laine. Voyant qu'on la regarde, elle dit :

– Ne vous souciez pas de moi. Est-ce que je compte, moi ? Menez vos affaires à votre idée. Si je pleure, ça ne regarde que moi. Quoi qu'il arrive, je vais perdre l'une de vous, et peut-être les deux. Et quoi que tu fasses, je ne te trahirai pas, ma Crocro, même sous la torture.

Les deux Clotilde, pleurant à leur tour, courent se jeter dans les bras de la chère femme. Otto aussi aimerait s'affaler sur l'accueillante poitrine. Il a le cœur lourd, Otto. Un amour nouveau vient d'y faire son nid, un amour fou, imbécile, mortel. Un de plus.

Les deux cavaliers sont en selle. Ils prennent congé des deux sœurs, devant la maisonnette de la nourrice. Clotilde – nouvelle façon – leur martèle ses ultimes recommandations :

– Surtout, n'ayez pas peur d'en remettre ! Il faut que le roi tombe fou d'amour rien qu'à ouïr la description de mes charmes et qualités. D'ailleurs, vous n'aurez guère à vous forcer, je suis très belle, très bien faite et très douée.

Loup, galamment, s'incline :

– Nous l'avons constaté. Tu es digne de l'amour d'un grand roi.

– Et même d'un empereur. Il n'y en a plus. Dommage.

On badine... L'ex-Clotilde fait alors remarquer, sans forcer sa douce voix mais en y laissant paraître un rien d'amertume :

– Vous allez nous quitter sans m'avoir donné un nom ?

Sa sœur se mord les lèvres, se rappelant soudain son existence.

– C'est pourtant vrai ! Puisque tu n'es plus Clotilde et que tu ne veux pas être Chrona, que seras-tu ?

Otto pense : « Dans mon cœur, tu seras toujours la Clotilde du premier instant », mais il juge préférable de garder cela pour lui.

Celle qui n'est plus Clotilde répond à sa sœur :

– J'y ai songé. Nous avons, tu le sais, pour arrière-grand-mère la grande Galla Placidia, fille de l'empereur Théodose. Elle avait épousé, de force, Ataulf, beau-frère d'Alaric, après la prise de Rome. Elle lui donna des enfants, parmi lesquels notre grand-père, puis, Ataulf étant mort, elle épousa Constance, dont elle fit un empereur. Elle régna pendant trente-cinq glorieuses années, fut une grande impératrice, fort pieuse et fort éprise d'amour charnel, ce qui lui causa de grands tourments. Je suis certaine dans mon cœur que le Seigneur Christ Jésus lui aura pardonné ses errements au bénéfice de ses vertus. Car le Seigneur, qui est tout amour, ne peut se montrer inexorable pour les excès d'amour, fussent-ils dédiés à la chair périssable, ne pensez-vous pas comme moi ?

Otto, directement mis en cause, bafouille :

– Euh... Tout à fait ! Quant à moi, si j'étais lui...

– Veux-tu te taire, vilain païen ! Tu blasphèmes... Bon. Où voulais-je en venir, moi ? Ah oui, je désire porter le nom de Galla Placidia.

Loup, toujours d'une logique d'acier :

– Lequel ? Cela en fait deux.

– Voilà. Tu as mis le doigt dessus. Je n'arrive pas à me décider.

– Tirons au sort.

– Pourquoi pas ? De toute façon, répudier le nom qu'on a reçu au Saint Sacrement du Baptême est sacrilège gravissime. Alors, un peu plus, un peu moins...

Otto risque, timidement :

– Placidia, ça fait un peu, comment dire, matrone, si tu vois.

Elle a une moue – adorable ! –, pose un doigt sur ses lèvres closes, signe d'intense concentration – de plus en plus adorable ! –, lâche enfin :

– Il y a de ça. « Placidia », ça me donne tout de suite trente livres de plus [1]. Galla te plaît ?

– Il me plaît si c'est ton nom.

– Voyez-vous ça ! Mais c'est que ce serait galant, ce grand machin !

---

1. La livre romaine (*libra*), pesait 327 de nos grammes.

Le grand machin se tortille sur sa selle, comme tourmenté d'une envie pressante. La passion s'extériorise avec ce qui lui tombe sous la main.

La petite, de l'index, fait le tour de l'assistance :

– Nous disons donc Galla. Une fois, deux fois... C'est bien vu ? Trois fois ! Adjugé. Voilà une affaire réglée. Maintenant, la suivante : où vais-je ? A cela aussi, j'ai réfléchi. Et j'ai la réponse : chez notre chère Geneviève. Elle ne nous connaît que par quelques lettres échangées, ne nous a jamais vues, n'a aucune raison de ne pas croire que je serai ce que j'affirmerai être, c'est-à-dire une jeune fille catholique de bonne famille vivant en pays wisigoth d'où elle a réussi à s'échapper après que les persécuteurs ariens eurent massacré ses parents. C'est une première ébauche. Par la suite, je fignolerai.

Mettant à profit la stupeur qui rend muets sa sœur et les deux Francs, elle enchaîne :

– Au fait, beaux cavaliers, partant de Genève pour aller à Soissons, il n'y a pas grand détour à passer par Paris, ou bien je me trompe ?

Loup répond :

– C'est faisable.

– Le temps de ficeler mon baluchon, je saute en croupe. Attendez-moi, surtout !

Elle court, sa sœur sur les talons. Loup jette à Otto, par-dessus l'épaule :

– La croupe dont elle parle, ce sera celle de ton cheval, je suppose ?

– Je pèse moins que toi.

Les rois Clovis et Gondebaud, après d'âpres marchandages où Gondebaud dut céder Auxerre, se sont enfin donné l'accolade fraternelle sur leur radeau ancré au beau milieu de la Cure, scellant ainsi la paix retrouvée. Burgondes et Francs n'ont donc, pour le moment du moins, plus de raisons de s'entretuer. Le voyage de retour des deux cavaliers et de la jeune personne en croupe devient de ce fait une fort agréable promenade.

Plus agréable encore pour Otto, sinon pour son cheval. Otto vit un enchantement. Deux délicates petites mains où palpite la vie s'accrochent à ses flancs, remontant soudain, lorsque le meilleur état de la chaussée ou du sentier invite à un trot enlevé, jusqu'à la poitrine du cavalier, qu'alors deux jeunes bras enserrent sans nulle retenue, tandis que deux seins innocents s'écrasent contre son dos et qu'une joue fraîche se plaque à sa joue.

Comme promis, ils font le détour par ce Paris que Loup, rétif à la nouveauté, s'obstine à nommer « Lutèce », de là gagnent les hauteurs dominant la Seine où se blottit l'humble hameau de Nanterre. Ce n'est pas sans émotion que Loup retrouve les lieux champêtres où il courut, enfant, derrière les papillons. Les ravages de la guerre et du siège ont peu touché ces collines protégées par l'auréole de sainteté qu'amis et ennemis, païens et chrétiens, vouent à la vierge aimée de Dieu.

Ils parviennent enfin au portail du monastère où vit Geneviève ou, pour mieux dire, d'où elle règne. Loup empoigne la chaîne au contact si familier à sa paume, mettant en branle la cloche dont le son aigrelet le replonge vingt ans en deçà. S'ensuit un fracas de socques de bois claquant sur les dalles. Comme il est d'usage dans tous les huis monastiques, un étroit guichet se démasque, ne laissant voir qu'une paire d'yeux vigilants. Deux yeux constituent une assez maigre source de renseignements, pourtant ceux-là éveillent un souvenir chez Loup et donnent un choc à Otto. Un faible cri d'oiseau surpris au nid incite à penser que le choc est réciproque de part et d'autre du massif panneau agressivement clouté de fer.

Néanmoins, esclave de la consigne, une voix que l'émotion altère, mais pas au point de la rendre méconnaissable, pose les questions d'usage :

– Qui êtes-vous ? Euh... Non, ça, je sais. Alors : qu'êtes-vous venus chercher ?

– Nous sommes venus demander audience à la révérende mère Geneviève, Gis...

La voix le coupe vivement :

– Sœur Marie-Madeleine de la Contrition, s'il te plaît. Enfin, pas encore, je ne suis que novice, mais ce sera mon nom en religion. Il faut que je m'habitue... Mon nom d'épouse du Seigneur Christ Jésus.

Il semble bien à Otto que ces dernières paroles ont été ponctuées d'un soupir. Mais l'épaisseur du bois ne rend sûr de rien.

Les socques de bois s'éloignent, les socques de bois reviennent. Le guichet claque :

– La révérende mère vous attend.

La poterne s'entrouvre, ils la franchissent, après avoir passé les brides de leurs chevaux dans les anneaux scellés au mur. Devant eux le dos bien droit de la novice, qui les précède, mains enfoncées dans les vastes manches de bure, faisant hautement sonner les socques sur les dalles. Ils ne verront que ce dos. La frêle silhouette s'efface par une porte de côté lorsqu'ils pénètrent dans la cellule où les attend Geneviève.

C'est toujours avec un grand sourire que la redoutable sainte femme accueille son petit Loup, son enfant par procuration. Aujourd'hui, ce sourire vacille, un pli barre le front de Geneviève lorsqu'elle se rend compte que les visiteurs sont trois... Loup et Otto mettent un genou en terre. La jeune personne en trop y met les deux, joignant les mains dans une attitude d'adoration. Loup sent qu'il y a de la tension dans l'air. C'était prévu. Il faudra jouer serré. D'abord, la politesse.

– Je te salue, Mère.

– Sois le bienvenu, mon fils. Tu le seras toujours, ainsi que ton ami.

– Je te salue, révérende mère, dit Otto.

– Tu me salues, Otto, c'est très bien. J'aimerais savoir si, à chacune de tes visites, je dois m'attendre à ce que tu m'amènes quelque pécheresse dont, pardonne-moi le mot, tu viens te débarrasser chez moi ?

Otto proteste en grande véhémence :

– Pécheresse ? Que dis-tu là, révérende mère ? Cette enfant est pucelle de la tête aux pieds et même au-delà ! Aucune pensée impure ne l'a jamais effleurée. Ce détestable mot de « pécheresse », elle l'entend pour la première fois, il pourrait troubler son âme innocente. Vois, sans même savoir de quoi il retourne, elle rougit !

Là, Otto prend un risque, risque calculé, toutefois. La jeune personne garde les yeux modestement baissés, ses joues s'estompent dans une ombre propice, et puis, Geneviève n'a plus ses yeux de vingt ans.

– Si elle n'est pécheresse, qu'est-elle, alors ? Et *qui* est-elle ? Qui es-tu, ma fille ?

Otto s'empresse :

– Elle se nomme Galla. C'est une enfant dont les parents ont été sauvagement massacrés par les hérétiques de l'exécrable secte d'Arius, car ils étaient bons et vrais catholiques, et...

– Ne peut-elle répondre elle-même ? Et puis, tu en fais trop, vilain athée ! N'entasse pas les « exécrables » et les « hérétiques », tu ne fais que redoubler ma méfiance. Réponds, jeune fille.

Galla lève vers Geneviève un menton intimidé.

– Mère très vénérée, je suis Galla, fille de Placidius et d'Arthégonde. J'ai été élevée sur le domaine qu'ils exploitaient, en pays burgonde, au pied des hautes montagnes limitant au nord le territoire italien des Ostrogoths du roi Théodoric. J'ai été catéchumène puis baptisée en la foi catholique. Je crois en Notre Seigneur le Christ Jésus, Sauveur des hommes, vrai Dieu de vrai Dieu, engendré et non créé, et en la prééminence de l'évêque de Rome, notre pape bien-aimé, placé par le Sauveur lui-même à la tête de Sa Sainte Église.

Elle a lâché tout le paquet d'un trait, avec un peu trop l'air de réciter, mais, justement, ce débit mécanique est tout à fait celui qu'on acquiert au catéchisme. Geneviève relâche d'un cran sa méfiance, sinon son austérité.

– Pauvre enfant. Que puis-je pour toi ?

Loup estime que son tour est venu de manœuvrer.

– Mère, quand nous avons trouvé cette petite, hébétée de terreur, tremblante de froid, tapie dans un fossé comme un gibier traqué, nous en avons été fort embarrassés. Tu dois savoir que, Otto et moi, nous étions alors chargés par le roi notre maître de mener une enquête des plus discrètes et ne pouvions perdre notre temps ni risquer de compromettre notre mission. Nous ne pouvions pas non plus nous résoudre à abandonner cette proie en pays burgonde, où les ariens ont pratiquement toute liberté de persécuter et de mettre à mort les catholiques, le roi Gondebaud les y encouragerait plutôt en sous-main.

« Nous avons donc paré au plus pressé. Nous l'avons tirée de Burgondie, la présentant comme esclave slavonne nouvellement acquise par Otto, et nous comptions l'emmener avec nous jusqu'à Soissons où elle serait demeurée en sûreté dans ma famille le temps qu'elle reprenne force et courage, ensuite de quoi nous aurions avisé sur le meilleur parti. Mais voilà que, en cours de route, s'étant quelque peu rassurée et ayant repris ses esprits, elle manifesta le désir de se placer sous ta protection, car ta renommée de sagesse et de charité est grande par le monde. Du fond de sa lointaine et sauvage province elle avait appris que tu es la protectrice des orphelins, des pauvres et des malades comme de toutes les détresses, et aussi que ton dévouement à la foi catholique est sans limites.

« Voici, Mère. Nous te la confions, si tu veux bien accepter de lui donner asile, au moins pour un temps.

Geneviève, pendant tout ce récit, n'a pas cessé, le menton sur le poing, d'examiner, pensive, l'orpheline toujours à genoux, mains jointes, yeux baissés. Loup ayant terminé, elle demande :

– Petite, as-tu vocation de te donner au Seigneur Christ ?

Surprise, la petite ne sait que balbutier :

– Je ne sais... Je n'y ai jamais songé.

Geneviève hoche la tête et, comme pour elle-même :

– En effet, elle a l'accent des marches de Rhétie [1].

A Loup :

– Tu as bien fait de me la confier. Elle sera hébergée au monastère le temps que son âme terrifiée recouvre quelque paix et puisse accepter avec courage cette épreuve que Dieu lui envoie. Ensuite, nous aviserons, ou plutôt : elle décidera.

Elle agite une de ces claquettes faites de deux planchettes de merisier qui servent à scander le rythme des cantiques à l'intention des fidèles pas très doués de l'oreille. Au sec appel des morceaux de bois, la novice de tout à l'heure accourt, pieds nus, cette fois. Les socques sont réservées aux trajets à l'extérieur des bâtiments. Son regard farouchement inexpressif voudrait ne pas dévier de la ligne droite dont l'aboutissement est Geneviève. Il ne peut cependant éviter un furtif glissement de côté en direction d'Otto, tandis qu'un imperceptible tremblement fait frémir – oh, à peine – le coin de ses lèvres.

– Petite, conduis Galla, que voici, dans une cellule d'hôte. Occupe-toi du nécessaire.

Sans un mot, la « petite » se retourne d'un bloc, repart droit par où elle est venue, passe la porte sans se préoccuper du rideau de peau de bœuf que sa tête fait voltiger. Galla a tout juste le temps d'un bref salut à Geneviève et d'une esquisse de sourire aux deux amis avant de courir à sa suite.

1. La Rhétie : contrée de l'actuelle Autriche, à l'est de la Suisse.

Geneviève, toujours songeuse, la suit du regard, puis, à peine a-t-elle disparu :

– Cette enfant a un air qui me rappelle quelque chose... Quelqu'un, plutôt... Un air de famille. J'ai déjà vu cet air. Attendez voir... Mais oui. Dans la dynastie wisigothe, branche burgonde... Ça y est ! Galla Placidia ! L'impératrice putain ! La bigote folle de son corps ! Je l'ai connue, savez-vous ? J'étais bien jeune, alors... Eh bien, je la retrouve dans le visage de cette enfant. Enfant, hum... Enfant plus près de la femme faite, et bien faite, ma foi, que du nourrisson, entre nous. Qu'en penses-tu, Otto ? Tu te troubles ? Elle te trouble ? Je comprends ça. Elle a tout ce qu'il faut. Jusqu'au nom. Galla...

Otto ne se sent pas très à l'aise. Pas du tout, même. Il commence à se demander si les extraordinaires pouvoirs que les peuples se plaisent à attribuer à cette femme, à cette prophétesse, à cette magicienne, pour tout dire, ne seraient pas fondés sur autre chose que le besoin éperdu de surnaturel. Loup, de son côté, sent la situation lui échapper. Geneviève se penche, prend un ton confidentiel :

– Tout à fait entre nous... En quoi donc consiste cette enquête que vous venez de mener en pays burgonde ?

La curiosité fait pétiller ses yeux d'un éclat enfantin, avive d'une pointe de rose les joues pâles. Loup rétorque tout net :

– Mère, je ne suis pas maître de te le dire.

– Enfant ! Le roi Clovis n'a pas de secret pour moi.

– Alors, demande-le au roi Clovis.

– Et si je te disais que, ton secret, je le connais ? Que, cette enquête, je peux te dire point par point sur quoi elle porte ?

– Je refuserais de t'entendre. Je n'ai pas à participer à une discussion où, sous une forme ou sous une autre, il serait question de cette enquête.

Loup préfère changer de sujet :

– Mère, toi qui lis dans les choses à venir, peux-tu me dire si la guerre va reprendre? Si les Wisigoths passeront la Loire?

Elle fait l'étonnée :

– C'est toi, fils, qui me demandes cela? Toi qui tiens pour billevesées ces pouvoirs qu'on m'attribue? Toi qui es tellement mieux placé pour voir fonctionner les ressorts qui font mouvoir les grands rapaces décideurs de guerre ou de paix?

– Eh bien, je dirais que Clovis veut maintenant digérer sa conquête. Il n'a nul besoin de guerre, pour le moment.

– Seulement, les armées d'Alaric sont sur la Loire. Clovis est persuadé que Syagrius le pousse à la reconquête.

– Mais non. Clovis sait bien que Syagrius est fini. Il a perdu la partie, il n'existe plus. L'entre-Somme et Loire ne pouvait être que franc ou wisigoth. Clovis s'est décidé le premier. Il a été le plus prompt. Le pays est donc et restera franc. Tu le sais fort bien, Mère, toi qui joues sans te cacher la carte de Clovis, ainsi que ton compère Remi et tous les évêques catholiques.

– Pourtant, Clovis veut Syagrius comme s'il représentait un grand danger. Il n'aura de cesse qu'Alaric ne le lui ait livré.

– Il y a le Clovis qui calcule et il y a le Clovis qui écume de rage. Il y a le Clovis stratège et il y a le Clovis ogre.

Ils sont sur le départ. Galla, en sa qualité de laïque, a obtenu le privilège de les accompagner jusqu'au portail. La novice les précède à grand fracas de socques sur le pavage. Les adieux d'Otto et de Galla ont une intensité dans l'émotion qui fait froncer le sourcil à Gis..., pardon, à la bientôt sœur Marie-Madeleine de la Contrition.

C'est au tout dernier instant, quand Loup, qui sort le dernier, n'a plus qu'une jambe en deçà de la poterne, que la petite empoigne son bras, le serre avec une énergie sauvage et, le fixant droit aux yeux, lui lance, très vite :

– Sauvez mon père ! Vous seuls le pouvez ! Sauvez mon père !

Otto pousse un gros soupir :
– Et voilà... Encore tout seul, une fois de plus !
– Bah, pas pour longtemps, j'en suis sûr.
– En attendant, mon dos a froid. Je n'ai pas l'habitude.

VIII

– C'est décidé, dit le roi Clovis. Je me fixe à Paris. J'aime cette ville. Elle est moindre que Soissons, toute ratatinée qu'elle est sur son île minuscule, mais elle fut grande sous les empereurs. Le grand Julien l'aimait, et moi, j'admire Julien. Maintenant que la voilà à l'écart des guerres, nous allons lui rendre sa splendeur première. Les collines des environs sont couvertes de palais, de thermes, de temples, d'amphithéâtres et de forums dont le marbre reste intact sous le lierre et la ronce. Depuis les malheurs des temps ils servent d'entrepôts, d'ateliers ou d'écuries au menu peuple des vignerons, des charrons et des tonneliers qui, en dépit des guerres et des famines, s'y accrochent à la vie de toutes leurs coriaces petites griffes. Nous y mettrons bon ordre.

Il chevauche, précédé et suivi des cavaliers de sa garde personnelle, tous choisis dans le clan des fils de Clodion le Chevelu.

Quittant la Seine et ses méandres, ils coupent par la vieille voie romaine qui, de Paris, file droit vers Rouen. Voie que Loup ne connaît que trop bien pour l'avoir parcourue, pieds nus, se jetant dans le fossé au moindre bruit de sabots, lorsque, âgé de neuf ans, il s'était enfui du monastère de Geneviève avec Waldrude, sa mère. Il se penche vers Otto :

– C'est donc à Nanterre que nous allons.

– Chez la prophétesse ?
– Chez Geneviève, oui.
– Ce n'était pas prévu.
– On ne nous a rien dit, mais, à bien y penser, il était inévitable que le roi, venant à Paris, fasse visite à celle qu'il nomme désormais sa chère vieille amie... Si même ce n'était pas là le véritable but du voyage.
– Nous voilà donc revenus à ce monastère. Décidément, on ne se quitte plus !
La gouaille d'Otto cache mal une émotion que Loup perçoit fort bien.
– Ne te fais pas trop d'idées. C'est un monastère de femmes. Nul homme n'y doit pénétrer, si ce n'est leur confesseur et, s'il lui en prend fantaisie, le pape, dont elles relèvent directement. Même l'évêque n'y entre pas. Si nous y avons été admis, toi et moi, c'est bien parce que j'y suis né et y ai été élevé, par faveur expresse de Geneviève, qui m'en a gardé tendresse. Si elle décide cependant, violant la règle qu'elle-même a édictée, d'y recevoir le roi Clovis, sois assuré que sa suite restera dehors, et nous avec.
Otto soupire :
– Tu crois ? Oh, et puis, c'est sans doute mieux comme ça. Mes battements de cœur ne valent rien à mon cheval, ils le font grelotter.

Otto tire sur la chaîne de la cloche. Le guichet claque. Son cœur cesse de battre. Il reprend bien vite son rythme de croisière lorsque, au lieu des yeux de lumière de sœur Marie-Madeleine de la Contrition s'encadrent dans l'étroite ouverture deux pauvres choses clignotantes et larmoyantes, aux paupières bordées de rouge, aux cils broutés par les chèvres de la décrépitude. C'est une voix cassée qui, plutôt que de poser la traditionnelle question d'identité, affirme :
– Roi Clovis, tu peux entrer. La Mère t'attend... Aïe ! Cette saloperie de nom de Dieu de verrou est plus dur que les

griffes du diable ! Je me suis arraché un ongle, moi, à ce putain de truc !

Tout de suite après cela s'entend, depuis l'autre côté de l'huis, le choc de deux genoux osseux heurtant le pavé, puis le marmonnement éperdu d'une voix sénile qu'accompagnent des coups de poing martelant sur de maigres côtes la culpabilité de la blasphématrice qui implore l'indulgence du Seigneur Christ.

Clovis tire sur sa moustache. Mauvais signe.

Enfin la poterne en couinant s'entrebâille. La poterne, pas les vantaux. Le triomphateur devra enjamber le bas de porte et baisser la tête. Une poterne, ce n'est pas très haut. Il descend de cheval, lance ses rênes à un vague cousin faisant office d'écuyer. Rassemblant les pans de son manteau d'un air de suprême dignité, il passe la poterne, de biais, car la vieille nonne préposée à l'accès, maintenant visible, n'estime pas convenable d'admettre un mâle, fût-il roi, dans ce chaste sanctuaire parfumé de virginité, aussi pense-t-elle rendre la chose moins damnable en n'entrouvrant l'huis qu'au strict minimum. Derrière Clovis, le gros Ragnacaire, roi de Cambrai, avance déjà le pied dans l'interstice, mais sœur Hildegarde de la Sainte-Croix – c'est son nom d'épouse du Seigneur Christ Jésus – le repousse d'une paume osseuse quoique péremptoire.

– Non, pas toi.

Et puis, à la stupéfaction générale, elle désigne, d'un index dont les rhumastimes ont altéré la rectitude, successivement Loup et Otto :

– Toi, là. Et toi.

En fait, Geneviève les reçoit dans la salle réservée aux catéchumènes, qui est un lieu considéré comme hors l'enceinte du monastère proprement dit, puisque c'est là qu'est donné l'enseignement des vraies lumières aux adultes, hommes et femmes, qu'a touchés la grâce et qu'il faut initier aux saints mystères jusqu'à ce qu'ils soient estimés dignes de recevoir le très saint sacrement du baptême qui en fera indissolublement des chrétiens.

Accolades, embrassades et paroles courtoises... Chacun prend place, Geneviève sur son usuel siège plein de hargne, Clovis sur une chose de fer à peine moins hostile à la fesse, Loup et Otto se tenant debout derrière leur roi, ainsi qu'il sied.

A je ne sais quoi dans l'ambiance, dans l'attitude quelque peu compassée de Clovis, tellement inhabituelle, chez lui, dans l'expression de tranquille domination de Geneviève, Loup perçoit qu'on n'est pas là seulement pour échanger des civilités. Il va se dire, peut-être se produire, des choses déterminantes. Et justement...

Et justement, voici que se soulève la peau de bœuf fermant une petite porte tellement discrète qu'on ne l'avait pas remarquée et qu'apparaît, baissant les yeux avec une modestie appliquée, mais rayonnant de toute sa splendide jeunesse dans la simple robe blanche qui tombe à longs plis jusqu'au sol, nulle autre que Chrona, ou plutôt la ci-devant Chrona, devenue Clotilde, jeune fille à marier.

« C'était donc cela ! » pense Loup. « Charmante surprise ! » pense Otto. Ce que pense Clovis ne peut que se conjecturer, rien n'en transparaît entre ses sourcils, qu'il a fort touffus, et sa moustache qui dissimule sa bouche. Geneviève quitte son siège, va à la rencontre de Chrona, qui s'agenouille devant elle. Elle lui prend les mains, la fait se relever, lui donne le baiser de paix, la conduit, non sans quelque solennité, jusque devant le roi.

Regard toujours baissé, ployant le genou, elle se tient, agneau sans tache comme sans volonté autre que celle qu'aura son maître, devant Clovis qui la détaille, l'œil froid, ainsi qu'on examine une génisse à la foire. Il finit par dire :

– Tu es Clotilde.

– Je le suis, seigneur roi.

Que de musique dans cette voix ! Geneviève intervient :

– Elle est de bonne race.

– Je sais qui elle est.

Il semble réfléchir, fait la grimace, ajoute :

– Elle est chrétienne.

– Tu ne trouveras aucune fille de sang royal qui ne le soit. Elle tient aux Burgondes par son père, frère du roi Gondebaud, et aux Wisigoths par sa défunte mère. Mais, alors que tous ceux-là croupissent dans l'ignominie arienne (Geneviève se signe), elle suit la voie droite.

– Catholique, tu veux dire. Comme toi.

– Comme moi, comme Remi que tu respectes et qui te conseille, comme tout le menu peuple des pays que tu viens d'acquérir... Et celui de tous ceux que, si telle est la volonté de Dieu, tu acquerras.

Clovis apprécie. Elle n'a pas dit « conquérir », mais « acquérir ». Il a un gros rire :

– Je n'ai jamais compté sur la volonté des dieux pour décider de mes... « acquisitions ». Cependant, les choses étant ce qu'elles sont, il ne serait pas mauvais, en effet, qu'à mon côté se trouve une épouse de même sentiment que les peuples sur lesquels il m'est donné de régner.

La conversation s'est déroulée jusqu'ici en langue franque, que Geneviève, elle-même issue d'une famille franque fixée en Gaule, parle aisément, et que la postulante au rang d'épouse, princesse burgonde cultivée, donc de langue maternelle germanique, pratique sans trop de peine. Clovis pose tout à trac une question en latin, qu'il baragouine fort mal, avec ce terrible accent tudesque dont on ne se défait jamais :

– Toi parler latin ?

Elle se tourne vers Geneviève, qui lui fait signe de répondre.

– Je parle et comprends le latin, seigneur roi, tant le vulgaire que le classique.

– Hum... Lire ? Écrire ?

– Je le lis et je l'écris, seigneur roi.

– Pas bon. Femme instruite, mari ignorant. Pas bon.

Geneviève juge judicieux d'intervenir :

– Un roi, un guerrier, a mieux à faire que s'user les yeux sur les grimoires. Tu as des comptables et des scribes pour graver dans les tablettes de cire ou pour tracer sur le papyrus [1] l'inventaire de tes avoirs et le récit de tes hauts faits. Ces gens-là, tous clercs d'Église, n'ont pas à connaître ta correspondance avec moi, avec les évêques Remi ou Avit, avec les autres rois, avec l'empereur de Constantinople, même. Ton épouse, le complément de ton corps et le prolongement de ton esprit, traduira pour toi les lettres, y répondra fidèlement ce que tu lui dicteras. C'est là un grand avantage.

Clovis grogne, mal convaincu. Mais la concupiscence qui se trahit par brefs éclats dans ses yeux lorsqu'ils glissent sur les avantages du jeune corps qu'exalte la robe sévère tout en les dissimulant opère à son insu. Il esquisse un geste de congé :

– Va, Clotilde. Nous nous reverrons.

Dans sa bouche, cela vaut affaire conclue, quoique dans un seul sens. Il ne s'engage à rien, alors qu'il a posé sa marque sur la jeune fille. Il donnera ou ne donnera pas suite, mais quiconque désormais se permettrait de convoiter Clotilde le paierait de sa vie.

Geneviève a regagné son austère cellule. Clotilde se tient devant elle, humble comme toujours. Cependant, à une certaine raideur, à une certaine crispation, on la sent sur la défensive. Geneviève se décide à parler :

1. Le parchemin ne sera d'usage courant qu'à partir du huitième siècle.

– Enfant, certes, tu es douce. Du moins le parais-tu. Cependant, tu n'es pas la plus douce.

– Que veux-tu dire, Mère ? La plus douce ? Plus douce que qui, donc ?

– La plus douce des deux. Car vous êtes bien deux sœurs, n'est-ce pas ?

– Certainement. Ma sœur Chrona dirige le monastère qu'elle a fondé, à Genève, en Burgondie.

– Ta sœur n'est pas à Genève. Elle est ici même. Elle ne m'a pas dit qu'elle est ta sœur. Mais cela saute aux yeux. Déjà, à son arrivée, je lui trouvais un air qui me troublait, que je ne parvenais pas à rattacher à un souvenir précis. Maintenant que je t'ai vue, je sais.

– Ma sœur est ici ? Ma sœur Chrona ?

– Non. Ta sœur Clotilde. Chrona, c'est toi.

– La fille qui t'a dit cela en a menti ! Je ne sais qui elle est, ni ce qu'elle veut, mais je suis Clotilde !

– Elle ne m'a rien dit. Si elle a menti, ce n'est pas à ton détriment. Elle cache son vrai nom et ses origines pour je ne sais quelle raison, mais certainement pas pour épouser le roi Clovis, qu'elle a en horreur, ni pour te nuire en quelque façon que ce soit. J'ai des yeux pour voir, une mémoire pour me souvenir et une raison pour mettre les choses les unes à côté des autres et faire le total de tout ça. Tu n'es pas la plus douce. Tu n'es pas Clotilde. Ce n'est pas une supposition, c'est une certitude. Maintenant, la question est : faut-il que j'en parle à Clovis ?

Effectivement, la douceur n'est pas, à cet instant, ce qui domine chez la jeune personne qui fait front à l'impassible Geneviève et qui affirme :

– Mère très respectée, je ne lutterai pas avec toi en cette controverse. Que je sois l'une, que je sois l'autre, qu'importe ? Je te dis que je suis Clotilde, pour Clovis je suis Clotilde, tiens-moi pour Clotilde ! De toute façon, ma sœur et moi, nous sommes du même sang... Tu ne me trouves pas assez douce ?

– Je sens en toi des ardeurs, une volonté, un besoin d'agir, de dominer, qui contrarient mes vues, pour tout te dire.

– Tes vues, Mère, je crois les deviner. Écoute. Je veux Clovis. Et je ferai ce que jamais un agneau bêlant, même dirigé par toi, ne pourrait faire : je l'amènerai au baptême.

Otto ne trouve pas le sommeil. Il se tourne et se retourne dans la paille. Pourtant, il fait bon, dans l'écurie. Un cheval hennit son rêve. Loup dort déjà. Otto sait quel tourment le tient éveillé : il est déçu. Tout au long de la visite de Clovis au monastère, il a espéré apercevoir, fût-ce de loin, la petite novice au nom impossible qu'il s'obstine, lui, dans son cœur, à appeler Gisèle. Mais on eût dit les cours et les bâtiments absolument déserts, tout au moins dans le secteur où se tint l'entrevue de Clovis avec Clotilde...

« Clotilde », tu parles ! Quand il y repense, Otto se dit que ce qui s'est passé là, sous ses yeux, ne lui plaît pas du tout. On dirait bien que Clovis l'invincible est en train de se faire repasser une marchandise pour une autre. Geneviève elle-même s'est laissé abuser par l'adroite et tenace Chrona – pardon, désormais Clotilde ! –, oh, et puis, tous ces prénoms de femmes qui sautent de l'une sur l'autre comme grenouilles sur nénuphars, il commence à s'y perdre, Otto... Ce qu'il a parfaitement compris, par contre, c'est que Loup et lui-même se retrouvent sans l'avoir cherché dépositaires d'un secret terrible. Il y va de la tête, rien de moins. Humilier Clovis ? Hou là là... Et avoir été les témoins de ça, pour ainsi dire les complices !... Et puis il se dit qu'il n'y a aucune raison que ça vienne à être su. Ce n'est pas lui, Otto, en tout cas, qui ira vendre la mèche, pas de danger ! Mais que cette paille est donc froide et hostile à son pauvre dos quand il n'y a pas un jeune corps tiède, muni d'une gentille paire de seins élastiques, pour faire tampon ! Il a pris de mauvaises habitudes, Otto.

A force de regret vient l'illusion. Otto s'enfonce doucement dans le sommeil, rêvant de l'élastique contact, y rêvant si fort qu'il en grogne de bonheur. Pour parfaire l'illusion, une petite main se faufile sous son bras, se pose sur sa poitrine, écarte la tunique, s'étire de tous ses doigts sur la peau... Mais c'est qu'elle est froide, cette main ! Elle réveille Otto. Qui sursaute.

– Tu es là !

– Chut...

Otto se tourne sur l'autre flanc. Histoire de vérifier *de visu*. L'illusion résiste à l'épreuve. Ils s'empoignent à pleins bras, à entendre craquer les côtes. Elle dit : « Non ! » Il ne dit rien. Elle supplie : « Viens ! » Il vient. Elle gémit : « Oui ! » Il rugit : « Arrrh... » Et puis ils parlent.

– Tu as pu t'échapper du monastère ? Une épouse du...

– Ne blasphème pas ! Je ne suis pas une nonne. Je ne le serai jamais. Il faut être pure. Je ne suis même pas une novice. Juste une converse.

– C'est quoi, ça ?

– La domestique des nonnes. Une espèce d'esclave. Ça fait les gros travaux, les choses sales.

– Sauve-toi ! N'y retourne pas. Reste avec moi.

Elle secoue la tête. Sa voix se brise :

– Tu ne peux pas m'emmener. Tu es de l'escorte du roi. J'appartiens au monastère.

– Et Clovis est au mieux avec Geneviève. Tu as raison. Ce serait voler le monastère. Écoute. Je reviendrai te chercher. Très vite. D'autant que Clovis veut s'installer à Paris. Je te demanderai à Geneviève.

Elle s'écarte de lui. Glissant par une haute ouverture en plein cintre, un rayon de lune bleuit la nuit, faisant soudain briller les yeux de la fille de façon irréelle. Il comprend que ce sont les larmes. Elle dit :

– Avant tout, tu as quelque chose à faire, souviens-toi.

Il attend.

– Tu dois sauver mon père.

Il lui répondrait bien que son père, d'après ce qu'il a pu constater pendant ces journées vécues ensemble, se soucie d'elle comme un cheval d'une perruque, mais il est comme ça, Otto, pour un sourire d'elle – pour un sourire de femme, en fait, et pour l'instant, la femme, toute la femme, c'est celle qui est là, l'incroyable qui est là, dans ses bras – pour, donc, un sourire d'elle, il irait lui cueillir la lune. Ce n'est pas la lune qu'elle demande. Son père ? Le gros prétentieux Syagrius ? D'accord. On le lui sauvera, son père.

Chevaleresque, voilà ce qu'il est, Otto. Mais il ne le sait pas.

– Je reviendrai te chercher quand ton père sera en sûreté. Loin de Clovis. A Constantinople, s'il le faut. Ou en Afrique, chez les Vandales.

Et puis, un souvenir lui revient.

– Mais, dis-moi, pour autant que je le sache, ton père, en ce moment même, est à Toulouse, sous la protection du roi Alaric. Le bras de Clovis ne peut aller le cueillir si loin. Les Wisigoths ne sont pas les amis des Francs.

– La ruse de Clovis va là où ne peut atteindre son bras. Tant que Syagrius vivra, Clovis ne sera pas en paix. Il s'exagère l'influence que peut avoir mon père sur Alaric. Et puis, la haine a-t-elle besoin de justification ? Clovis hait Syagrius d'une haine imbécile, comme toutes les haines. Et surtout, Clovis aime tuer.

Que répondre à cela ? Otto ne répond rien. Un nuage a effacé le rayon de lune.

Il ne sait pas, il ne saura jamais qu'il a failli être père, Otto. Cela restera le secret de Gisèle, de même que son angoisse devant la terrible révélation, son agonie lors de la perte de l'enfant qui la conduisit aux abords de la mort, les rudesses de Geneviève... Tout cela, toute sa pauvre vie, elle le dépose aux pieds du Seigneur Christ, et aussi ce dernier péché qu'elle vient de commettre, puisqu'elle ne peut, comme la plus déshéritée des nonnes, lui offrir ce joyau qu'Il prise entre tous : sa pureté. On offre ce que l'on a.

Le roi Clovis est sur le départ. Il a manifesté le désir bien compréhensible de voir une dernière fois la douce et chaste créature que, par-devers lui, il considère déjà comme sa fiancée. Geneviève cautionne de sa présence la bienséance de l'entrevue. On se garde bien d'aborder certains aspects gênants qui ne manqueront pas, le moment venu, de poser problème, comme de décider si le mariage sera chrétien ou païen, ou bien encore s'il sera un compromis délicat entre le sacrement catholique et les rites assez sauvages de l'union sous les auspices des puissances du Walhalla. Mieux vaut parler de choses et d'autres, hélas pas forcément anodines. Le nom de Syagrius ne vient-il pas, au hasard de la conversation, d'être évoqué ? Maladresse tout à fait regrettable. Clovis rejette son siège, se dresse, rouge-bleu, donne du poing sur la table, une somptueuse relique des temps impériaux dont le marbre, qui survécut à tant d'orgies et de massacres, se fend.

Clovis respire un grand coup, se maîtrise, se rassied, dit seulement :

– Tant que Syagrius sera l'hôte d'Alaric, la paix ne pourra être assurée. Et pourtant, chacun le sait, elle est mon plus cher désir.

Geneviève, en bonne maîtresse de maison, essaie de rattraper la bévue :

– Voyons, la paix du monde ne saurait tenir à un homme.

– A celui-là, si.

– Mais Syagrius, que j'ai fort bien connu, n'était qu'un jouisseur insoucieux, un incapable, un rêveur, un égoïste préoccupé de ses biens et de ses plaisirs. Seule la charité chrétienne me retient de dire que c'était un pauvre d'esprit.

– Vénérée Mère, tu ne veux pas comprendre que Syagrius est un prétexte. Un symbole. Il représente la primauté romaine, même si Rome n'est plus. L'empereur le soutient depuis Byzance, car il est la légitimité. Le Wisigoth aussi représente l'Empire, cette fiction. Comme moi, d'ailleurs. Seulement, Alaric a un grade plus élevé que le mien dans la hiérarchie, ainsi que Syagrius. Encore une fois, prétextes que tout cela ! Seule compte la force, je viens d'en donner la preuve. La force, Alaric et ses Wisigoths l'ont. Pour l'instant. S'ils passent la Loire, ils seront les champions de la légitimité romaine. Il ne le faut pas.

– En supposant que Syagrius tombe en ta puissance, qu'en ferais-tu ?

– Mais voyons ! Je l'accueillerais à bras ouverts, comme l'adversaire malheureux battu en combat loyal. Je le serrerais sur mon cœur. Je lui rendrais son palais de Soissons et tous ses biens personnels. J'en ferais la vitrine de la clémence de Clovis.

Il se laisse tomber à genoux devant Geneviève.

– A la pensée que Syagrius puisse croire que j'ai du ressentiment contre lui, le sommeil me fuit, je perds l'appétit. Je ne puis supporter cette idée. Certes, je l'ai battu, mais en légitime combat, et dans les règles établies. Il m'avait offensé. J'étais en droit de demander réparation. Il n'a pas daigné répondre à ma courtoise mise en demeure. J'ai donc dû, contraint et forcé, laver par les armes mon honneur et celui de la nation franque. Je pense qu'il est temps de nous expliquer, loyalement, en tête à tête. La rancune n'habite pas mon cœur.

Il lève vers Geneviève un visage ruisselant de larmes. Il ajoute :

– C'est bien simple, je suis incapable d'envisager de pouvoir m'abandonner aux réjouissances d'un mariage tant que je ne serai pas réconcilié avec mon frère Syagrius.

Les deux femmes échangent un bref regard. Geneviève suggère :

– As-tu pensé à écrire cela à Syagrius ?

– Il se méfierait. Une lettre venant de moi, pense donc !

– Alors, à Alaric. Il pourrait plaider ta cause.

– Alaric est mon ennemi. Il paraîtrait céder à l'intimidation. Ce serait aveu de faiblesse.

– Il n'est pas le mien.

C'est la voix d'une petite fille prenant sur elle pour oser se risquer dans une conversation de grandes personnes qui vient de prononcer ces mots. Clovis et Geneviève tournent vers la jeune audacieuse rougissante des visages plutôt surpris. Geneviève demande :

– Que veux-tu dire ?

– Que je suis une parente, éloignée, à vrai dire, du roi Alaric. Mais chez nous les liens de famille ne s'oublient pas. Je puis lui adresser une lettre, en mon nom, et m'y porter garante de la bienveillance du roi Clovis pour Syagrius. Alaric pourra ainsi prendre la décision qu'il jugera la meilleure au sujet de Syagrius. Il n'aura pas cédé à l'intimidation, mais aura été convaincu par les accents sincères d'une voix amicale...

Elle ajoute, rougissant davantage :

– ... et innocente.

Geneviève, cachant son ébahissement derrière une impassibilité de commande, regarde Clotilde comme si elle la voyait pour la première fois. Comme si, sous ce front encore adolescent, elle découvrait l'astuce d'un vieux renard de la politique. Clovis balance entre la satisfaction d'entrevoir un moyen de se tirer d'embarras et l'inquiétude devant la révélation, chez une femme – et quelle femme : sa presque fiancée ! –, d'une telle science de ce qui se cache derrière les mots. Il demande, méfiant :

– Pourquoi ferais-tu cela pour moi ?

Elle lève vers lui ses yeux si purs et répond, candide :

– Seigneur roi, n'allons-nous pas bientôt ne faire qu'un, toi et moi ? Le Livre dit : « Vous serez une seule chair. » Permets-moi d'ajouter : « ... et un seul esprit ».

Clovis grogne :

– Je n'ai nul besoin d'un complément d'esprit. Celui que j'ai me suffit bien, tel qu'il est. Par contre, j'ai besoin d'une femme qui me fasse des fils et qui reste à sa place.

Clotilde s'incline :

– N'en parlons plus, seigneur roi. Je ne voulais que t'aider, te montrer mon intérêt pour tes affaires, et aussi un attachement à ta personne que je ressens déjà très fort dans mon cœur. Veuille pardonner ma témérité. Je suis fille et nièce de rois. Je croyais que, chez les Francs, la femme parlait d'égale à égal avec son homme.

Geneviève a un froncement de sourcils qu'on peut interpréter comme : « N'en fais pas trop, petite ! Tu es déjà allée bien loin ! »

Clovis, mains au dos, mordant sa moustache, arpente la cellule à pas indécis. Il pèse le pour et le contre. Il lui déplaît d'avoir recours à cette petite fille, à cette sainte-nitouche [1], qui l'a percé à jour... Mais Clovis est l'homme des occasions saisies aux cheveux. Il frappe dans ses mains.

– Du papyrus, un calame, de l'encre ! Tout le fourbi qu'il faut pour écrire, quoi !

Il n'y a pas à chercher loin. Tout cela se trouve dans la cellule de Geneviève, enfermé dans un modeste étui de bois de bouleau. Clotilde s'étant mise en position d'écrire, elle commence par tracer en belle écriture onciale les obligées formules de politesse :

1. Sainte-nitouche : traduction libre. L'essentiel est de se faire comprendre !

Au Seigneur Alaric, fils d'Euric, roi des Wisigoths de Gaule et d'Espagne, illustre par ses œuvres et ses vertus,
sa parente par alliance Clotilde, fille de Chilpéric.

Et puis elle attend. Clovis hoche la tête, ce début le satisfait. Il enchaîne en dictant :

Tu sauras par cette lettre que le roi Clovis, à qui je serai un jour prochain liée par mariage, souffre de ne pas pouvoir serrer sur son cœur son frère bien-aimé l'illustrissime et excellentissime Syagrius, fils d'Ægidius, qui de présent réside en tes États. Le roi Clovis tient par-dessus toute chose à dissiper tout malentendu entre lui et Syagrius. Il s'engage par serment solennel sur les dieux du Walhalla à ce que ledit Syagrius soit sauf et rétabli dans l'intégrale propriété de ses biens terrestres.

Le seigneur roi Clovis prie personnellement Syagrius de se présenter, sans armes ni escorte, à l'une des garnisons franques de la rive droite du fleuve Loire, où il sera reçu avec les égards dus à l'adversaire valeureux honorablement vaincu par le sort des armes et au frère d'amitié du roi Clovis.

Moi, Clotilde, je me porte garante de la sincérité du roi Clovis, et je signe

Clotilde.

Clovis se fait lire ce qu'il vient de dicter. Il approuve, se frotte les mains.

– Voilà de quoi calmer les appréhensions d'Alaric. Seules les lois sacrées de l'hospitalité l'obligeaient à s'encombrer de Syagrius, et donc à me déplaire. Une fois rassuré, il n'a plus à hésiter. Il va inviter chaleureusement Syagrius à venir me donner le baiser de paix. Chaleureusement et fermement, j'espère.

– Sauver son père, sauver son père... Tu en as de bonnes, toi ! Et d'abord, il n'est pas en danger, son père. Toulouse est bien loin d'ici. Il faut traverser un sacré paquet de Wisigoths bien armés et pas plus bêtes que toi et moi, pour y arriver. Tu n'es pas un peu fatigué de toutes ces galopades ?

– Je ne te demande rien. C'est moi que ça regarde, moi tout seul.

– Tu as donné ta parole ?

– C'est tout comme. Tu l'aurais vue pleurer...

– Je vois ce que c'est. Encore pincé. Dis-toi que ce n'est qu'une fois parmi tant de fois. Qu'il y en a eu d'autres, et même des tas. Qu'il y en aura d'autres, des tas d'autres. Enfin, quoi, tu le sais bien. Secoue-toi !

– Il y en a eu d'autres, tu crois ?

– Des tas, je te dis. Des charretées. Je ne sais pas ce que tu leur fais...

– Tu te trompes. Il n'y a jamais eu personne. Il y a elle, il n'y a jamais eu qu'elle, il y aura elle, il n'y aura qu'elle, à tout jamais.

– Ce que tu dis à chaque fois ! Je te connais mieux que tu ne te connais.

– Bon. J'y vais. La route de Toulouse, c'est par où ?

– Plein midi. Droit au soleil. Pas à se tromper.

– Il est où, le soleil ?

– Pas de chance, il pleut. Attends l'embellie.

– C'est agaçant. Je ne voudrais pas perdre trop de temps.

– Et, dis voir, une fois à Toulouse, comment comptes-tu t'y prendre ?

– J'aviserai.

– Tu vas trouver là-bas un Syagrius gras comme un chapon, nageant dans les félicités, gavé de victuailles finement cuisinées, de vins capiteux et de femmes ardentes. Car on les dit ardentes, dans ces contrées, sais-tu bien ça ? De quelle protection pourrait-il avoir besoin ? Que crois-tu donc lui apporter ?

– Je lui donnerai des nouvelles de sa fille. Pour ce qui est de sa femme, je ne sais pas.

– Il se soucie de sa fille autant que sa femme se soucie de lui. Veux-tu donc le persuader de te suivre, de revenir dans son royaume perdu où l'attendent les sbires de Clovis ? Ou prétends-tu l'emmener de force, comme un paquet, en travers de ton cheval ?

– Clovis ne lui veut que du bien. Il le dit partout.

– Dans ce cas, de quoi veux-tu le sauver ? Que craint donc cette petite fille ?

Otto soulève son casque, passe la main dessous, se gratte longuement le crâne.

– Tu as raison. Je ne comprends pas très bien. Tout ce que je sais, c'est qu'une peur terrible est en elle, quelque chose comme ces avertissements d'un malheur proche dont on dit qu'ils vous sont envoyés par quelque dieu.

– Tu crois aux dieux, maintenant ?

– C'était façon de parler, pour te faire comprendre de quoi il retourne. Quand elle est dans cet état, elle me fait grand peur, et grand pitié, aussi.

– Alors, toi, affolé, te sentant responsable, ne sachant pas quoi faire, tu fais n'importe quoi, histoire de faire quelque chose.

Otto baisse le nez.

– Toi, tu sais toujours ce qu'il faut faire. Et moi, je fais comme toi.

– En somme, tu ne t'opposerais pas à ce que je prenne les choses en main.

– C'est mon affaire. Je dois la mener à bien, seul.

– Hypocrite ! Comme si j'allais te laisser tomber !

– Je ne te demande rien.

– Tu l'as déjà dit. Eh bien, d'accord, en avant pour Toulouse ! Une fois là-bas, nous emmènerons le gros père encore plus loin, jusqu'en Espagne et, pourquoi pas, tant que nous y serons, nous passerons l'eau, nous irons en Afrique, chez les Vandales. Ceux-là n'aiment ni les Francs ni les Wisigoths.

J'espère que ton beau-père de la main gauche s'y sentira en sûreté. Il ne nous restera plus qu'à revenir, à expliquer au roi où nous étions passés pendant tout ce temps et, beaucoup plus difficile, à l'expliquer à ma petite famille.

Otto hoche la tête, l'air embarrassé.

– Tu oublies quelque chose.

– Quoi ?

– Je dois faire un détour par Nanterre pour faire sortir Gisèle du monastère.

– Bah ! Au point où nous en sommes... Nous ferons le détour par Nanterre. D'ailleurs, il se peut qu'entre-temps Clovis se soit enfin installé à Paris. Ça raccourcirait le chemin d'autant.

Alaric, roi des Wisigoths, chose rare chez un barbare, est un roi cultivé, c'est de tradition dans la famille. Il n'a nul besoin d'un clerc pour déchiffrer et lui traduire la lettre qu'un courrier arrivé au grand galop depuis les lignes franques vient de lui apporter. L'évêque de rite arien qui se trouve à son côté, dans sa tente de commandement, est son confident, son directeur de conscience, et aussi son conseiller intime pour les choses de la guerre, de la diplomatie et de la politique, qui souvent se confondent.

Ayant brisé les cachets de cire et déroulé avec précaution le fragile papyrus, Alaric déchiffre syllabe à syllabe, à voix haute, en psalmodiant comme il est d'usage, l'élégante écriture onciale. Lorsqu'il repose la lettre, il demeure un instant songeur. L'évêque scintillant de chamarrures brûle de curiosité. Il se contraint cependant à l'attente : on ne questionne pas le roi. Alaric, enfin, décide de lui faire part de son embarras :

– Cette petite Clotilde, je ne crois pas l'avoir jamais vue. Elle est ma parente, cela est assuré, par défunt son père Chilpéric, le Burgonde, lequel, si je me souviens bien, tenait à nous par Walla, ou par Galla Placidia, peu importe... Les liens du sang sont les liens du sang. Mais voyons un peu. Cette lettre, pourquoi me l'a-t-elle écrite ? Pourquoi est-ce un Franc qui me l'a apportée ? Et surtout, pourquoi cet intérêt subit pour ce Romain qu'elle n'a jamais vu, j'en suis sûr, et dont elle n'avait peut-être jamais entendu parler auparavant ?... Pardi, il y a du Clovis, là-dessous. Elle le dit : elle lui est quasiment fiancée. Entre nous, les filles ont parfois de drôles de goûts !... Mais oui, c'est bien sûr : Clovis se cache derrière elle pour me faire comprendre quelque chose. Quelque chose de menaçant. Il veut son Syagrius et il se sert de la petite comme garant de ses bonnes intentions. En somme, il n'exige pas. Il invite courtoisement Syagrius à échanger le baiser de paix et il me demande de le persuader.

Alaric médite la chose. L'évêque, encouragé par l'incertitude où il le voit, se risque à questionner :

– Et tu comptes le... persuader ?

– Tout bien pesé, oui, figure-toi. Clovis me laisse clairement entendre, par-delà ses politesses et ronds de jambe, que c'est Syagrius ou la guerre. Je n'ai pas les moyens de faire la guerre. Clovis me croit fort, et pourtant il n'hésiterait pas à m'attaquer. S'il connaissait mon état réel, il aurait déjà passé la Loire. D'autre part, Gondebaud n'attend que cela pour m'attaquer de flanc et prendre sa part de la curée.

– Donc ?

– Donc je vais faire dire à Syagrius que tout est aplani, que Clovis fait ériger en son honneur des arcs de triomphe et qu'une escorte royale est prête à l'accompagner depuis Toulouse jusqu'à Orléans à marches forcées.

– N'iras-tu pas lui faire tes adieux ?

– Évitons les chagrins de la séparation des amis. C'est déjà bien assez pénible comme ça.

– Bon. Eh bien, Otto, voici une taverne. Allons mettre ça au point à l'ombre de la treille en vidant une cruche de cervoise.

– Je ne vois pas ce qu'il y a à mettre au point. Nos chevaux sont reposés et pansés, le soleil nous montre le chemin, qu'avons-nous besoin de plus ? Mais d'accord pour la cervoise, d'autant que la servante a dans son corsage de quoi faire rêver un honnête homme.

– Tiens donc ! Je constate – avec joie ! – que cet exclusif amour n'accapare pas les facultés de ton âme au point de te faire négliger les merveilles accessoires que la nature offre à tes regards.

– Ce sont impressions fugitives que mes yeux notent machinalement, on ne se défait pas comme ça, du premier coup, d'une vieille habitude. Mais cela reste superficiel et ne pénètre pas jusqu'aux régions profondes où règne l'exclusif amour.

– Cela va sans dire. Cependant, je persiste à penser que tant que tu resteras machinalement ouvert à ces impressions fugitives, tout espoir n'est pas perdu pour des milliers de cœurs, de par le monde, qui voudraient tant être pris en croupe.

– Ne plaisante pas avec ces choses.

Ils prennent place à une table, sous la treille. La servante à l'intéressante poitrine pose devant eux la cervoise blonde à la mousse exubérante ainsi que deux gobelets de céramique grossière. Ils n'ont même pas le temps de trinquer que deux guerriers francs appartenant à la garde du roi s'installent à la table voisine, bien à l'aise, coudes écartés, casques posés sur le banc. On s'interpelle.

– Loup, Otto, salut !

– Salut à toi, Baldric ! Salut, Théobald !

– Vous voilà équipés de pied en cap, les gars. Où allez-vous comme ça ? Encore une mission à tous les diables ?

– A tous les diables, c'est juste ça.
– Quel genre de diables, si ce n'est pas indiscret ?
– C'est indiscret. Service du roi.
– Excuses, camarade. On sait ce que c'est. *Prosit !*
– Pas de mal. *Prosit !*

Chacun vide son gobelet jusqu'au fond, le repose, se torche la moustache d'un héroïque revers de coude. On se cherche un sujet de conversation. Baldric trouve :

– Au fait, vous connaissez la nouvelle ?
– Il y a tant de nouvelles ! Laquelle en particulier ?
– Eh mais, Syagrius. Au fait, non, vous ne pouvez pas savoir, c'est tout frais.

Baldric ne s'attendait pas à pareil succès. Les deux amis ont sursauté en chœur, se sont regardés, ébahis, ont crié d'une seule voix, comme s'il y avait le feu à leur fond de culotte :

– Syagrius ? Tu as dit Syagrius ? Qu'est-ce qu'il a fait, Syagrius ?
– Lui ? Oh, rien. Demande plutôt ce qu'on lui a fait.
– Eh bien, je te le demande. Parle ! Par les couilles de Thor, parle !
– Doucement, hé ! Me bouscule pas. Bon. Je te commence ça par le commencement. Ton Syagrius, il a été amené par des gars d'Alaric à un de leurs postes qui fait face à un de nos postes à nous, sur la Loire, un de chaque côté, si tu vois. Près... attends voir... d'Orléans, un nom comme ça. Il s'attendait à ce que le roi Clovis, le nôtre, quoi, soit là pour le recevoir et le serrer dans ses bras, mais ça, on l'a su après, je mélange tout. En tout cas, il paraît qu'il n'acceptait de traverser que s'il y avait une escorte d'honneur pour l'accueillir. Alors, bon, c'est nous autres qu'on y est allés, la garde du roi.

« Il se tenait là, drapé dans sa toge, avec par-dessus le grand manteau de pourpre qui flottait au vent, tu aurais dit un empereur, parole. Il la faisait au grand seigneur, tu comprends, s'attendait à je ne sais quoi, la musique, les enseignes, les bannières, un vrai triomphe, si tu vois. Il est descendu du bac, fier comme tout, on aurait dit qu'il était toujours le roi. Nous, on lui a sauté dessus, on l'a ficelé, jeté en travers de mon cheval, et tagada tagada, on a galopé jour et nuit, un bon coup sur la gueule quand il faisait mine de l'ouvrir, et bon, nous voilà, quoi. *Prosit!*

Baldric se rend compte que son récit ne soulève pas les enthousiasmes. Les deux amis allongent des mines lugubres. Il croit devoir expliquer :

– Je sais, c'est un peu sauvage, comme façons. Mais, hein, c'étaient les ordres. Et les ordres, c'est les ordres.

Loup pose sa main sur le bras d'Otto, dont l'émotion se fait un peu trop ostensible.

– Et qu'en avez-vous fait ?

– On l'a mis dans l'ergastule de son palais, enfin, je veux dire, du palais qui était le sien avant qu'il ne le soit plus, si tu vois.

Otto demande :

– L'ergastule, c'est là où dorment les esclaves ?

– C'est plutôt un genre de prison, dans la cave, où on les enferme pour les punir. Avec des anneaux dans le mur, des chaînes, des fouets, tout ce qu'il faut, quoi.

Loup se lève. Il en sait assez. Otto en fait autant.

Ils jettent leurs manteaux sur leurs épaules. Théobald s'étonne.

– Vous partez déjà, les gars ? Dommage. On ne se voit pas si souvent, tous ces temps.

– Nous avons déjà trop traîné. Le service...

– Ah, le service ! Pas rigoler avec ça. Bon, ben, salut ! Et bonne route !

– Salut, les enfants !

[illegible]

[illegible]

[illegible]

[illegible]

[illegible]

[illegible]

[illegible]

[illegible]

[illegible]

[illegible]

[illegible]

[illegible]

[illegible]

Cinquième partie

SOISSONS

IX

Ils se laissent porter par le pas nonchalant de leurs chevaux qui, sentant, à la façon dont flottent les rênes, leurs cavaliers plus absorbés par leurs pensées en déroute que par le choix d'une destination précise, cueillent au passage, du bout des dents, là un brin d'herbe tendre, ici un pissenlit en fleur. Loup, le premier, finit par entrevoir dans tout ce noir désastre une mince lueur de réconfort :

– Dans un sens, ça nous fait moins loin à aller. Un cul-de-basse-fosse à Soissons est tout de même plus aisé à atteindre qu'un palais à Toulouse.

Cet optimisme un peu forcé ne déride pas Otto.

– A Toulouse, il faudra quand même finir par y aller. Je dis Toulouse, mais ça peut aussi bien être Rome, Byzance ou le trou du cul des trente-six mille diables, là d'où sortent les Huns quand ils veulent respirer l'air pur et foutre un peu le feu partout... Oh, pardon ! Je ne dis pas ça pour les personnes présentes, naturellement... Va savoir. En tout cas, loin d'ici, bien loin, le plus loin possible. Et, note bien, avec tous les sbires de Clovis au cul.

« Deuxièmement, ou plutôt premièrement, car je n'ai pas respecté l'ordre... Comment dis-tu, toi qui sais le grec ?

– Chronologique, je pense.

– Voilà. Donc, premièrement il nous aura fallu sortir le bonhomme de cette saloperie d'ergastule, et ce ne sera pas des plus commodes, je suppose. Je ne nous vois pas tirés d'affaire, moi je te le dis.

– C'est toi qui voulais le sauver, c'est toi qui te décourages... Commençons par étudier les lieux, ça ne mange pas de pain. On avisera après. Allons rôder du côté du palais, voir un peu comment ça se présente.

– Je n'avais pas fini. Troisièmement : et Gisèle, dans tout ça ?

– Chaque chose en son temps.

Ils ont quitté la verte campagne, ils pénètrent dans les faubourgs de la noble cité de Soissons. Les combats qu'y livra Syagrius y furent brefs, la ville et le palais pris sans effort exagéré, et donc les destructions d'édifices peu nombreuses, dues bien plutôt aux réjouissances d'après la victoire qu'aux violences de l'empoignade. Comme le roi Clovis avait d'avance exprimé son désir d'y établir sa résidence, au moins provisoire, les chefs avaient veillé à ce que les inévitables manifestations collectives de la joie de la soldatesque victorieuse fussent maintenues dans un minimum décent. Le massacre ne dépassa pas les proportions raisonnables, les viols eurent lieu dans la bonne humeur d'un côté, dans une résignation courtoise de l'autre, le pillage s'effectua avec une méthode qu'eussent admirée les intéressés s'il se fût agi d'autres biens que les leurs, et le tout ne fut pas couronné par un incendie en règle, ce feu de joie de toute victoire... A peine si, de loin en loin, quelque squelette de pignon tend vers le ciel ses poutres noircies, moignons pathétiques. L'homme de guerre est un grand enfant. Lui interdire toute occasion de se détendre un peu serait par trop cruel.

Les citadins, peureusement, vont à leurs affaires, puisqu'il faut bien vivre la vie reprend, le travail aussi, il y a les gosses à nourrir, et il y a à nourrir, en plus, ces grands dépendeurs d'andouilles de guerriers francs aux longues moustaches rousses et aux tresses ballottantes qui se dandinent en traînant les pieds le long des ruelles, lorgnant les filles, se poussant du coude quand ils en reconnaissent une qu'ils ont personnellement honorée, laquelle hausse les épaules sans même rougir, le mal est fait, n'est-ce pas, ça ne peut plus être pire, il n'y a pas de honte quand toutes y sont passées.

Alors qu'ils longent une de ces bâtisses dont il ne reste que le rez-de-chaussée, l'étage et le toit s'étant envolés en fumée, Otto questionne :

– Tu ne voudrais pas me rendre service et jeter un coup d'œil sur mes arrières ? J'ai senti une secousse. Comme si quelque chose m'était tombé en croupe.

Loup, plein d'obligeance, laisse passer le cheval d'Otto devant le sien. Il confirme :

– En effet, tu as quelque chose en croupe. Je ne sais pas si l'on peut dire « quelqu'un ».

Une petite patte sale se pose sur les yeux d'Otto. Un rire délicieusement discordant lui fuse à l'oreille. Une cascade de bonheur lui ruisselle le long du dos, jusqu'aux orteils, et puis remonte.

– Je vois ce que c'est. Non, on ne peut pas dire « quelqu'un ».

Loup s'amuse bien :

– Grammaticalement, ça s'accorde au féminin. Ça possède donc un genre, voire un sexe... Et, tiens, ça parle !

Un gazouillis aussi volubile que rocailleux bouscule ses syllabes grotesques à l'oreille d'un Otto ravi bien que n'y comprenant rien. Quand le flot s'arrête, Loup traduit :

– Eh bien, voilà. Elle dit qu'elle nous suit depuis un moment. Elle est revenue à Soissons – d'où, ça je ne sais pas – et, de ce pas, rentrait à la maison, c'est-à-dire chez nous. Sa maison, c'est chez nous.

– Et le gars au Graal, elle l'a laissé choir ?

– Elle ne m'en a rien dit. Ne mélange pas tout.

– Mais c'est important, hé !

– Plus tard. Bon. Elle rôdait autour du cabaret, cherchant un quignon à marauder...

– Ou un chercheur de Graal à chevaucher !

– Ça suffit ! Elle nous a vus attablés, s'est accroupie derrière le buisson de sureau...

– C'est donc ça ! Il m'avait bien semblé le voir bouger, le buisson. Pourquoi ne s'est-elle pas montrée ?

– Mets-toi à sa place. Peut-être ne savait-elle pas trop si tu ne l'accueillerais pas d'un coup de pied aux fesses.

– Je devrais ?

– A toi de voir. Mais ne me coupe pas tout le temps. Elle a écouté notre conversation avec Baldric et Théobald, puis nous a suivis tout le long du chemin. Nous étions tellement plongés dans nos soucis, nous laissions aller nos bêtes à leur pas de flânerie, elle marchait à notre hauteur, se cachant, écoutant.

– Ce n'était certes pas bien difficile, nous ne faisions attention à rien... Mais dis-moi un peu !

– Oui ?

– Elle comprend donc ce que nous disons ? C'est nouveau, ça !

– En gros. Elle a fait des progrès énormes. Mais elle refuse farouchement de parler la langue des Francs, parce que, d'après elle, c'est la même que celle des Saxons.

– Où a-t-elle pu aller traîner, entre quelles pattes de quels salopards, pour apprendre tout ça aussi vite ?

– C'est en tout cas bien heureux qu'elle l'ait appris. Car non seulement elle sait ce que nous avons l'intention de faire, mais elle nous apporte la solution.

– Allons donc !

– Tu es bien d'avis, comme moi, que le plus dur n'est pas de forcer la porte de l'ergastule, de mettre les gardes hors d'état de nuire et de tirer le bonhomme de là-dedans, mais bien la suite : l'emporter je ne sais trop où avec la cavalerie de Clovis à nos trousses ?

– Eh, oui. C'est bien là le problème.

– La petite m'a appris quelque chose qui nous dispense de galoper jusqu'à Constantinople ou jusqu'au fin fond de toutes les Afriques.

– Ah, oui ? Explique.

– Il suffit d'aller tout près d'ici. Dans l'Armorique des Brittons.

– Son Armorique à elle ? Ce n'est pas si près, moi je trouve ! Et il faut traverser en longueur tout le pays récemment conquis, grouillant de troupes qui te connaissent comme le loup blanc.

– Nous n'aurions pas à traverser le pays. Nous irions par mer. Soissons n'est pas loin de la mer. Une journée de galop. Deux au plus. Dans la grande baie par où la rivière Somme se jette dans la mer, il y a un port de nefs pirates...

– Je le connais. Je me suis battu, par là. Mais ce sont des pirates saxons. Ils tiennent tout le littoral, ravagent les côtes et l'intérieur. Ces gens-là nous haïssent et haïssent encore plus que tout ce qui est romain. Ils massacreront Syagrius, et nous avec !

– Elle affirme que, parmi eux, il y a des nefs pirates brittones.

– Brittons et Saxons s'entretuent !

– Pas entre pirates. Il y a la fraternité de la mer, tout ça... Enfin, moi, je te répète ce qu'elle m'a dit.

Otto, visiblement, ne demande qu'à se laisser convaincre. Surtout depuis que deux petits mamelons durs se pressent contre ses muscles dorsaux et qu'une tignasse hirsute se frotte à sa joue. Il s'écrie :

– Je prends le risque ! Il faut que ça se fasse. N'oublie pas, Loup, que nous n'avons pas seulement ce porc inerte de Syagrius à mettre en lieu sûr, mais aussi ta petite famille au grand complet. Rien ni personne ne doit rester à portée de hache de Clovis ! Ça fait du monde...

– Crois-tu que je n'y aie pas pensé ? Clovis saura vite d'où vient le coup. Espérons que la petite ne se monte pas la tête.

– Espérons que tu as bien compris son baragouin.

– Tu as raison. Je vais le lui faire répéter. Gwendoline, c'est très important. Es-tu absolument sûre de tes pirates armoricains ?

Elle fronce le sourcil mais se prête de bonne grâce à la corvée, avec toutefois un rien d'impatience, comme toute fille que l'on soupçonne de légèreté féminine. Loup traduit :

– Pour autant que j'aie compris, elle affirme que le propre frère de sa défunte mère, son oncle, donc, commande une flottille de nefs pirates dont les équipages sont tous des membres de son clan. De terribles ruffians, entre nous.

« Jadis, ils étaient laboureurs. Chassés vers l'occident par l'invasion des Saxons et des Danois venus en masse depuis l'orient, ils ont dû céder le terrain et, acculés à l'Océan, s'embarquer pour fuir vers l'Armorique, ainsi que presque toute la population celte, mais eux, au lieu de prendre pied sur le continent et de se conquérir une nouvelle patrie aux dépens des Armoricains romanisés, ils ont préféré rester sur l'eau et se faire pirates, c'est beaucoup plus amusant que de pousser la charrue ou d'élever des cochons.

« Toujours d'après elle, les pirates brittons et leurs collègues saxons ou frisons ne se font pas la guerre. Ils ont leurs mouillages particuliers, leurs petits ports secrets, qu'ils se partagent volontiers en cas d'urgence. Les chefs se répartissent les bonnes petites villes côtières ainsi que les gras monastères bien juteux à saccager, et les uns n'empiètent pas sur le butin des autres. Même, il leur arrive de s'associer pour attaquer les convois de nefs marchandes qui se risquent à faire le commerce en longeant les côtes depuis l'Afrique jusqu'aux pays des glaces flottantes et des riches fourrures.

– Elle en sait des choses ! Demande-lui donc comment les pirates font l'amour.

– Mon vocabulaire est trop pauvre. Mais je suis certain qu'elle se fera un plaisir de t'expliquer ça par gestes.

– Et tu dis que ces ravageurs, ces crapules sanglantes, accepteraient de prendre à leur bord et de transporter en sûreté ce Syagrius qui ne leur est rien ? Pourquoi feraient-ils cela ?

Gwendoline, interrogée, répond, non sans impatience, quelque chose de très véhément. Loup, apparemment pas très convaincu, transmet à Otto, qui déjà s'inquiétait :

– Quelque chose qui cloche ? Je le savais.

– Pas exactement. C'est moi, qui... Écoute, voilà. Elle assure qu'elle confierait à son... heu... oncle, sous le sceau du secret, que Syagrius, du temps de sa splendeur, avait, prévoyant le pire, dissimulé ici et là d'immenses richesses en pièces d'or, bien commodes pour le cas où il serait obligé de se sauver en chemise de nuit, comme ce fut d'ailleurs le cas. Naturellement, ne pouvant savoir d'avance d'où viendrait l'ennemi, et donc par quel côté il lui faudrait fuir, il aurait disposé ces trésors en plusieurs points possibles de sortie de son royaume. Je ne sais pas si tu me suis bien ?

– C'est bête à se pisser dessus et complètement impossible à faire avaler, même à un crétin goitreux, or les pirates ne sont en général ni crétins ni goitreux... Mais va, je te suis.

– Elle dirait donc à son honorable parent que, entre autres cachettes, notre Syagrius aurait enterré un magot considérable à la limite extrême de son royaume, là où il touche aux confins armoricains. D'après elle, il se trouve là-bas une côte sauvage, des rochers tourmentés battus par les vagues, des découpures profondes impossibles à atteindre par terre ou par mer pour quiconque n'en connaît pas le secret.

Gwendoline, derrière le dos d'Otto, croit devoir ajouter quelques précisions, appuyées d'une éloquente gesticulation. Otto s'impatiente :

– C'est pas encore assez cinglé, son histoire ? Faut qu'elle en rajoute ?

– Elle dit que son oncle sait que cela est vrai, car il connaît l'endroit, et il sait qu'elle le connaît aussi, et que si quelqu'un au monde est capable de dénicher le trésor, c'est elle ou lui. Mais elle lui dirait que Syagrius, pas fou, ne révélerait l'endroit exact que lorsqu'il serait enfin en sûreté.

– Mouais... C'est tellement bête et ces Armoricains sont tellement fous que ça pourrait marcher... Elle lui dirait ça ?

– C'est ce qu'elle affirme. Et ne t'avise pas d'insinuer qu'elle se raconte des histoires !

– Elle ferait ça pour le Romain ?

– Mais quel Romain ? Elle s'en fiche bien, du Romain ! Elle ferait ça pour nous... Je veux dire pour toi, bourreau des cœurs. Regarde-la plutôt ?

Pour regarder une personne qu'il porte en croupe, le cavalier se voit contraint de tordre le tronc et de se dévisser les vertèbres du cou jusqu'à l'extrême limite de l'élasticité des articulations concernées par la manœuvre. Otto s'y emploie. Il en est sur-le-champ récompensé. Il trouve, exactement à la hauteur des siens, deux yeux gris ardoise débordants de quelque chose de tout à fait réconfortant pour un Otto à qui le réconfort ne saurait être dispensé que par une paire d'yeux féminins, tellement féminins !

Pendant tout le temps que s'était prolongée cette importante délibération, les chevaux, estimant sans doute que déambuler au hasard n'apportait aucun argument à la discussion, s'étaient carrément arrêtés. Ils charment maintenant leur halte en se caressant naseaux à naseaux, se frottent l'encolure sur l'encolure, enfin se font mille charmantes politesses chevalines. Loup va pour les ramener au sens du devoir lorsqu'il s'aperçoit qu'Otto se laisse aller à une de ces songeries qui remettent tout en question. Il commence un « Eh bien... » lorsque Otto lui-même prend les devants :

– Je me demande...

Les points de suspension, bien audibles, invitent à questionner. Loup questionne :

– Quoi donc ?

– Vois-tu, si l'on analyse bien la chose, je veux dire la chose de faire évader Syagrius avec tous les *et cætera* qu'il y a autour, à l'origine de tout ça il y a que j'ai plus ou moins promis à la petite Gisèle de lui sauver son papa. Quand je dis « promis », attention, je n'ai rien dit, moi, c'est elle qui s'est raconté cette histoire. Je n'ai pas dit non, quoi. Pas assez fermement. Enfin, c'était dans un moment où j'allais très mal, rappelle-toi. Vulnérable comme l'agneau de lait. Perdu dans ce monde méchant. Elles m'avaient toutes les deux laissé tomber, l'une pour son chevalier à dents de lapin qui courait après je ne sais quelle timbale, l'autre pour se faire récureuse de chiottes chez les épouses du dieu-cadavre. J'étais tout nu, moi. J'avais froid à l'âme, froid au ventre, froid au dos. La vie, pfûû... Je me serais aussi bien ouvert la gorge, si elle me l'avait demandé.

– Tandis qu'aujourd'hui...

– Tandis qu'aujourd'hui, Gwendoline est revenue, là ! Je sens ses petits nichons qui me dansent dans le dos, ses cuisses qui serrent mes cuisses, je plonge dans ses yeux, je suis dans le ventre de ma mère, le pouce dans la bouche...

– J'ai compris. Bref, tu ne te sens plus aussi héroïque.

– Voilà.

– C'est dommage.

– Dommage ?

– Eh, oui. Parce que tu vas te battre pour délivrer Syagrius, alors il aurait été préférable que tu sois d'humeur héroïque. Ça facilite bien.

– Ah, bon ? Parce que... Tu te figures que... ?

– Bien sûr. Tu ne me laisserais pas le délivrer tout seul, quand même ?

– Si tu le prends comme ça...

– Que veux-tu ? Tu t'es laissé arracher une promesse. Il faut bien que quelqu'un la tienne.

– Et puisque où tu vas je vais...

– Allons-y gaiement. A deux, c'est quand même mieux.

Gwendoline donne du poing un coup sur le crâne d'Otto qui, malgré le casque, sursaute et s'étonne : « Holà ! » Elle lui colle devant le nez sa main droite dont le pouce, l'index et le majeur, largement écartés, proclament avec vigueur : « Trois ! » Que répondre à cela ?

– D'accord. Nous sommes trois. Je vois que tu comprends vraiment notre langue.

Au pas nonchalant de cavaliers désœuvrés s'offrant un petit tour de ville, ils tournent autour du palais, observent les abords, étudient les accès et les issues, mettent soigneusement au point la manière dont, leur coup fait, ils prendront le large et gagneront la baie de la Somme au triple galop.

L'enlèvement du prisonnier est prévu pour la nuit du surlendemain. La veille de ce jour, Gunther, Waldrude, Sassa, la Slavonne et les enfants, accompagnés de Gwendoline, les auront précédés sur la route du Nord, brûlant les étapes. Ils les rattraperont en chemin. Gwendoline se fait fort de les faire tous admettre en pays pirate, sur la foi du nom de son oncle.

Ils ont réglé les détails avec la minutie d'un état-major préparant une bataille décisive, après avoir vaincu, non sans mal, les réticences de Sassa et de Waldrude, qui s'estiment rassasiées pour la vie d'aventures et de chevauchées. Gunther, lui, piaffe et s'ébroue en cheval de bataille qui entend sonner la trompette. Il organise tout, houspille les filles, ravies, modère l'ardeur exubérante du petit Émeric, chez qui l'idée de courir les routes réveille des atavismes nomades dans des explosions de fou rire.

Une troupe de cavaliers s'avance à leur rencontre, venant apparemment du palais. Ce sont des Francs de la haute classe, chamarrés d'abondance. Loup les reconnaît. Il prévient :

– Les proches de Clovis, ses inséparables. Le roi ne doit pas être loin.

En effet, laissant prudemment chevaucher en tête le gros Ragnacaire et le cauteleux Ricimer, ses oncles, ainsi que quelques seigneurs de moindre importance, le roi Clovis fait, lui aussi, une petite promenade de digestion dans sa bonne ville.

Loup et Otto vont à lui, arrêtent leurs montures, saluent de la tête, à la franque. Clovis leur rend leur salut. Il semble d'humeur gracieuse.

– On se promène ? On prend du bon temps ? Vous avez bien raison. Profitez-en. Dans trois jours, revue de l'armée au Champ de Mars. La première depuis la victoire. Je veux que ce soit bien. Veillez-y. Je compte sur vous. Bonne promenade !

– A toi de même, seigneur roi.

Clovis s'éloigne, entouré de sa cour rutilante qui toise les deux irréductibles du haut de sa morgue. Otto pousse son cheval de façon à se trouver botte à botte avec Loup.

– Tu as remarqué ?

– Quoi donc ? A part le fait qu'il était de charmante humeur...

– Sa hache.

– Eh bien ?

– Elle pend à son côté. Il y a du sang sur le fer. Du sang frais.

Loup, tout d'abord, ne répond pas. Et puis :

– Au palais ! Au galop ! Vite !

A l'entrée principale du palais, tout semble calme. L'activité des jours sans histoire y règne. Sur le parvis comme sur les degrés du grand escalier qui précède le péristyle, c'est l'ordinaire va-et-vient des gens de guerre se pavanant sous leur étalage de quincaillerie d'or et de pierres de couleur, le défilé compassé des prélats catholiques ou ariens entourés de leur suite, se croisant en s'ignorant ostensiblement et se déversant mutuellement des torrents de haine si épaisse qu'on croirait la palper, c'est l'activité nonchalante des esclaves domestiques chargés de quartiers de bœuf, de paniers de légumes, de sacs de farine, c'est le ballet hiératique des lavandières revenant de la rivière, haussant le col et cambrant des tailles de reines sous la charge d'énormes paniers de linge dégoulinant d'eau qu'elles portent en équilibre sur leur tête, c'est la sarabande des gamins à demi nus courant et criaillant parmi la débandade des porcelets couineurs et de la volaille indignée... Rien, dans cette animation familière des abords du palais d'un roi franc, n'a odeur de drame. Des visages de connaissance hèlent les deux amis, leur lancent des invitations à vider une chope qu'ils déclinent cordialement, attentifs à ne pas vexer.

Loup suggère :

– L'entrée qui mène aux logements des esclaves ainsi qu'aux caves où se trouve l'ergastule est située sur le derrière du bâtiment. Faisons le tour, comme en flânant.

L'édifice est important. C'est le Château d'Albâtre, célèbre dans la Gaule romaine, quand Soissons, importante place forte et cité commerçante de l'immédiat arrière-pays du *Limes*, ville de garnison et résidence occasionnelle des empereurs, avait vu se multiplier sur son sol temples, forums et amphithéâtres. Très heureusement située hors du chemin d'Attila, elle avait été préservée des ravages de la Horde, puis, capitale du dernier lambeau romain indépendant sous Aetius, Paulus, Ægidius et enfin Syagrius, elle avait, jusqu'à la brutale invasion des Francs de Clovis, maintenu tant bien que mal son allure et son prestige de cité impériale.

Ils parviennent, sans y mettre trop de hâte, sur les arrières du Château d'Albâtre. Ils ne sont guère pressés de voir se confirmer ce qu'ils craignent. Des arbres d'essences rares, des buissons fleuris agrémentent les lieux. Ils finissent par aviser une porte basse, ouverte. Ils s'en approchent, fouillent des yeux la pénombre. Une espèce de corridor débouche là, par un plan incliné. Un mouvement s'y discerne, scandé par une voix : « Ho... hisse ! » Otto et Loup s'éloignent de quelques pas.

Un homme, un esclave, sort, courbé, par cette ouverture, puis un autre, derrière lui. Les deux hommes halent quelque fardeau par le moyen d'une corde passée sur leurs épaules. Une fois dehors, ils continuent à avancer, halant toujours. La corde est longue. Le fardeau halé finit par paraître au jour. Ce sont deux pieds, étroitement ficelés, que prolongent deux jambes, puis un tronc, puis...

Ils avaient compris bien avant que n'apparaisse le visage. Que le crâne soit fendu par le milieu jusqu'aux sourcils ne les surprend pas.

Traîné sur le sol comme un paquet d'immondices, le dos raclant les cailloux, Syagrius répand par lambeaux sa cervelle trop légère. Les deux esclaves s'accordent une pause, s'essuient le front. L'un constate, en langue tudesque :

– Il est rien lourd, ce cochon-là !

L'autre répond, en latin du peuple, après s'être signé :

– Ne parle pas comme ça. C'était mon maître.

– Pas le mien. J'ai toujours appartenu à Clovis. Et maintenant, toi aussi, tu es à Clovis. Fais un peu attention à ce que tu dis.

– Oui... J'ai l'impression que les beaux jours sont finis.

– Bof... Il y a toujours moyen de s'arranger. Suffit de savoir y faire. Tiens, pour commencer, tu ferais bien de laisser tomber ton charabia latin. C'est pas très bien vu, ici. Et aussi tes manigances, là, tes signes magiques...

– Le signe de la croix ? Jamais !

– A ton aise, camarade ! Moi, ce que j'en disais...

– Il l'a fait. Il a osé.

– Qu'est-ce que je vais dire à Gisèle, moi ?

– La vérité. Mais cela vaut-il la peine d'y aller pour lui apprendre cela ? Qu'elle sait peut-être déjà, d'ailleurs. Les nouvelles vont vite, surtout celles-là... Et dis-moi, as-tu toujours désir de la retrouver, maintenant que...

– Maintenant que Gwendoline est revenue, tu veux dire ? Ça ne change rien. Et puis, Gwendoline, elle arrive, elle s'en va, elle tombe du ciel, elle y retourne... Je m'attends à tout moment à ce que, pfuitt, elle ne soit plus là. Et d'abord, est-elle jamais vraiment là ?

– Je te rappelle que Gisèle est la fille de qui tu sais. Que, même si elle sortait peu, elle était au moins connue du personnel du palais. Que sa tête est mise à prix, et tu sais maintenant quel est ce prix. Chez Geneviève, elle est en sûreté, le monastère est lieu d'asile, et Geneviève ne la trahira pas. Qu'elle doive faire des travaux peu ragoûtants est un moindre mal...

– Peu ragoûtants, tu parles ! Elle ramasse leur merde, oui !

– C'est un temps d'épreuve. J'en parlerai à Geneviève. Souviens-toi seulement de cette poussée proprement mystique qui l'a jetée aux pieds de Geneviève. C'est une âme tourmentée, elle ne sera jamais en paix longtemps auprès de toi, l'incroyant, le ricanant. Elle sera malheureuse, torturée de remords et de péché... Elle en mourra, peut-être. Te quittera, sûrement.

Loup pose sa main sur le bras de son ami.

– Laisse-la en paix, Otto. Là où elle est, c'est le mieux pour elle.

Ils vont, silencieux, un long moment. Otto, amer, résume la situation :

– Avec tout ça, on se sent vraiment inutiles.

– Et il nous faut continuer à servir ce fourbe, à combattre pour lui !... Allons prévenir Gwendoline et la famille que le grand voyage n'est pas pour tout de suite.

Le Champ de Mars s'étend hors de la ville, sur une prairie qu'ont pelée les sandales réglementaires des légionnaires, puis les souples bottines des Francs, qui la piétinèrent et la malmenèrent au cours de leurs exercices guerriers avec un tel acharnement que l'herbe n'y paraît plus que par maigres plaques grises perdues dans une immensité chauve de poussière durcie ou noyées dans un marécage de boue, selon les caprices du temps.

Sur l'armée franque ruisselle l'ivresse du triomphe. Le moindre fantassin, le dernier des valets d'armes sent dans sa poitrine enfler sa part de gloire. On a vaincu ! Tous ensemble et chacun à son poste !

C'est davantage une parade qu'une revue de détail. Les enseignes des clans, au bout de leur hampe, oscillent au vent léger : peaux de loups, hures de sangliers, rapaces empaillés, crinières, têtes de chevaux... Les luisances sinistres de l'acier éclipsent l'éclat dérisoire de l'or et des gemmes parsemant bras et torses.

L'effet est imposant, malgré le désordre. Les Francs, quand ils étaient alliés à Ægidius, avaient en maugréant acquis un minimum des principes de la discipline romaine. Ils sont bien vite revenus à leur chère cohue. Les fantassins sont réunis par clans, vaguement disposés autour d'un chef en carrés aux contours sans cesse mouvants. La cavalerie, peu nombreuse, est répartie de part et d'autre de la butte sur laquelle, flanqué de son état-major, se tient le roi Clovis.

A l'écart de l'armée franque, groupés par centuries à la géométrie impeccable, se voient, pas honteux le moins du monde, les transfuges des légions de Syagrius, ces lâches qui se sont rendus sans combattre, qui se sont vendus, plutôt. Clovis les a aussitôt incorporés dans ses armées, ils ont participé avec les Francs à l'invasion du pays entre Seine et Loire, n'ont pas été les moins ardents au pillage et à la tuerie. Leur équipement à la romaine s'accommode tant bien que mal de rajoutis barbares : chevelures léonines ruisselant sur les épaules ou nouées en queue de cheval, moustaches et barbes en principe proscrites par le règlement, casques de fantaisie surmontés d'arrogants cimiers, hérissés de cornes, de pointes, voire d'une tête de panthère, gueule ouverte. Il faut dire que ces soldats « romains » sont à peu près tous d'origine barbare, Rome depuis bien longtemps ne trouvant plus parmi ses citoyens de recrues décidées à la défendre et s'étant vue obligée de « romaniser » des mercenaires germaniques, scythes, huns, alains ou autres, trop heureux de l'aubaine mais fort peu sûrs, comme vient encore de le démontrer leur débandade devant les Francs de Clovis.

Isolé sur son tertre, se découpant virilement sur l'azur du ciel, campé sur son cheval dont il a discrètement fait rehausser la selle par le moyen d'une couverture pliée quatre fois sur elle-même, car, s'il aime dominer, il n'est en fait pas très prestigieux de taille, le roi Clovis contemple tout cela. Il en savoure la griserie. L'ennui, c'est qu'il faut qu'il dise à tous ces gaillards quelque chose de bien senti. Cela se fait. Le troupier a besoin que son chef l'aime et le lui dise. Clovis n'est guère causant. Il se dresse sur ses étriers, tire son épée, la brandit haut en l'air et hurle ces paroles bien senties :

– Mes camarades, c'est bien. Mais ne vous laissez pas refroidir. Il y a encore tant à faire, tant de peuples à délivrer, tant de bons coups à donner !

Il y a mis tout ce qu'il pouvait d'enthousiasme. Pourtant, l'armée semble attendre quelque chose de plus. Il ajoute :

– Tant de butin à ramasser !

C'est du délire. Les « Hoch ! » font trembler la terre. Le gros Ragnacaire se penche :

– Tu m'as fait peur, gamin.

Le roi Clovis, à pied, parcourt le front des troupes. Il a tenu à effectuer ce simulacre de revue, tout à fait symbolique, en dépit des remarques de Ricimer qui tentait de lui faire comprendre que le jour est à la liesse et aux réjouissances, pas à la mesquinerie tatillonne d'une revue de détail, fût-elle de principe et superficielle. Clovis, bonhomme, avait répondu que tirer une moustache par-ci par-là entretient le moral des troupes. Il se veut populaire, ce garçon... Et bon, il passe lentement devant les hommes du premier rang, s'arrête devant chacun, jette un coup d'œil rapide, pour la forme, aux armes et à l'équipement, pose une question, genre : « La soupe est bonne ? », « Combien en as-tu tué ? », tapote une joue, rit de bon cœur et passe au suivant.

Il lui arrive de reconnaître un visage, de savoir y accoler un nom : « Tu es Gundrich, fils de Warthe. Je t'ai vu au passage de l'Aisne. Tu en as mis un coup, dis donc ! » Bouffée de fierté, élan, don total... Un chef comme ça, jusqu'à la mort, jusqu'en enfer !

Justement, en voilà un dont le souvenir lui remonte, bien vivace, à la mémoire. Si Clovis rit facilement, ses sourires, par contre, sont rares. Celui qui, soudain, illumine son visage et lui retrousse les moustaches jusqu'aux oreilles est celui d'un enfant au comble du bonheur.

– Eh bien, mon gars Rigomer, fils de Clodoaldt, te voilà donc ! On m'a rapporté tant et tant de tes coups d'éclat ! Il paraît que tu fus un lion déchaîné, pendant toute cette campagne.

Le fier guerrier, un colosse, rougit comme une pucelle.

– Seigneur roi, tous mes camarades en ont fait autant. J'ai fait ni plus ni moins qu'eux.

– Tu es trop modeste, Rigomer. Je sais ce que je te dois. Tiens, donnons-nous l'accolade, mon vieux compagnon. Allons, dans mes bras !

Sans plus de façons, le roi Clovis saisit le héros à pleins bras, le baise sur chaque joue, deux fois à droite, deux fois à gauche, à la mode de chez nous, sous les regards, il faut bien le dire, quelque peu jaloux des fantassins proches qui ont conscience en leur for intérieur de ne pas avoir moins mérité que ce fayot de Rigomer.

Ayant fait, Clovis recule d'un pas, toujours souriant, laisse errer un regard ému sur la grande carcasse, va pour passer au suivant, se ravise, revient face à Rigomer. Il fronce le sourcil, oh, à peine, tend la main, tire hors de son harnais de cuir la hache de guerre qui pend au côté du soldat, en examine le fer, regarde Rigomer, dit enfin, d'une voix d'indulgent reproche :

– Je sais bien que la vaillance prime tout, et, certes, de ce point de vue tu es l'honneur de l'armée, Rigomer. Mais justement, à ce titre tu te dois de donner l'exemple en toute chose. Or, je suis désolé de te le faire remarquer, ami, tes armes ne sont pas nettes. Vois plutôt cette hache.

Ayant dit, il laisse tomber l'objet à terre. Rigomer le regarde, interloqué, se demandant s'il parle sérieusement. Clovis, bonasse, ordonne :

– Allons, ramasse-la. Et sois plus soigneux à l'avenir.

Rigomer hausse les épaules, se baisse, allonge la main vers le manche de la hache. Clovis alors, par un mouvement d'une vivacité inouïe, tire sa propre hache, laquelle pend à sa ceinture, et, d'un maître coup de haut en bas, fend le casque de métal, le crâne qu'il est censé protéger et la matière spongieuse que contient ce crâne. Le fer ne s'arrête que lorsqu'il heurte la mâchoire inférieure.

En même temps, le roi a prononcé ces mots, que tous ont fort bien entendus :

– Souviens-toi du vase de Soissons.

Puis il a renfoncé dans sa gaine de cuir la hache au fer ensanglanté, il a enjambé le cadavre de Rigomer, fils de Clodoaldt, et il est passé au suivant.

Sur les rangs, nul n'a bronché.

La première stupeur passée, Otto se penche vers Loup :

– C'était donc ça ! La tête de ce gars me rappelait vaguement quelque chose, mais j'avais complètement oublié cette histoire de vase à la con.

– Clovis, lui, n'oublie rien.

– L'évêque Remi sera content. Son putain de vase est vengé.

– Vois son envoyé à tonsure. Il ne peut cacher sa jubilation.

– Et tous ces peigne-culs qui ferment leur gueule !

– Si on laisse faire ça, c'en est fini de la liberté des Francs. Nous nous laissons imposer un maître qui fera de nous ce qu'il voudra.

Ils jettent un regard alentour. Partout, faces impassibles mais regards fuyants. Il ne s'est rien passé.

– C'est déjà fait. Ils ont accepté. Ils se sont soumis. Tant qu'il leur donnera la guerre, la victoire, le butin, il les mènera où il voudra. Je pense que cette histoire de vase n'était qu'un moyen de les tâter pour savoir jusqu'où il peut aller. Maintenant, il sait.

– Et ses chers amis chrétiens, qui vont prêchant le pardon des injures, l'évêque Remi, l'évêque Avit, la sainte femme Geneviève, comment pourraient-ils admettre cela ?

– Ils l'admettent très bien. Le pardon des injures, on en reparlera quand Clovis leur aura conquis toute la Gaule, et même davantage. Pour l'instant, ce qui importe, c'est que Clovis donne la preuve qu'il est le plus fort, que c'est sur lui qu'il faut miser.
– Oui, eh bien, moi, qui ne suis pas chrétien...
– ... ni païen...
– ... je vais lui dire de ce pas ma façon de penser.
– Et comme là où tu vas, je vais...
– Nous y allons à deux.

Le roi Clovis a parcouru toute la rangée. Il a tapoté trente-quatre joues, tiré quarante et une moustaches, pincé dix-huit oreilles, prononcé cent soixante-quinze petites phrases gentilles, soit cinq motifs originaux répétés en moyenne trente-cinq fois chacun.

Le roi Clovis est satisfait. Un écuyer le rejoint, menant par la bride son cheval de parade, qui fut naguère un des joyaux des écuries de Syagrius. Il saute en selle. Les leudes de sa suite en font autant. La musique des légions ex-romaines souffle avec ardeur dans ses trompes, ses cors et ses buccins. Le roi Clovis salue de son bras tendu, et puis tourne bride. Un banquet l'attend au palais.

C'est alors qu'il trouve devant lui deux cavaliers qui, raides comme statues équestres, semblent vouloir lui barrer le chemin. Il croit à une fausse manœuvre.

– Allons, le Hun, et toi, Otto, bougez-vous ! Vous ne voyez pas que vous gênez ?

Des deux, c'est Loup qui s'exprime le mieux. Il a étudié dans les livres. A lui donc de prendre la parole :

– Roi Clovis, tu n'es plus mon seigneur. Tu es indigne de l'héritage de Childéric, ton père, comme de celui de Mérovée, ton aïeul. Je ne servirai pas un fourbe capable de la vilenie que tu as commise aujourd'hui devant l'armée tout entière. Tu es un lâche, et quiconque accepte de te servir est un lâche.

Même s'il ne possède pas cette facilité oratoire, Otto tient à ne pas jouer les personnages muets. Il annonce sobrement :

– Cela vaut pour moi.

Clovis les contemple, l'un après l'autre. Pas décontenancé pour si peu, Clovis. A vrai dire, il s'attendait à quelque chose de ce genre. Il se tenait prêt à y faire face. Il sait bien qu'on ne peut pas plaire à tout le monde. Il faut donc choisir à qui l'on veut plaire. Il a choisi. Les belles âmes ne conquièrent pas les empires. De toute façon, c'est le vainqueur qui écrit l'Histoire. Ces deux-là, il se doutait qu'ils feraient des façons. Si encore ils avaient attendu d'être en privé... C'est dommage, ils sont bien utiles, bien dévoués, et ils connaissent bien des secrets... Ils lui manqueront, à Clovis. Vraiment dommage. Car, cela va de soi, ils ne peuvent plus vivre. Ils se sont eux-mêmes condamnés à mort. Mais on ne va pas faire ça ici. Ce n'est ni le lieu, ni le moment. Un crâne ouvert, ça surprend. Appuyé d'une phrase bien sentie, ça se grave dans les cervelles épaisses des brutes, c'est de l'historique à l'antique. A condition de savoir s'arrêter. Trois têtes fendues coup sur coup, ça ferait abattoir, ça gâcherait l'effet. D'autant que ces deux-là sont plutôt populaires dans l'armée. Clovis soupire :

– Remballez vos belles phrases, les gars. Tout ce que vous pourriez me dire, je me le suis déjà dit, et la conclusion de tout ça est que j'ai décidé de faire ce que j'ai fait. Je suis de bonne humeur, je ne veux pas gâcher cette belle journée, alors saoulez-vous la gueule avec les autres ou rentrez dans vos foyers, nous causerons de notre petite affaire demain.

Sur ce, il pique des deux, Loup et Otto s'écartent, le voilà parti, sa brillante suite avec lui.

Loup a réuni la famille en toute hâte.

– Eh bien, voilà. Ce voyage en Armorique, nous allons le faire quand même. Et plus tôt que prévu.

Sassa, berçant le bébé qui pompe son sein à pleines joues, s'inquiète :

– Plus tôt que prévu ? C'est-à-dire ?

– C'est-à-dire tout de suite. Maintenant. Sur-le-champ. Nous devrions déjà être en route et galoper de toutes les jambes de nos chevaux.

– Mais rien n'est prêt ! Tu nous avais dit de tout préparer. Nous l'avons fait. Puis de tout défaire parce que ce n'était plus la peine. Nous l'avons fait. Et maintenant...

– Et maintenant, nous sommes tous en danger de mort, les assassins sont peut-être déjà autour de la maison... S'il nous reste une petite chance, c'est en filant tout de suite que nous l'attraperons.

Gunther, qui était allé en spectateur voir la revue au Champ de Mars et avait assisté, de loin, à la prise de bec avec Clovis, intervient posément :

– Le roi vous a convoqués pour demain. Attendons ce qui en sortira, tout en nous préparant tranquillement pour le cas où ça tournerait mal.

Loup secoue la tête, impuissant devant tant d'inconscience. Otto explique :

– Clovis nous a parlé d'une entrevue pour demain afin de nous donner à croire que nous n'avons rien à craindre avant demain, justement. Cela signifie qu'il agira dès aujourd'hui. Cette nuit, probablement. Clovis ne remet jamais à plus tard quand il peut agir aussitôt. Nous l'avons gravement insulté devant l'armée. Il y va de son honneur, dont il se contrefout, et surtout de son prestige, qui lui est essentiel. S'il tolère cela, il perd la face. Il nous a quittés le sourire aux lèvres. Je n'aime pas quand Clovis sourit.

Loup, sombre, prend le temps d'ajouter :

– Mes chéries, mes pauvres enfants, je reconnais que nous avons agi bien légèrement, vous mettant tous en danger. Cela fut plus fort que nous. Devant la révélation brutale d'une telle rancune nourrie en silence pendant plus d'un an, devant cette fourberie soigneusement mise en scène, devant ce goût du sang versé que même la valeur guerrière d'un soldat qui n'avait fait qu'user de son droit n'a pas fait reculer, je l'avoue, nous n'avons pas pu ne pas nous révolter.

Gunther laisse tomber :

– Je n'aurais pas pu non plus.

Loup reprend les choses en main.

– Gunther, qu'avons-nous en fait de chevaux ?

– Ceux que je m'étais procurés pour le voyage, tout simplement. Je me doutais bien que ce n'était que partie remise. Syagrius ou pas Syagrius, ça ne pouvait plus coller entre Clovis et vous.

– Y a-t-il un cheval pour chacune des filles ? Pour Gwendoline ? Je prendrai Émeric en croupe.

Émeric proteste :

– Je veux un cheval ! Pour moi tout seul !

– On se partagera le mien. Quand tu tiendras les rênes, c'est moi qui serai en croupe.

– Mouais... Faut voir.

Gunther reprend l'énumération :

– Il y a tout ce qu'il faut. Même un cheval de plus pour porter l'avoine et les vivres. Les bêtes sont au vert, dans la pâture. Allez les chercher, les enfants ! Les bagages seront vite bouclés. J'avais prévu un chariot, mais je suppose que nous n'allons pas nous en encombrer ?

– Tu supposes bien. Laisse le chariot, laisse les bagages. Le strict minimum sur les chevaux. Vérifie que ton épée joue aisément dans le fourreau, que ta hache est à portée de main, et en avant !

Émeric s'écrie :

– Je veux une épée ! Et une hache !

Sassa va pour protester, mais Loup, avec gravité, approuve :

– Tu as raison, fils. J'aurais dû y penser. Tu dois pouvoir défendre ta mère, tu es en âge. Une épée serait trop longue et te gênerait. Une hache serait trop lourde. Tiens, prends ce scramasaxe, il est plus court qu'une épée, mais terriblement efficace, tu le sais, je t'ai appris à t'en servir. Fais honneur à ton maître d'armes.

C'est une véritable petite troupe qui, dès la tombée de la nuit, s'est engagée, après quelques détours de prudence, sur la voie dallée filant, par Amiens, droit vers l'estuaire de la Somme. Otto ouvre la route à quelques longueurs en avant, Gwendoline à son côté. Loup et Gunther, en arrière-garde, ouvrent l'œil, prompts à déceler tout signe de poursuite. Entre ces deux extrêmes s'étire l'escadron féminin, soit Waldrude, la rude chevaucheuse dont la verte cinquantaine n'altère en rien les aptitudes équestres, puis l'altière Sassa portant son bébé, à la mode des femmes bambaras, dans un sac arrimé à son dos, ensuite Helminthe, Galswinthe et Ingwinthe, brochette d'enragées galopeuses accoutumées à dompter et à monter à cru les poulains sauvages.

Avant le départ, Gunther avait affranchi selon les règles ses deux esclaves, le lourd Saxon et la fine Slavonne. Il les a mariés, leur a fait don de la maison avec ses terres. A vrai dire, ce n'est pas sans quelque vague à l'âme qu'il s'est arraché à ce qui était devenu sa vie, maison, forge, jardin, vieux camarades d'épopée et, détail qui, sans qu'il veuille se l'avouer, le rend à lui seul plus malheureux que tout le reste, la tendre et sauvage jeunesse de la petite Slavonne si docile à ce qu'il nomme sa fantaisie. Pour rendre la frustration moins amère, il se répète qu'il a sagement agi, que la voilà enfin libre, mariée et propriétaire, donc respectable, et que, si elle pleura beaucoup à la séparation, le grand Saxon déjà la serrait dans ses bras velus.

Ces deux-là ont mission de dire aux gens du roi, quand ils se présenteront et questionneront, que toute la famille a pris la route de Sens pour rejoindre les terres des Burgondes, c'est-à-dire à l'exact opposé de leur direction vraie. Ça ne trompera pas longtemps, ça pourra faire gagner un peu de temps.

Ils vont à un trot de père de famille, pour ne pas fatiguer trop tôt leurs montures. Otto chevauche assez loin en tête. Gwendoline croque une pomme verte, tout en allongeant la jambe afin de caresser de ses orteils nus la cuisse osseuse du long jeune homme.

Otto semble soucieux. N'ayant que Gwendoline à qui se confier, il se penche vers elle :

– Je vais parler lentement, je veux que tu me comprennes bien. Vois-tu, je souhaite de toutes mes forces que tout se passe sans problème. Je veux dire, que nous ne soyons pas rejoints par les assassins de Clovis, ni arrêtés en chemin. Car nous serions obligés de tirer l'épée, il y aurait du sang répandu, des hommes tués, et moi, vois-tu, je suis las de tuer, las de répandre le sang.

Gwendoline pose sur le bras d'Otto sa petite main sale et articule, la bouche pleine, en élève consciencieuse :

– Sang.

Elle ajoute, secouant la tête :

– Pas bon.

Otto est émerveillé.

– Voilà que tu parles ! Tu n'as donc plus horreur du parler des Francs ?

Elle tire une langue chargée de débris de pomme à demi mâchés, pointe vers elle son index, puis pointe cet index vers la poitrine d'Otto et prononce, postillonnant des pépins :

– Toi, bon. Langue de toi, bon.

Otto flotte sur un nuage rose.

– Nous allons pouvoir avoir des conversations !

Elle rit, lève haut la jambe, pose son pied sur l'épaule d'Otto, offrant à ses regards, en toute innocence, ces trésors qu'il connaît si bien et dont il ne se rassasie pas. Car Gwendoline la sauvageonne monte à cru, selon son habitude. Elle a refusé de troquer la guenille qui lui descend tout juste à mi-cuisse contre une paire de braies masculines. Naturellement, elle ne porte rien dessous, ce qui est le cas de toutes les femmes, mais les autres s'arrangent pour n'en pas faire étalage.

C'est passé le monastère d'Abbeville, qu'ils ont prudemment contourné, et alors qu'ils suivent la rivière de Somme par le chemin de halage déserté depuis les premiers jours de l'invasion, que le vent de mer les assaille soudain, les grisant de ses senteurs puissantes.

C'est aussi à ce moment précis que surgissent devant eux, bordant le sommet d'une colline, les silhouettes durement découpées de cavaliers armés en guerre.

Otto lève le bras. Tous retiennent leur monture. Sur un ordre de Loup, les femmes et les filles se groupent au centre, autour de Sassa et de son petit. Les hommes, c'est-à-dire Loup, Otto, Gunther et Gwendoline, qui ne voudrait pour rien au monde être traitée en fille au moment du danger, forment l'enceinte extérieure. Ils attendent, têtes tournées vers les survenants, regards scrutant les alentours afin de veiller au possible encerclement.

En croupe derrière Loup, Émeric ne comprend pas cette immobilité.

– Pourquoi on ne leur fonce pas dans le lard, papa ? Ils ne sont pas beaucoup, et nous, on est des héros !

Il brandit son scramasaxe. Loup lui rabat le bras.

– Pas de gesticulations provocatrices, fils. Pour l'instant, ils nous observent. Ce ne peut pas être une bande d'assassins envoyés par Clovis à notre poursuite. Nous avons pris la route la plus directe, et nous avons bien marché. Il aurait fallu, pour être ici avant nous, qu'ils aient pris l'autre route, celle qui passe beaucoup plus au nord en faisant un grand détour, et qu'ils galopent sans trêve, en changeant de chevaux plusieurs fois... Non. Ce sont des gens d'ici. Si près du littoral, nous avons dû, sans y prendre garde, pénétrer en pays pirate. L'autorité de Clovis s'y casse les dents.

– Pourquoi ne nous ont-ils pas envoyé une volée de flèches ou deux ? Ils ont des arcs, je les vois d'ici.

– Parce que nous avons des femmes avec nous, des femmes jeunes et belles, et qu'ils ne veulent pas risquer d'abîmer la marchandise. Ce qui prouve bien que ce sont des pirates. Qu'en penses-tu, Gwendoline ?

La main en visière, Gwendoline examine les cavaliers, toujours immobiles sur fond d'azur.

– Ça pirates. Pas Brittons. Saxons. Ou Frisons, peut-être. Mauvais.

– Nous allons être fixés. Ils arrivent.

En effet, ils arrivent. Précédés d'un escogriffe à l'arrogante indolence, ils descendent sans vaine hâte la pente sablonneuse, balancés au pas tranquille de leurs chevaux. Sûrs de leur force, ils n'ont même pas jugé utile de se coiffer de leurs casques, qui pendent à leurs selles. Leurs crânes capricieusement rasés exhibent des crinières diversement arrangées, mais toujours dans le dessein de les rendre effrayants à l'ennemi : tonsure presque totale à l'exception d'une touffe au sommet nouée en queue de cheval, haute crête hérissée depuis la nuque jusqu'au front, ou bien large bande dénudée au milieu du crâne laissant à droite et à gauche des touffes de cheveux minutieusement raidis au suif, s'épanouissant comme des ailes d'oiseau de part et d'autre du visage, couettes rejoignant les exubérantes moustaches auxquelles elles s'unissent en une tresse continue... Aucun élément emprunté au costume romain ne se mêle à leur vêture toute barbare. C'est là, à l'état pur, la sauvagerie des premiers temps. « Ainsi devaient être nos grands-pères », pense Otto, qui mesure à quel point les Francs, si imbus de leur germanité, sont déjà éloignés de leurs origines.

Celui qui chevauche en tête arrête son cheval à une vingtaine de pas. Il lève lentement la main droite, lui fait décrire dans l'espace un parcours compliqué mais précis. Il attend. Sans doute qu'on lui réponde par le même signe ou par un signe complémentaire, une sorte de mot de passe mimé. Rien ne venant, et pour cause, il recommence. Cette fois, Loup met en œuvre toute son attention afin de repérer les modalités du signe, mais en vain : cela va trop vite, et c'est compliqué à dessein. Gwendoline secoue la tête :

– Signe pirate, pas peux faire. Secret. Saxons. Moi pas connais.

Loup pratique peu ou prou les divers dialectes germaniques. Il s'amuse parfois, au bivouac, à les imiter pour faire rire les camarades. Puisque, d'après Gwendoline, on a affaire à des Saxons, essayons le saxon. Peut-être obtiendra-t-on une réponse. Il interpelle l'escogriffe :

– La prospérité sur toi, seigneur pirate. Je suis Loup, fils de Bouzil le Hun. Quel est ton nom ? Quel est celui de ton père ?

L'impassible visage semble montrer quelque intérêt. Une question tombe :

– Vous êtes saxons ? Mais vous ne connaissez pas les signes. Vous n'êtes pas des nôtres. Ces femmes sont votre butin ? Vous venez pour les vendre ? Nous n'achetons qu'aux membres de la confrérie... Remarque, pour une fois, on peut s'arranger. Cinq sous d'or pour les trois pucelles.

Mais je dois m'assurer qu'elles le sont, pucelles. Et les tâter, et voir leurs dents. Normal. Un sou d'or pour les deux vieilles... La toute noire, je la prends en prime, c'est invendable, ça fait peur au monde, mais moi je lui passerai un anneau dans le nez et je la ferai danser comme on fait aux ours. Ah, il y a un gosse ? Pas question. Tu aurais dû liquider ça tout de suite. Vous êtes des amateurs, ou quoi ? Vous vous lancez dans le métier ? Bon. Six sous d'or pour le tout, et c'est bien payé, vu qu'il faut encore zigouiller le moutard et que la mère va nous faire une crise. Ah ! là, là... La piraterie, c'est un métier, mes petits. Ça s'apprend, comme le reste.

Si Loup, Otto et Gunther ont écouté avec patience, tout en calculant éperdument comment se tirer en douceur de ce mauvais pas, le jeune Émeric, qui a saisi l'essentiel du discours, l'idiome saxon n'étant pas tellement éloigné du francique, réagit vivement à ces propos où il est tranquillement question d'occire sa petite sœur et de passer un anneau dans le nez à sa maman. Tirant du fourreau son scramasaxe, il en pique la fesse du cheval de son père, qu'il chevauche en croupe. Le noble animal, peu habitué à de tels procédés de la part de son cavalier, hennit de douleur et fonce droit devant lui, c'est-à-dire droit sur le cheval du beau parleur, lequel, surpris par cet ouragan, se cabre et reçoit le choc en plein poitrail.

Loup a déjà l'épée au poing. L'escogriffe, occupé à ne pas se laisser désarçonner, n'a pas eu le loisir de tirer la sienne. Lorsque son cheval retombe d'aplomb sur ses quatre pieds, une pointe aiguë lui pique le cou, juste à l'endroit où fait saillie la pomme d'Adam.

Les autres Saxons aussitôt font cercle, armes hautes. Loup hurle :

– Si un seul d'entre vous bouge, je tue votre chef!

Éclat de rire général.

– Tue-le, mon gars, tue-le ! On en élira un autre. Justement, on commençait à en avoir assez, de ce crâneur... Et de discuter aussi, on en a assez. Allons, en avant, les enfants de la mauvaise graine ! Tue ! Tue !

C'est la ruée, dans l'enthousiasme et la bonne humeur. Otto soupire :

– Et voilà ! Tuer, toujours tuer. Et moi, je ne veux pas être tué, ça non ! Mais ce que je peux en avoir ma claque de ces imbéciles qui accourent se faire faucher, comme s'ils n'avaient rien de mieux à faire ! C'est vrai, à la fin, quoi...

Tout en disant, il fauche, pare, esquive, se fend.

Gunther et Loup, de leur côté, ne chôment pas. Encore ce dernier doit-il veiller à protéger le petit Émeric qui, s'étant glissé sous le bras de son père, s'acharne à percer tout ce qui passe à portée de pointe de son court scramasaxe.

La plus enragée, sinon la plus efficace, est Gwendoline la mal lavée. Elle s'est vouée à faire rempart à Sassa et au bébé. Une furie déchaînée. Ni fer tranchant ni masse d'armes ne franchissent le cercle étincelant de ses moulinets. Elle scande ses coups de terribles « Han ! » entremêlés d'abominables blasphèmes en vieux celtique, langue qui se prête admirablement à ce genre de choses.

Au centre de la mêlée, dans cette zone relativement calme, Galswinthe, Helminthe et Ingwinthe, excitées comme des biches qui voient pour leurs beaux yeux s'entretuer des cerfs superbes, tapent des mains, sautent sur leur selle et encouragent de la voix les champions qui combattent pour leur vertu comme au cirque on encourage les gladiateurs. Waldrude, leur mère attentionnée, tente de les inciter à plus de retenue.

– Ce n'est pas convenable à des jeunes filles de se donner ainsi en spectacle. Voulez-vous bien vous tenir tranquilles et attendre sagement ce qui sortira de tout ça !

Ayant dit, elle attrape au vol la hache qu'un de ces bandits, occis par Gunther, a laissée échapper et en fend la tête d'un autre mal élevé qui attaquait ledit Gunther par-derrière, ce qui est déloyal.

Le combat est ardent de part et d'autre, mais par trop inégal : ils ne sont que dix Saxons opposés à nos quatre vaillants ! Encore ces dix enfants perdus n'ont-ils pas les encouragements de leurs femmes pour les inciter à bien faire. Il devient rapidement certain que l'attaque va se solder par un échec piteux, lorsque Gunther, dont l'âge n'a altéré ni l'acuité de la vue ni la vigilance, lance cet avertissement :

– En voilà d'autres !

Chacun lève le nez, sans pour autant interrompre la besogne en cours, et constate qu'en effet un contingent tout frais de détrousseurs dévale la pente à grande allure, couchant les herbes raides sous le galop de leurs petits chevaux trapus et hurlant des « Hoï ! Hoï ! » du plus impressionnant effet.

Chose étonnante, la survenue de ces renforts ne semble pas insuffler aux quelques Saxons non encore hors de combat l'ardeur nouvelle à laquelle on eût pu s'attendre. On pourrait même penser, à considérer leur attitude assez désemparée, qu'ils se demandent s'ils ne seraient pas pris entre deux feux. Les nouveaux venus arrêtent leurs chevaux à quelques pas du lieu de l'action et s'installent commodément, appuyés des deux coudes sur l'encolure, en spectateurs qui font des paris sur la fin de la rencontre.

Sentant mollir l'acharnement au combat des survivants, Loup lève la main. C'est, partout dans le monde, signe de trêve demandée ou accordée. Toutefois, lorsqu'on a affaire à des pirates, espèce sans foi ni loi, mieux vaut rester vigilant. On ne porte plus les coups, mais le fer reste brandi au-dessus de la tête de l'ennemi acculé.

A les regarder avec attention, Loup et les autres se rendent compte que les ruffians de cette dernière fournée diffèrent quelque peu de ceux qui les précédèrent. Ce ne sont plus les hautes carcasses sommées de crêtes blond filasse ou roux ardent, mais de petits hommes bruns à la tête ronde, aux yeux couleur d'ardoise, aux épaules larges, aux membres ramassés.

Gwendoline n'hésite pas longtemps. Elle court droit à celui qui semble commander, se campe devant son cheval, mains sur les hanches, l'interpelle en une langue pleine de récifs et de coups de roulis. Apparemment charmé, il répond dans le même rocailleux idiome. Gwendoline lui saute au cou. Otto trouve qu'elle saute bien facilement au cou des gens. Il regrette de ne pas comprendre la langue des Brittons d'Armorique, car c'est là, il n'en doute pas, le parler déconcertant qu'elle vient d'utiliser. Donc... Donc ces pirates sont des pirates brittons. Déduction que Gwendoline s'empresse de confirmer :

– Eux, Brittons. Ici, territoire à eux. Ici, Brittons faire pirates. Pas territoire Saxons. Saxons voleurs. Volent butin de Brittons. Territoire de Saxons pirates autre côté de rivière. Brittons contents nous tuer Saxons voleurs. Emmènent nous voir grand chef Raël.

Loup tient toujours en respect, écrasé à terre sous son genou, un des quatre Saxons survivants. L'épée dans une main, la hache dans l'autre, comme s'il lui donnait à choisir, il propose :

– Assez de sang, même si nous ne l'avons pas voulu. Laissons filer ces pauvres vermines, qu'ils rejoignent le repaire des Saxons.

– A pied, alors. On garde les chevaux. Pas de victoire sans butin.

Qui l'eût cru ? C'est Sassa, la douce Sassa, qui vient de parler, Sassa devenue une ménagère responsable qui connaît le prix des choses.

Émeric ajoute :

– Et on garde les armes ! Moi, je veux l'épée du grand. Et cette lance. Et cet arc. Et ce carquois. Et...

– Ils sont à toi. Tu les as bien gagnés. Mais tu devras apprendre à t'en servir.

Et bon, les Saxons s'en vont, à pied, donc, clopin-clopant, les manchots soutenant les boiteux, les valides tirant les perclus. Le Britton en chef fronce le sourcil. Il dit quelque chose à Gwendoline, quelque chose de très véhément et, à en juger par sa mine, quelque chose de tout à fait en désaccord. Gwendoline va pour traduire, mais Loup est plus prompt :

– Il ne comprend pas que nous laissions ces bonshommes en vie. Il désapprouve formellement. S'ils nous avaient vaincus, ils nous auraient tous tués, nous les hommes, et auraient emmené comme butin les femmes, les filles, les chevaux, les vêtements et les armes. Mais le pire est qu'ils ont violé le territoire d'autrui. C'est un crime. Le code d'honneur des pirates veut qu'ils soient pendus ou décapités sur place. Nous n'avons aucun droit ici, et sûrement pas celui de décider de la vie et de la mort. Nous ne sommes que du gibier et du butin à qui on veut bien faire grâce, pour cette fois. D'ailleurs, voyez : nous ne sommes pas libres de nos mouvements.

Ils voient. Les Brittons les encadrent étroitement, la hache ou l'arc à la main, la corde en place, le carquois prêt pour le tir rapide. Ils sont beaucoup plus nombreux que ne l'étaient les Saxons, car, eux, ils patrouillent « chez eux », alors que les autres n'étaient qu'une petite bande de maraudeurs picorant sur terrain interdit. Otto, grognon, laisse tomber :

– De toute façon, ils sont trop loin, maintenant. On ne va pas leur courir après. Ensuite, le code d'honneur des pirates, je m'assois dessus. Et encore ceci : je n'achève pas les vaincus. Et troisièmement, je me suis fait serment à moi-même de ne plus verser le sang, sauf nécessité absolue, cela va sans dire, et je suis prêt à fendre la tête de quiconque versera le sang devant moi. Et quatrièmement...

– Et quatrièmement, tu fermes ta grande gueule.

– Bon, bon. Ce que j'en disais...

Sassa se hausse sur les étriers, allonge une gifle à Loup.

– Tu crois que c'est joli, des mots pareils, devant les enfants ?

Galswinthe, Helminthe et Ingwinthe pouffent discrètement. Émeric rit à pleine gorge.

Les pirates ne sont hommes de cheval qu'à l'occasion. Leur vie est sur l'eau. Leur repaire est le mouillage de leurs bateaux. Il est tapi dans un repli de l'immense baie, si bien dissimulé qu'il faut avoir le nez dessus pour apercevoir les nefs légères, non pontées, au mât escamotable pour l'instant allongé sur les bancs de nage, serrées les unes contre les autres comme une portée de canetons dans les roseaux.

Le chef Raël ne vise pas la vaine gloriole. Il est le plus trapu de tous ces trapus. Peut-être est-ce pour cela qu'il en est le chef ? Sa grosse tête ronde aux cheveux châtain foncé coupés au bol, son front caché par une frange tranchée droit à ras de sourcils, ses épaules d'enfonceur de portes de villes, ses bras terrifiants hérissés d'une toison plus noire que ses cheveux, tout cela évoque un sanglier, un de ces vieux solitaires au torse formidable.

Gwendoline, qui va devant, dès qu'elle l'aperçoit court à sa rencontre, ploie le genou comme devant un roi, et puis se relève et lui saute au cou.

Le chef Raël, puissant parmi les puissants, forban plus que tous les forbans, accueille cette affectueuse démonstration par un grognement émanant du plus profond de sa profonde poitrine. Le grognement modulé semble être le moyen de communication favori du chef Raël. Loup, Otto, Gunther, le petit Émeric, et aussi les membres féminins de la troupe présentent l'un après l'autre leurs hommages. Ne faisant pas partie, comme Gwendoline, de sa parenté, ils ne jugent pas adéquat de sauter au cou du vénéré détrousseur de haute mer. Ne faisant pas davantage partie de la courageuse nation brittone, ils estiment pouvoir se dispenser de la génuflexion, qu'ils ne devraient qu'à leur propre roi, s'ils ne venaient justement de le renier.

Chez les Brittons, la famille, c'est sacré. Le patronage de sa nièce bien-aimée Gwendoline vaut pour le chef Raël serment devant Dieu et tous les saints. A propos : le chef Raël est chrétien et archichrétien, sa nation ayant été évangélisée par un moine baptiseur itinérant venu de l'île d'Irlande. Le baptême irlandais est le *nec plus ultra* des baptêmes, chacun sait cela.

Le chef Raël n'avait, en un grognement, posé qu'une question : « Sont-ce tes amis ? », à quoi sa nièce aux yeux hardis avait répondu : « Ce le sont. » Il n'en avait pas demandé davantage. Il avait émis distraitement un second grognement, sans doute dans le dessein bien légitime de connaître un peu mieux ses passagers, grognement dont, d'après la réponse qui lui fut fournie, on peut se risquer à reconstituer le sens ainsi : « A part les chevaux et les femmes, ont-ils de quoi payer ? » Car la réponse avait été qu'il n'avait aucune inquiétude à nourrir sur ce point, réponse assortie de cette précision accessoire que les femmes n'étaient pas à vendre.

Ainsi instruit des particularités intéressantes de ses obligés, le chef Raël, tournant son vaste dos, avait poussé vers le ciel quelques grognements nettement plus sonores que ceux qu'il réservait pour la conversation courante. Ce devaient être des grognements à usage maritime. Les paquets de ruffians affalés çà et là devinrent soudain des équipages, des choses lourdes et encombrantes furent embarquées, des cordages furent tirés, des machins en bois furent poussés, des ralingues, des écoutes, des filins, des bastringues furent traités selon que l'usage veut qu'on les traite, des poulies grincèrent, des mâts se dressèrent, des voiles se haussèrent, cherchèrent le vent, le trouvèrent, se gonflèrent, des gouvernails gouvernèrent, des bômes fracassèrent d'imprudentes mâchoires et en tirèrent d'ingénieux chapelets de blasphèmes, en un rien de temps l'eau s'écarta, soumise, devant les étraves, clapota le long des coques puis s'étira en doubles sillages qui n'en finissaient pas de s'étirer...

On était partis.

Si le voyage manque de confort, du moins est-il sans péril. Des plages sablonneuses qui bordent le Danemark jusqu'à l'estuaire de la Loire, en passant par les à-pics vertigineux des falaises de craie de Normandie et les hérissements granitiques d'Armorique, le littoral appartient de fait aux pirates, qui se sont réparti les mouillages, ont soumis les ports et aussi les villages de paysans de l'immédiat intérieur.

La désorganisation de l'Empire à la suite des vagues successives de ravageurs, l'incurie de Syagrius, et aussi l'établissement en Armorique d'un royaume néo-celtique extrêmement agressif bien que replié sur ses rochers, et dont ni Rome, ni Francs, ni Wisigoths, ni Saxons n'avaient pu entamer les défenses, royaume dont les rois successifs protégeaient les pirates et leur offraient des mouillages secrets dans les profondes échancrures de leurs côtes, moyennant, cela va de soi, un honnête pourcentage sur le butin, tout cela avait concouru à faire des eaux nordiques le champ réservé du piratage de haute et basse mer.

Surmontant les antagonismes et même les haines de race, de langue, de religion, la solidarité dans l'opprobre maintient entre réprouvés une tolérance de bon voisinage réglée par ce « code d'honneur » non écrit dont parlait Gwendoline. Les pirates entre eux ne se font pas la guerre, voire s'entraident, au besoin, contre l'ennemi commun. Il y a bien assez de butin à glaner sur mer et sur terre pour que tous y trouvent leur compte. On se salue au passage, lorsqu'on s'est reconnus membres de la confrérie, grâce à certaines pièces d'étoffe de couleur disposées de façon convenue en haut des mâts.

Les nefs n'étant pas pontées, les passagers s'accroupissent, le cul sur le saillant de la quille, dans l'étroit espace vide entre la jambe droite du rameur de bâbord et la jambe gauche de son compère de tribord.

On ne met à contribution toute la puissance des bras des rameurs que lorsque le vent n'est pas favorable, ou lorsqu'il devient urgent, à force de rames, de rattraper, harceler et aborder quelque grosse nef marchande, ou bien de fuir devant les galères de guerre que les rois barbares ont héritées des flottes de l'Empire. Aucun gibier n'étant en vue et les galères justicières absentes une fois pour toutes de l'étendue marine, on tire sur la rame à un rythme de promenade, soutenus par une aimable brise de nord-est qui met en joie les mouettes criardes. On ne perd jamais la côte de vue, tel un poussin qui ne s'éloigne pas hors de portée de voix de la mère poule.

La traversée ne pouvait être qu'heureuse car le moine Patrick, chapelain particulier du chef Raël, avait appelé sur les nefs pirates, en respectant avec soin les rites, la bénédiction du Vrai Dieu en Trois Personnes dont la croix sommait le mât de la nef amirale, tandis que le druide Gaël faisait dans les entrailles d'un pigeon blanc les cochonneries prescrites pour se rendre favorables les cruelles vieilles divinités celtes des flots et des vents (une partie des équipages, reniant le crucifié, était retournée à ses sauvages nostalgies druidiques lors de l'invasion brittone), et qu'enfin un aruspice romain attardé étudiait à son unique profit l'avenir de l'expédition dans les volutes compliquées du vol des aigles pêcheurs, volutes qui sont la signature de Neptune en personne pour qui sait les déchiffrer.

Les marins, hommes frustes, rament torse nu. Tous arborent d'artistiques tatouages qui prennent vie par le jeu de leurs muscles puissants. Certains de ces tatouages représentent des scènes d'une innocence toute bucolique jusqu'à ce que l'animation à deux temps en révèle l'ingénieuse puissance de suggestion. Cela fait beaucoup rire Galswinthe, Helminthe et la petite Ingwinthe. Le rire de Galswinthe, l'aînée des trois, sonne le fêlé, tandis qu'une rougeur lui monte aux joues.

Ainsi, ayant doublé sans encombre la pointe extrême que tend comme un index la péninsule du Cotentin, fait-on cap au sud et pénètre-t-on dans les eaux d'Armorique, l'inexpugnable domaine du roi Grallon.

X

L'Armorique du roi Grallon touche à l'est au pays romain depuis peu conquis par Clovis, au sud à l'immensité des terres wisigothes qui, passé la Loire, s'étendent jusqu'aux confins africains. Or, si proche soit-elle, cette Armorique des coriaces Brittons à la tête ronde est en fait plus éloignée que Byzance, plus éloignée même que cette fabuleuse extrémité du monde d'où surgissent les Huns. Car sa frontière est un mur que nul, depuis le début de la décadence des Césars, n'a pu jeter bas par la force des armes. L'Armorique est une terre secrète, aussi secrète que la forêt de Brocéliande qui en occupe le centre.

Otto jette alentour un regard critique. Ce ne sont partout que rocs gigantesques aux formes monstrueusement tourmentées sur qui l'océan vient se fracasser vague après vague à grand tohu-bohu d'apocalypse.

– Nous y voilà donc. Une bonne chose de faite. Et maintenant ?

– Il nous faut gagner Vannes, ou peut-être Dol, où est censé résider le roi Grallon.

– Nous n'avons plus de chevaux. Raël les a gardés pour prix de notre traversée, ainsi que ceux que nous avions conquis sur les pirates saxons. Encore ai-je dû compléter avec une poignée de sous d'or.

– Nous irons donc à pied.

– Il me reste quelques sous d'or que j'ai pu soustraire aux doigts crochus de Raël.

– A moi aussi.

Gwendoline dit à son tour :

– A moi aussi, tralalère !

– Toi ? Tu es pratiquement nue. Où pourrais-tu les avoir cachés ?

Gwendoline sourit et juge préférable de verser ce détail, à voix basse, dans l'oreille de Galswinthe, qui rougit. Loup n'insiste pas. A travers le fracas des vagues on entend l'adolescente murmurer : « Moi, je n'aurais pas pu... »

Otto a l'oreille fine. Il se tourne vers Sassa et Waldrude :

– Par contre, vous, mesdames, vous auriez pu. C'est une question de solidarité.

Sassa bondit sous le reproche :

– Des pièces d'or ? Là ? Pourquoi pas les chevaux, aussi, tant que tu y es ?

Tout le monde rit, c'est une époque rustique, les jeunes filles s'efforcent de rougir, Émeric exige qu'on lui explique, parce qu'il voudrait bien rire aussi.

Otto tient à se racheter. Galant, il propose :

– Peut-être pourrions-nous nous procurer un de ces chariots de paysan, pour ces dames ?

Ces dames se récrient bien haut. Il est vrai que ces chariots grossiers, sans ressorts, à roues de bois pleines, sont infiniment plus durs à la fesse que les os de la plus efflanquée des haridelles. Point de chariot, donc.

On prend congé du chef Raël, de ses valeureux pirates et de leurs suggestifs tatouages, et l'on s'en va, à pied, par la lande où fleurissent les genêts et les ajoncs. On se procurera des chevaux plus loin, hors de la zone pirate, inutile de laisser deviner au chef Raël qu'il y avait encore de quoi glaner.

Le roi Grallon, fils d'Eusèbe, fils de Conan [1], est un souverain itinérant. Il aime parcourir son royaume de landes et de forêts, sans trop perdre la mer de vue, toutefois. La mer qui apporta son peuple jusqu'à cette terre bénie, la mer, rempart formidable, la mer propice aux pirates qui lui versent leur dîme.

Il reçoit Loup et Otto dans son gîte occasionnel, une vaste demeure de granit brutal. L'interprète officiel du défunt roi Eusèbe ayant entre-temps décidé de s'adonner à la noble et lucrative profession de pirate, il échoit à Gwendoline d'assurer la traduction de l'entrevue.

Le roi s'étonne tout d'abord que ces deux terribles guerriers, dont Gwendoline lui a vanté les exploits, répugnent à se faire pirates. C'est un métier honorable et qui nourrit son homme. Et puis, suggère-t-il avec un clin d'œil appuyé, on n'est pas obligé de tout déclarer. Il apprend pourquoi ils ont quitté le service du roi Clovis, révoltés par ses fourberies, en quoi il les approuve, lui-même se méfiant du vilain sire. Il les prendrait volontiers dans ses armées, mais voilà, ils pourraient être amenés à tirer l'épée contre des Francs, et cela ils ne le veulent à aucun prix.

D'ailleurs, ils ne veulent plus du tout verser le sang. Ah, ah... Voilà qui complique les choses et limite les possibilités. Car, enfin, que connaissent-ils d'autre que le métier des armes ? Pardon ? Loup sait lire et écrire ? Intéressant, mais nous avons foison de clercs tonsurés pour ces besognes. Il nous en arrive d'Irlande par nefs entières... C'est à cette phase de l'entretien qu'apparaît la reine. Elle est entrée par une porte, simplement, tout ici se fait sans façon. C'est une reine fort jeune et fort jolie. Et tout nouvellement épousée. Le roi Grallon en est fier. Il en est aussi, apparemment, très épris, bien qu'il s'efforce à l'impassibilité qui convient aux rois. Fort jeune, fort jolie, et surtout, surtout...

1. Entre-temps, le roi Eusèbe est mort, Grallon lui a succédé.

Loup sursaute :

– Clo..

Il ravale la fin du mot. La reine a posé vivement son index sur sa bouche charmante. Elle dit :

– Le Seigneur soit avec vous. Je suis la reine Galla.

Elle se tourne vers le roi :

– Qui sont ces nobles personnes ?

Elle parle la langue brittone en néophyte qui s'applique, avec un accent guttural pas déplaisant du tout.

Gwendoline s'empresse de satisfaire sa curiosité en lui déclinant les noms et qualités des deux nobles personnes... Comme si elle ne les connaissait pas, ces noms, ces qualités, ces personnes mêmes, la coquine ! Tout ce petit monde tient parfaitement son rôle, sans trop s'étonner des caprices et fantaisies du destin, tout cela doit certainement s'expliquer. On s'expliquera donc, plus tard.

Pour l'instant, d'un point de vue strictement utilitaire, il reste acquis que celle qui fut la douce Clotilde, jeune fille à marier, est devenue, par l'effet de quelque miracle, reine en Armorique. Heureuse circonstance pour qui saura la mettre à profit.

Mais marchons sur la pointe des pieds. Car Clot..., pardon : Galla, vieille connaissance, peut aussi bien décider d'aider les transfuges que de pousser le roi son époux à se débarrasser de témoins au courant de trop de choses qu'elle pourrait préférer ne pas risquer de voir paraître au jour.

L'horizon s'éclaircit quand lui est narrée la raison de leur défection. Sa propre haine de l'infâme Clovis s'accommode à merveille de ce sursaut qui les poussa à abandonner le service du roi félon.

Elle les interroge en langue burgonde, qui est son parler natal. Loup ou bien Otto répondent en langue franque, cousine germaine du burgonde. Le roi Grallon se sent quelque peu laissé à l'écart. Il n'aime pas ça. Il ne connaît que son vieux celtique insulaire et, de plus, voue à l'exécration tous les parlers germaniques, dans lesquels il ne veut voir que des modalités du saxon, langue maudite des assassins de son peuple. Gwendoline la futée s'avise de cela. Elle s'agenouille aux pieds du roi et se met en devoir de traduire chaque réplique au fur et à mesure, ce dont le monarque daigne se montrer satisfait, du moins si l'on en juge par le sourire qui s'épanouit sur son altière face lorsqu'il se penche, afin de mieux entendre, vers la mignonne interprète dont le haillon tenant lieu de corsage bée vers des horizons assez vertigineux.

Il résulte de cet entretien plein d'imprévu que nos paladins en quête d'embauche sont admis, sur la recommandation expresse de la reine, à faire partie de la garde personnelle du roi Grallon, ce qui est un honneur insigne.

A vrai dire, cette garde personnelle n'existe pas encore, les usages de la cour d'Armorique sont restés très frustes, mais l'idée vient d'en venir à l'instant même au roi Grallon, charmé de la bonne mine des impétrants et désireux, à l'instar des rois barbares, ses voisins, de rehausser son règne par la présence, autour de sa personne, d'un corps de guerriers splendides à voir et dévoués jusqu'à la mort.

Ce ne sera pas un emploi de tout repos, les seigneurs brittons brittonants que Loup et Otto devront former aux bonnes manières étant d'humeur facilement irascible et n'éprouvant que haine et mépris pour tout ce qui, de près ou de loin, s'apparente au germanique. Loup compte sur son inclassable faciès pour faciliter les choses, Otto sur sa bonne humeur. Il va sans dire qu'il leur faudra dans les plus brefs délais apprendre la langue de ces gens. Gwendoline, qui, de son côté, fait en francique des progrès foudroyants, sera leur professeur. Sassa fronce le sourcil et demande à Loup s'il ne préférerait pas étudier le bambara, mais non, vraiment, il n'en voit pas l'opportunité.

L'aspect religieux de la chose pose problème. Les Brittons sont des chrétiens excessifs, de l'espèce qu'on jette aux lions et qui dévorent les lions. Clotilde... pardon, la reine Galla, elle-même fervente catholique, déplore l'indifférence de ses protégés en matière de foi. Des païens, des ariens, encore moins des athées ne sauraient avoir rang à la cour du roi Grallon, ni même survivre en pays britton. Il leur faudra donc se convertir. Loup et Otto se tâtent. Pas longtemps. Après tout... Quand on ne croit à aucun dieu, ployer le genou devant une idole ou une autre... Loup, grâce aux enseignements clandestins à lui prodigués en ses enfances par le frère Mauricius, est au fait du dogme et du rituel, connaît même foison de prières et de cantiques en latin. Quant à Otto, du temps où, déguisé en moine, il courait les chemins pour le service du roi Childéric, il en a retenu assez pour pouvoir donner le change. Bof, on verra bien...

Loup et Otto se mettent aussitôt en chasse pour recruter vingt gaillards dignes de faire à leur roi un rempart de leurs corps et de leurs épées en même temps qu'une garde d'honneur prestigieuse.

L'épreuve est simple. Il s'agit de lutter, à mains nues d'abord, en armes ensuite, contre l'un ou l'autre des deux recruteurs, au choix. Beaucoup se laissent rassurer par la maigreur indolente d'Otto. Ils comprennent vite leur erreur, quoique ceux qui se sont attaqués à Loup n'aient pas eu meilleur sort. Le but de l'épreuve n'était pas de battre l'un ou l'autre, chose inconcevable, mais de tenir le plus longtemps possible et de montrer son savoir-faire.

Ce sont finalement vingt pirates de la flottille du chef Raël qui furent retenus, vingt colosses surclassant tous les autres, par la force, l'agilité, la combativité et le mépris de leur propre mort.

Pas d'inauguration sans fête, pas de fête sans beuverie, pas de beuverie sans femmes. Il y a de tout cela en abondance le jour où sa garde personnelle, enfin complète et parfaitement formée, est présentée au roi Grallon. Ils ont grande allure, les écumeurs d'océan ! Le roi en est fort content. La reine aussi, quoique ce bataillon d'élite lui paraisse un peu bien barbare, dans sa splendeur tout à la fois sauvage et disciplinée. Puis, les dames respectables rentrées en leurs foyers filer leur quenouille, la fête commence, la vraie.

C'est un de ces petits matins au teint sale, comme ils sont parfois. Otto dit à Loup :

– Si tu rentres tel que tu es, tu vas te faire sonner les cloches à coups de trique et chanter la messe en bambara.

– M'en fous. Suis malade. C'est cette espèce de bière qu'ils font en écrasant des pommes sous leurs doigts de pied pas lavés...

– Le cidre ?

– Appelle ça comme tu voudras... Ça rend salement malade, mon vieux. Ils devraient se laver les pieds.

– Tu ferais mieux de rentrer. Je t'accompagne.

Otto charge Loup sur son épaule, l'apporte au logis provisoire de la famille, le jette sur un tas de paille. Un cri de douleur en jaillit, une tête noire aussi, qui geint :

– Otto, je suis bien malade... Ce tonneau de jus de pomme que tu nous as apporté, rien que du naturel, tu disais, rien que du bon, excellent pour la santé... Toute la famille a failli crever. Les filles, les enfants, tout le monde... Même mon lait a le goût de pomme pourrie.

Une voix émerge de la paille :

– Pas les pommes. Les pieds.

Otto enchaîne :

– Tu vois, Sassa, Loup aussi en a bu.

– Il est malade ?

– Oh ! là, là ! Très malade.

– Mon chéri ! Mon petit chimpanzé ! Mon petit fennec des sables !

Elle prend la tête de son époux dans ses bras, la berce sur ses noirs tétons.

Otto s'esbigne sur la pointe des pieds. Gwendoline le rejoint, elle vient de finir d'assécher le tonneau, fraîche comme l'œil. Elle saisit la main d'Otto, le tire, disant :

– Viens ! J'ai caché un autre tonneau, par là.

Ils y courent.

Le roi Clovis est seul avec Geneviève, pour un entretien secret. Les entretiens qu'on peut avoir avec Geneviève sont toujours du type secret. Ça tombe bien, Clovis aime les entretiens secrets.

A genoux sur son lit de cailloux dont les arêtes tranchantes lui martyrisent les rotules – mais n'est-ce pas le but recherché ? –, Geneviève, tout en prêtant l'oreille à ce que lui confie le roi, laisse filer entre ses doigts les grains d'un chapelet fait de pois chiches enfilés sur une ficelle et marmonne à lèvres closes va savoir quelles patenôtres. Cela agace Clovis, qui aimerait bien que toute l'attention dont est capable la sainte femme fût consacrée à ce qu'il lui dit, au lieu qu'une certaine proportion – combien, au juste ? Un quart ? Une moitié ? – en fût distraite pour son dieu. Il y a un temps pour tout. Temps pour Dieu, temps pour le roi. En ce moment, c'est le tour du roi. Dieu pourrait avoir la décence d'attendre.

Vexé, Clovis s'est tu. Geneviève hausse les sourcils, en auditrice attentive qui attend la suite. Clovis, donc, reprend :

– Comme je te disais, Mère vénérée, je ne sais à quoi me résoudre.

– Voilà qui ne te ressemble guère, fils.

– D'une part, le morceau est friand.

– Ce sont là vanités. Vois l'âme.

– Vanités ? Pour toi, peut-être. Moi, je ne saurais mépriser ces vanités-là. Un corps appétissant ne nuit pas à une belle âme.

– Donc, sur ce point, te voilà satisfait.

– Je ne dis pas non. Autre avantage : elle est la nièce du compère Gondebaud. Bonne race. Elle tient aux familles régnantes chez les Burgondes aussi bien que chez les Wisigoths. Cela peut servir un jour, on voit tellement de ces successions emmêlées où il y a toujours moyen de s'immiscer pour peu qu'on ait un pied dans la famille.

– Tout est donc pour le mieux.

– Non.

– Non ?

– Elle est chrétienne. Tu sais bien que c'est là le point.

– Je le suis aussi.

– Mais je n'ai pas dessein de t'épouser !

Geneviève rit.

– Dieu m'en garde ! Soyons sérieux. En quoi sa foi te dérange-t-elle ? Pour sa part, elle t'accepte, tout païen que tu sois, et ne prétend pas te faire renoncer à tes dieux.

– Il ne manquerait plus que ça ! Mais elle n'est pas seulement chrétienne, elle est bigote enragée, vit entourée de prêtres, de diacres, de clercs, de moines et de moinillons... Je vois d'ici mon palais transformé en monastère !

– Elle aura ses appartements, tu auras tout le palais. Et puis, ces clercs sont-ils de si mauvais conseil ? Ne t'es-tu pas toujours bien trouvé des avis de l'évêque Remi, des miens ? Sache bien qu'une reine chrétienne, et catholique, de surcroît, et pieuse, te vaudra l'affection du menu peuple et du bas clergé, lequel, dans les royaumes des rois ariens, est plus réellement puissant que les agents du roi, malgré les persécutions. Ceci ne peut que servir tes projets, pour autant que je les devine.

Clovis cependant ne se déride pas. Quelque chose encore le tracasse, qui n'a pas été dit. Il se décide :

– Elle est trop semblable à moi, voilà.

Geneviève attend. Clovis cherche ses mots :

– Il me faut une femme, une bonne femme qui m'obéisse, ponde et se taise, pas un autre moi-même. Pas une autre ambition. Pas une autre tête. Je sais ce que je veux et je veux l'obtenir seul... Les femmes et leur pitié ! Ou alors, quand l'ambition les mord au ventre, elles sont plus hommes que les hommes. De cela non plus, je ne veux pas. Les concurrents, à la bonne heure, je les défie, je les dupe, je les écrase, j'aime ça ! Mais pas le loup dans la bergerie ! Cette fille est douce, et soumise, certes, mais son œil, quand elle n'y prend garde, la trahit. Sais-tu qu'il peut être implacable, son œil ?

Clovis marque un temps, que Geneviève met à profit :

– Tout cela, je l'ai vu avant toi, mon fils. Et mieux que toi. Et bien d'autres choses encore. De la volonté, elle en a, oh oui ! Et de l'ambition. Mais pas pour elle. C'est une de ces âmes qui ne peuvent rien être par elles-mêmes. Une âme qui a besoin de s'accrocher à une force, comme le lierre à un chêne, et alors toutes ses facultés, son intelligence, sa ténacité, sa douceur, sa ruse même, elle les vouera au service de cette force. Elle sera, s'il le faut, implacable, oui, mais pour toi, Clovis, pour ta plus grande gloire. Elle charmera tes ennemis et les livrera, bêlants, à ta hache. Elle prévoira leurs desseins, déjouera leurs astuces, combinera avec toi, pour toi, les plans les plus téméraires, les plus criminels, peut-être, car elle te suivra en tout ce que tu entreprendras, or tu es un criminel, Clovis, un homme de sang et d'orgueil, tu aimes vraincre, tu aimes tuer pour vaincre, tu aimes tuer pour tuer, et en tout elle te suivra. Et son sourire sera ton pardon aux yeux des peuples.

Voilà qui est parlé ! Clovis, soulevé par cet orgueil que Geneviève avait déjà décelé chez Attila, loin de protester, revendique :

– Il se peut que je sois celui que tu dis. Une chrétienne peut-elle me suivre en tout cela ?

– Oui. Car elle le fera pour la terreur des ennemis du Vrai Dieu et le triomphe de la Sainte Croix du Seigneur Christ Jésus.

– Mais je ne suis pas des vôtres, et n'ai nulle intention de l'être jamais ! Je n'œuvrerai pas pour ton dieu ni pour sa croix ! Ce que je conquerrai, je le conquerrai pour moi, parce que conquérir m'amuse, parce que à ruser, à tromper, à tuer, je me sens puissamment vivre ! Je ne le ferai ni pour Christ, ni pour Odin, je le ferai parce que je ne peux pas faire autrement, et parce que j'y ai bougrement plaisir !

– Dieu, pour gagner les âmes et faire avancer l'avènement de son règne, emprunte les chemins qu'Il juge bon. Attila le Hun fut, en son temps, surnommé le Fléau de Dieu. Attila n'était qu'un enfant auprès de ce que tu seras. Tu feras couler beaucoup plus de sang et de larmes qu'il n'en fit couler, beaucoup plus. Attila sera honni dans les siècles des siècles. Toi, tu seras vénéré. Car, toi, tu auras eu une Clotilde à ton côté.

Sassa considère Gwendoline, sans excès de sympathie.

– Est-ce que toutes les filles d'Armorique sont comme toi ?

– Elles ? Pires ! Très beaucoup pires ! Moi, la plus mignonne.

Sassa soupire, tire hors par l'échancrure du corsage un sein admirable, en plonge d'autorité le mamelon glorieux dans le bec entrouvert du bébé, qui l'accepte sans enthousiasme, il n'a pas faim, ce n'est pas l'heure, mais Sassa estime que l'image d'une mère n'est parfaite qu'avec l'enfant au sein, elle se complaît dans cette vision d'elle-même. Les peintres chrétiens s'aviseront bientôt de l'efficacité de cette représentation. Sassa ne sait pas qu'elle innove. Simplement, elle est très conventionnelle dans sa conception des choses de la vie, et puis, disons-le, elle aime bien qu'on lui suce le sein, or c'est un des rares plaisirs des sens qu'une mère peut s'offrir en public, et pour peu que le sein soit beau le public en profite, donc tout le monde est content. Sassa est une semeuse de joie.

Arrivent Loup et Otto, en armes, comme l'exige leur fonction. Leurs fronts sont soucieux. Ils s'assoient, la cruche et les gobelets apparaissent bien vite sur la table, moins vite cependant que ne se posent les fesses de Gwendoline sur les genoux d'Otto. Gwendoline note la nuance fâcheuse dans le sourire d'Otto. Elle s'inquiète :

– Pas bon ? Roi pas content ?

– Le roi va très bien, et il nous aime. Mais des émissaires de Clovis sont venus le trouver. Il y a rumeur de guerre entre Clovis et Gondebaud. Clovis estime que le temps est venu de dévorer le pays burgonde.

Sassa s'étonne :

– Je croyais qu'il devait épouser la nièce de Gondebaud ?

– Il le veut plus que jamais, seulement voilà : Gondebaud ne veut plus la lui donner.

– Il n'y a pas de quoi faire la guerre !

– Tout prétexte est bon pour faire la guerre.

– Clovis offre au roi Grallon de s'allier à lui pour envahir la Burgondie. Galla pousse à la guerre. N'oublions pas que Gondebaud a froidement assassiné ses parents. C'est difficile à pardonner, même pour une chrétienne.

– Et Grallon ?

– Grallon ne veut pas s'allier à Clovis. Il craint que, pendant que le meilleur de ses armées serait à guerroyer au loin, les Wisigoths, qui n'ont jamais renoncé à franchir la Loire, n'en profitent pour envahir le pays d'Armor. Ou peut-être que Clovis en personne s'en chargerait, tout est possible.

– De toute façon, la guerre, toujours la guerre...

– Tant qu'il y aura sur terre des Clovis...

– Celle-ci sera évitée. Grallon ne se laissera pas influencer par une femme, aussi aimée soit-elle. A l'abri sur son rocher, il laissera Clovis dévorer le monde, ou être dévoré par lui.

– Eh, oui. C'est bien là la question. Clovis veut dévorer le monde. Qu'il réussisse ou qu'il échoue, le sang coulera. Et moi, je ne peux plus supporter qu'il coule.

Loup soudain s'anime :

– Moi non plus. Et si nous déclarions, toi et moi, la guerre à la guerre ? C'est-à-dire la guerre à Clovis, à tous les Clovis qui infestent le monde !

– Tu veux dire toi et moi ? Nous deux ? Tout seuls ?

– Pas sur un champ de bataille, les armes à la main, bien sûr ! Mais par voie d'intrigues et de manœuvres secrètes.

– Il y faudrait toute une armée. Une armée invisible et se faufilant partout, comme celle...

– Dis-le ?

– Comme celle de Vulpus.

– Voilà. Les Bagaudes.

– Mais Vulpus est tout dévoué à Clovis.

– Vulpus dévoué à Vulpus. Vulpus pas aime Clovis encore. Fini. Vulpus libre, Bagaudes libres. Moi sais.

Là, Gwendoline est intervenue, tout en chassant à l'aide d'un petit bout de bois la terre accumulée entre ses orteils. Elle ajoute, par-dessus l'épaule, sans se laisser distraire de sa tâche hygiénique :

– Vulpus maintenant vieux. Vulpus pas aime guerre, pas aime rois, évêques, seigneurs, hommes riches. Bagaudes très beaucoup plus comme avant.

– Nous sommes heureux de l'apprendre, mais où se cache-t-il, Vulpus ? Comment le toucher ?

– Moi sais où se cache. Moi touche.

Voilà qui promet de nouvelles aventures.

Note de l'auteur

Ainsi que je l'avais fait dans *Le Hun blond*, j'ai préféré ne pas employer, pour désigner les cités, les provinces et autres lieux, les dénominations latines qu'ils portaient alors, d'autant plus que, dès la fin du Vᵉ siècle, ces noms imposés par l'occupant romain disparaissaient l'un après l'autre pour faire retour au nom-totem de la nation gauloise dont ces lieux avaient été jadis la capitale. (Chose curieuse, alors que le parler celtique avait partout disparu.)

C'est ainsi que Lutetia devint Paris, du nom des Gaulois Parisii, qu'Agedincum devint Senones (qui devait évoluer en « Sens »), que Mediolanum devint Évreux (Éburons), que Darioregum devint Vannes (Venetes), qu'Augustobona devint Troyes (Tricasses), qu'Avaricum devint Bourges (Bituriges), que Noviodunum devint Soissons (Suetones), que Noviovragus devint Lisieux (Lexovii), que Condate devint Rennes (Redones) et que Duro Cortorum devint Reims, du nom des Remi, nom qui fut aussi celui qu'adopta son ambitieux évêque. (Sans accent sur le *e*!)

J'ai donc, sacrifiant quelque peu de la couleur locale, utilisé les dénominations actuelles afin que le lecteur curieux puisse aisément suivre l'action sur la carte.

De même fais-je s'exprimer les personnages dans le français familier d'aujourd'hui, fuyant l'effet facile du pittoresque moyenâgeux à bon marché, obtenu par un parler ampoulé pêché au magasin des accessoires.

La Hache et la Croix

Il faut considérer les dialogues comme traduits, tantôt d'un des dialectes bas-latins déjà très altérés qui se parlaient dans les Gaules, tantôt du dialecte germanique parlé par les Francs.

Merci à :

Grégoire de Tours, *Histoire des Francs,* Denoël, 1963 (trad. R. Latouche).

Amédée Thierry, *Histoire d'Attila et de ses successeurs*, Didier et Cie, 1865.

Godefroy Kurth, *Clovis*, éd. Culture et Civilisation (reprint), 1982.

Michel Rouche, *Clovis*, Arthème Fayard, 1996.

Dominique Jamet, *Clovis ou le Baptême de l'ère*, Ramsay, 1996.

Patrick Perrin et L.-C. Feffer, *Les Francs*, Armand Colin, 1987.

Gibbon, *Histoire du déclin et de la chute de l'Empire romain*, R. Laffont, coll. Bouquins (rééd).

Colin Mc Evedy, *Atlas de l'Histoire du Moyen Age*, R. Laffont, coll. Bouquins, 1985.

Du même auteur

Aux Éditions Albin Michel

LA GRANDE ENCYCLOPÉDIE BÊTE ET MÉCHANTE
LA NOUVELLE ENCYCLOPÉDIE BÊTE ET MÉCHANTE
NOS ANCÊTRES LES GAULOIS
LE TEMPS DES ÉGORGEURS
LETTRE OUVERTE AUX CULS-BÉNITS
LES RITALS
LES RUSSKOFFS
BÊTE ET MÉCHANT
LES YEUX PLUS GRANDS QUE LE VENTRE
MARIA
L'ŒIL DU LAPIN
LES ÉCRITURES
LOUISE LA PÉTROLEUSE *(théâtre)*
ET LE SINGE DEVINT CON *(L'Aurore de l'humanité I)*
LE CON SE SURPASSE *(L'Aurore de l'humanité II)*
LES FOSSES CAROLINES
LA COURONNE D'IRÈNE
LE SAVIEZ-VOUS ?
LES AVENTURES DE NAPOLÉON
MIGNONNE, ALLONS VOIR SI LA ROSE...
COUPS DE SANG
CŒUR D'ARTICHAUT
LA DÉESSE MÈRE
LE HUN BLOND

Chez d'autres éditeurs

Éditions Hara-Kiri
4, RUE CHORON

Jean-Jacques Pauvert
STOP-CRÈVE
DROITE-GAUCHE, PIÈGE À CONS

Julliard
(Collection « Humour secret »)
CAVANNA

L'École des loisirs

(Adapté en vers français par Cavanna)

MAX ET MORITZ, *de Wilhelm Busch*

CRASSE-TIGNASSE *(Der Struwwelpeter)*

Hors Collection

MAMAN, AU SECOURS !

LES GRANDS IMPOSTEURS

DIEU, MOZART, LE PEN...

TONTON, MESSALINE, JUDAS...

L'Archipel

LA BELLE FILLE SUR LE TAS D'ORDURES

DE COLUCHE À MITTERRAND

Hoebeke

(Avec Robert Doisneau)

LES DOIGTS PLEINS D'ENCRE

LES ENFANTS DE GERMINAL

Presses de la Cité

(avec Barbe)

JE T'AIME

Cet ouvrage a été réalisé par la
SOCIÉTÉ NOUVELLE FIRMIN-DIDOT
Mesnil-sur-l'Estrée
en février 2000

Édition exclusivement réservée aux adhérents du Club
Le Grand Livre du Mois
15, rue des Sablons
75116 Paris
réalisée avec l'aimable autorisation des éditions Albin Michel

Imprimé en France
Dépôt légal : octobre 1999
N° d'impression : 50005